UNE
LONGUE
ÉCHELLE
VERS LE CIEL

ROSEMARY ALTEA

UNE LONGUE ÉCHELLE VERS LE CIEL

traduit de l'anglais
par Claude Nesle

PRESSES DU CHÂTELET

Ce livre a été publié sous le titre
The Eagle and the Rose
par Warner Books Inc., New York.

Si vous souhaitez recevoir notre catalogue et être tenu au courant de nos publications, envoyez vos nom et adresse, en citant ce livre, aux Presses du Châtelet,
34, rue des Bourdonnais, 75001 Paris.
Et, pour le Canada, à
Édipresse Inc., 945, avenue Beaumont,
Montréal, Québec, H3N 1W3.

ISBN 2-84592-043-1

A ma fille, Samantha

Elle occupe la première place dans ma vie,
elle est ma lumière… mon miracle.

M'aimes-tu, oui ou non ?
Tu me l'as dit un jour, et je l'ai oublié…

SOMMAIRE

1
L'Éveil

2
Aigle Gris

3
Recueil de cas

4
Extension du pouvoir

5
Le message

1

L'ÉVEIL

Peter

Je me trouve à Whitby, une station balnéaire du nord de l'Angleterre, par une chaude nuit d'été. Malgré l'heure tardive, ce lieu de villégiature est plutôt animé. Des bandes de jeunes, arrivés en début de saison en quête d'un emploi – et qui n'en ont pas trouvé –, posent à présent quelques problèmes à la population locale.

J'observe l'une de ces bandes, bruyante mais bon enfant, ainsi que deux voitures de police, garées stratégiquement le long de la rue principale, au cas où des troubles éclateraient. La circulation est calme, mais dès qu'une voiture passe, les jeunes se poussent mutuellement sur la chaussée. Le plus téméraire du groupe bondit devant chaque véhicule, manquant souvent se faire heurter. Il rit aux éclats et se moque ouvertement des pauvres conducteurs, l'air de dire : « Essaie donc de m'attraper ! » On pourrait aisément en conclure que ce jeune a envie de mourir ou tout au moins que, dans son esprit, la mort ne fauche que les personnes âgées.

La police, sans doute désireuse de ne pas envenimer les choses, se contente d'observer ce petit jeu, dans l'espoir que la bande finira par se lasser et se disperser.

Au volant de sa voiture, Peter se dirige vers le centre de Whitby. Il vient de décrocher un poste dans une compagnie maritime, et il a convié sa sœur et deux amis à fêter cet événement. Une soirée formidable, trop vite terminée à leur goût. Les trois hommes se sont entassés dans la petite auto de Peter et ont mis le cap sur le centre ville.

De la rue, où je continue à observer la bande de jeunes chahuteurs qui s'amusent à risquer leur vie, je constate qu'ils flirtent de plus en plus avec la catastrophe. Je vois les phares de la voiture de Peter qui approche. Ils illuminent la rue. Le casse-cou attend bêtement jusqu'à la dernière seconde pour bondir sur la chaussée. Et je comprends intuitivement que son désir de mort va être exaucé.

Peter réalise trop tard ce qui se passe. Il braque, dans un effort désespéré pour éviter la silhouette qui vient de se matérialiser subitement sous ses yeux. Mais le véhicule heurte le jeune homme et le projette en l'air. Il retombe sur le macadam, tête la première. C'est cet impact, et non celui avec la voiture, qui le tue sur le coup.

Le visage blême de Peter exprime toute l'horreur de cet accident. Il s'affole et appuie sur le champignon pour emprunter en trombe la route qui mène aux falaises. Une voiture de police le prend en chasse. Je vois Peter et j'entends distinctement ses deux amis qui le supplient de s'arrêter. Il obéit à leurs injonctions. Mais, alors que le véhicule de police se porte à sa hauteur, il s'extirpe de sa voiture et prend la fuite.

« Peter, ne fais pas ça ! hurlent ses amis. Reviens ! Peter, reviens, s'il te plaît ! »

Je vois ce grand jeune homme au physique agréable, dont les cheveux blonds ressortent dans la nuit, se précipiter vers le sommet, un policier sur les talons. Ses deux amis sanglotent. Impuissants, terrorisés, ils s'accrochent l'un à l'autre, hébétés par cette suite d'événements dramatiques. Mon attention se reporte sur les deux silhouettes qui longent le bord de la falaise et j'entends le policier, à bout de souffle, interpeller Peter d'une voix haletante : « Arrêtez-vous, monsieur. Arrêtez-vous ! »

Peter atteind des buissons et, comme il n'a plus la force de continuer sa course, il plonge dedans pour s'y cacher. Le jeune officier de police, qui l'a vu faire, ralentit le pas. Il s'approche prudemment et, d'une voix calme et posée, tente de le persuader de se rendre.

Je crois, l'espace d'un instant, qu'il est parvenu à ses fins : Peter sort des buissons et fait semblant d'aller à sa rencontre. Mais le policier a également avancé d'un pas ; Peter fait volte-face et j'entends un hurlement. Je vois le jeune homme aux cheveux blonds basculer et tomber du haut de la falaise. Une seconde, j'ai l'impression que son corps mince reste suspendu dans les airs, puis il s'écrase sur les rochers en contrebas.

Cette scène dont j'ai été le témoin effaré et horrifié s'estompe peu à peu. Je me retrouve dans mon studio d'Epworth, la petite ville du nord de l'Angleterre où je vis. La dame assise face à moi, en larmes, m'écoute lui faire le récit détaillé des événements auxquels je viens d'assister.

Une atmosphère tendue et imprégnée de tristesse règne dans la pièce. Je m'interroge sur ce que je pourrais faire pour aider ma cliente à supporter son fardeau, lorsque j'entends la voix d'un jeune homme. Claire et nette, elle s'adresse directement à moi. Je me tourne dans la direction d'où elle semble venir et je l'entends, moqueuse : « Pas par là. Je suis ici, à côté de Mamy. Vous ne me voyez toujours pas ? »

Je regarde en direction de ma cliente, une dame plantureuse qui approche des 70 ans. Mais je ne vois toujours qu'elle. « Voyons, Peter, cessez ce petit jeu, lui dis-je alors gaiement. Je n'ai pas de temps à perdre cet après-midi. » Immédiatement, je vois apparaître un beau jeune homme, mince et très blond, le visage éclairé d'un sourire satisfait, debout à côté de la chaise de ma cliente.

« C'est ma Mamy, me dit-il en posant fièrement une main sur l'épaule de la vieille dame. Elle est charmante, non ? » Je répète ce commentaire à « Mamy » qui fond en larmes, avant de répéter à plusieurs reprises : « Peter, oh Peter, pourquoi a-t-il fallu que tu me quittes ? »

Cette question ne perturbe pas son petit-fils. « Elle n'arrête pas de dire ça, et elle pleure comme une fontaine, me dit-il. Est-ce que vous pourriez lui faire comprendre que je vais bien ? Dites-lui que je suis heureux ici et que je suis avec Papy. » Je transmets donc ce nouveau message. Au moment où j'évoque « Papy », je vois un grand monsieur solidement bâti qui me dit s'appeler Paul et qui me confirme qu'il est bien le grand-père de Peter. « Je suis mort un an après Peter, m'apprend-il. J'avais le cœur faible et l'accident, ou plutôt le choc qu'il m'a causé, a eu raison de moi. »

Évidemment, je n'en savais rien. Je demande donc à ma cliente si ces propos de Paul ont un sens. Ils lui apportent la certitude que le contact est bien établi avec Paul, son mari, et Peter, son petit-fils. Elle me raconte qu'ils formaient une famille très unie et qu'elle a l'impression que, depuis la mort de Peter, les liens familiaux se sont relâchés. Nous aborderons de nombreux sujets lors de cette première consultation. D'un hochement de tête, ma cliente me confirme chaque preuve que je lui donne.

Paul a très envie de parler de l'entreprise familiale que sa femme et lui ont développée au fil des ans et que ses deux fils dirigent à présent de main de maître. Il souhaite que sa femme leur fasse savoir qu'il est toujours là et qu'il continue à s'y intéresser. A l'occasion, Peter et son grand-père entament une discussion entre eux, et je suis contrainte de leur rappeler qu'ils sont censés s'adresser à moi.

De cette première séance, je conclus que Peter est un jeune homme aimable et intelligent, doué d'un grand appétit pour la vie. Plein d'humour, l'esprit vif, il me maintient depuis lors en alerte chaque fois que je le vois, c'est-à-dire assez souvent, car sa grand-mère revient me consulter régulièrement.

Ce qui me frappe par-dessus tout, c'est la joie hors du commun qui habite ce jeune homme. Grâce à cette aptitude à envisager la vie sous un angle positif, il s'est remarquablement adapté à son nouveau mode d'existence. Le soleil brille dans mon bureau chaque fois que Peter m'y rend visite, même si une ombre plane toujours sur sa vie.

Son père pense, en effet, que la vie après la mort n'existe pas. La tragédie de la disparition de Peter reste donc profondément enfouie dans son cœur. Il parle rarement de son fils, tant son chagrin est grand. Aux dires mêmes de Peter, son père pense que « quand on est mort, on est mort », et que rien ne changera ce fait. Peter sait qu'il ne va pas être facile de convaincre son père qu'il est toujours en vie. Voici d'ailleurs l'image qu'il emploie pour décrire cette tâche difficile : « Il va falloir utiliser un marteau et un burin pour faire entrer dans le crâne épais de mon père que la vie après la mort existe. » Malgré tout, il ne perd pas l'espoir de parvenir à ses fins.

Je sais que Peter est resté près de moi pendant que j'écrivais son histoire, afin de s'assurer que je n'en trahirais aucun détail. Comme c'est le genre de jeune homme qui, plus que toute chose au monde, se refuse à admettre la défaite, et comme cela fait cinq minutes que je suis incapable de le faire taire, je vais donc lui laisser le dernier mot. « Papa, je suis ici, je t'assure que c'est vrai, et je t'aime. Peter. »

Le début

Lorsque la grand-mère de Peter est venue me consulter, j'exerçais la profession de médium depuis plusieurs années. L'histoire de Peter n'avait donc rien d'étrange pour moi. Il m'était déjà souvent arrivé de parler à des êtres du monde des esprits. J'avais entendu bien des histoires tristes, j'avais été témoin du chagrin de personnes en deuil et j'avais observé la lutte qu'elles menaient pour surmonter cette perte. Mon expérience ne s'arrêtait pas là : voyages hors du corps, travail en état de transe, sauvetage d'âmes perdues, j'avais vécu ces choses extraordinaires. Mais je vais trop vite. Comment tout cela a-t-il commencé ? Jusqu'où dois-je remonter pour tenter de dérouler ce mystère que constituent les dons si précieux que j'ai reçus ?

A en croire ma mère, j'ai été adulte dès la petite enfance... au point qu'il lui arrivait parfois de se convaincre que je finirais mes jours dans un hôpital psychiatrique. Elle me trouvait, en effet, très différente de ses cinq autres enfants – deux garçons et trois filles – qui, à ses yeux, étaient tout à fait normaux. Elle avait du mal à me comprendre et davantage encore, à n'en pas douter, à m'aimer. Comme elle était dotée d'un caractère très vif et d'une langue bien pendue, ma différence l'incitait souvent à me prendre pour bouc émissaire. Sa vie conjugale était une catastrophe, parsemée de drames et de difficultés de tous ordres, si bien qu'elle déchargeait souvent sa colère sur moi.

Nous habitions à Leicester, dans les Midlands, dans une petite maison à loyer modéré. C'est là que je suis née, un an après la fin de la Seconde Guerre mondiale. C'est là que j'ai grandi. Je me souviens que, dès mon plus jeune âge, j'étais terrorisée par l'apparition en pleine nuit de visages inconnus et menaçants. Ils avaient l'air de sortir de l'obscurité et de planer au-dessus de moi. J'entendais des voix marmonner, sans jamais vraiment comprendre ce qu'elles disaient. Ils étaient parfois si affreux, si immenses, que je hurlais de frayeur et que ma mère se voyait contrainte, comme bien souvent, de s'occuper de cette enfant pas comme les autres.

Mon père, un homme brutal, d'un caractère exigeant que les agaceries constantes de ma mère n'avaient pas contribué à améliorer, était militaire de carrière. Jusqu'à l'âge de 11 ans, je ne l'ai que rarement vu à la maison, puisqu'il n'y passait que les fins de semaines et les vacances, laissant à ma mère la charge d'élever les six enfants. Notre mère avait un emploi qui l'occupait de 9 heures à 18 heures dans une usine, où elle pliait et emballait du papier carbone. Grâce à ses revenus, nous étions les seuls enfants du quartier à partir en vacances tous les ans. Nous avions de la moquette et des rideaux de brocart dans notre maison. Un luxe !

Je me souviens encore de la « soirée bain » du dimanche, avant l'installation de l'eau courante. Une grosse bouilloire de cuivre trônait dans un coin de la cuisine, surmontée de la pompe tant redoutée. Il fallait d'abord remplir le « cuivre » – comme on l'appelait – et faire chauffer l'eau. Après quoi, ma mère actionnait la pompe de haut en bas jusqu'à ce que la baignoire soit remplie d'eau chaude. Puis elle nous traînait en haut une à une, mes sœurs et moi, pour nous faire prendre notre bain. Nous n'avions pas intérêt à crier quand elle mettait trop d'énergie à nous récurer, car nous sentions alors sa main sur nos dos nus. Et Dieu, qu'elle avait la main dure ! Épuisée, poussée à bout par ses six enfants, elle ne se sentait soulagée qu'après nous avoir baignés et mis au lit.

Je suis persuadée que le salaire de mon père nous aurait permis de survivre, mais « survivre » ne suffisait pas à ma mère. C'était sa maison et ses vacances qui lui permettaient de ne pas s'effondrer. Chaque chose a cependant son prix et tout le confort du monde ne s'appellera jamais bonheur.

Ma mère ne m'a jamais prise dans ses bras et ne m'a jamais aimée. Dans mes souvenirs, il n'entre aucune affection, aucune chaleur, rien qu'un sentiment de solitude, de rejet et de peur. J'étais une enfant timide et nerveuse, manquant totalement d'assurance et de confiance, et qui était toujours en état de demande. De plus, planait une inquiétude supplémentaire : étais-je à l'image de ma grand-mère ?

Je n'ai pas connu ma grand-mère maternelle, puisqu'elle est morte six mois avant ma naissance. Pas davantage que je ne l'ai « vue » par le biais de mes dons de médium. Elle venait juste d'atteindre la cinquantaine lorsqu'elle disparut subitement, sans que rien ne le laisse présager. Elle s'appelait Eliza. Je n'ai jamais vu de photos d'elle, mais on dit que je lui ressemble beaucoup. Ma mère était son unique enfant et Eliza a dû avoir des difficultés à l'élever : ma mère a toujours été dotée d'une volonté de fer et d'une grande détermination.

Eliza avait cependant un autre problème, d'une gravité telle qu'il en devenait insurmontable : elle se croyait folle. Grand-mère Eliza entendait des voix qui lui chuchotaient à l'oreille. Des voix de personnes qui n'étaient pas là. Des voix qui ne s'adressaient qu'à elle, puisque personne d'autre ne pouvait les entendre. Elles la poursuivaient si assidûment, avec une telle insistance, qu'Eliza a pris peur et qu'elle a décidé, de son propre chef, d'entrer aux « Towers », l'hôpital psychiatrique du centre de Leicester. J'ignore combien de fois elle s'est fait volontairement hospitaliser pour son état mental. J'ignore si elle était seule à penser qu'il lui arrivait d'être dérangée mentalement, ou si ma mère partageait son opinion.

Quant à moi, qu'étais-je donc ? Une enfant douée d'une vive imagination ? Voir des visages et entendre des voix constituait-il un moyen d'attirer l'attention sur moi ou bien avais-je hérité de la « folie » de ma grand-mère, en plus de ses traits ? Tandis que je rédige ce passage, j'entends encore ma mère me hurler : « Tu finiras aux Towers, comme ta grand-mère ! »

Je sais bien qu'il s'agissait avant tout d'une menace destinée à m'obliger à me « conduire correctement », mais je pense que ma mère le croyait. Lorsque j'ai grandi et que j'ai appris à ne plus raconter les choses que je voyais et que j'entendais, ma mère a continué à nourrir des soupçons à propos de ma santé mentale. Cette menace de folie ne m'a jamais quittée, je l'ai toujours gardée dans un coin de mon esprit.

Il est vrai que les choses souvent répétées nous accompagnent tout au long de notre vie. Le « tu finiras comme ta grand-mère » de ma mère allait me hanter durant de longues années. Chaque fois que se produisait un événement étrange ou inexplicable, le spectre de la folie se dressait. Si j'ai réussi à ne pas sombrer dans la démence, c'est uniquement grâce à ma croyance en Dieu et en Jésus-Christ, et à ma ferveur chrétienne. Grandir a été pour moi une torture. La peur ne me quittait pas, je n'osais pas en parler et, comme j'étais de nature timide et sensible, ces deux traits de mon caractère se sont accentués au fil des années.

J'avais 16 ans lorsque je suis tombée amoureuse. John en avait 22. C'était un garçon doux, aimant. Nous nous sommes fiancés le jour de mon dix-septième anniversaire. Il déplaisait fortement à mon père, qui s'est dit que notre relation s'effilocherait. Il se trompait. Mais un an après nos fiançailles, mon père a mis John à la porte de notre maison et a rendu notre vie commune impossible. John avait été mon protecteur. C'était de lui que je tirais ma force. Et voilà que je me retrouvais à nouveau seule et effrayée. Effrayée par mes « dons », effrayée par mon père, effrayée par la vie.

J'avais 19 ans lorsque j'ai rencontré mon mari et que je l'ai épousé, avec la bénédiction de mon père. Il semblait être en mesure de m'apporter stabilité et sécurité. Il m'a dit les choses que j'avais besoin d'entendre. Surtout, il représentait la seule échappatoire à mes yeux. Je n'aurais pu faire davantage fausse route.

Je ne lui avais cependant pas parlé de mes dons – je ne m'en étais même pas ouverte à John, que j'avais pourtant aimé de tout mon cœur, que j'aimais toujours. Je n'avais mentionné mes visions et mes voix à personne.

Moins d'une semaine après notre mariage, j'ai découvert que mon mari avait couché avec une petite amie l'avant-veille de la cérémonie. Cette tromperie a établi le schéma des quatorze années qui ont suivi. Malgré quelques rares moments de bonheur, j'avais parfaitement conscience de m'être échappée d'une prison émotionnelle pour entrer dans une autre.

Lorsque j'ai atteint la trentaine, beaucoup de choses avaient changé dans ma vie : j'avais une fille de 10 ans et plus de mari. Il m'avait abandonnée, car il considérait qu'il n'était pas fait pour avoir des responsabilités. Le terme « responsabilités » me recouvrait moi, notre fille, notre maison, les problèmes d'ordre financier et le reste.

Durant toute notre vie conjugale, je ne lui ai jamais parlé de mes expériences avec le monde des esprits et je ne lui ai jamais confié ma crainte d'être folle. Je m'étais trop longtemps évertuée à vivre une existence « normale », à être une personne « normale ». Je voulais simplement « m'insérer », être comme tout le monde. Si j'avais fait part à mon mari de mes dons, que je considérais à l'époque comme une malédiction, j'aurais admis que, loin d'être normale, j'étais une espèce de monstre. Il m'est souvent arrivé, au cours de notre vie commune, de me réveiller en pleine nuit, si tremblante et terrifiée par l'un de mes affreux « cauchemars » qu'il me fallait allumer la lumière. En dehors de cela, mon mari n'a rien remarqué durant toutes ces années, à une exception près.

J'avais organisé un dîner très simple pour son patron, auquel j'avais convié l'une de mes amies, Susan. Je connaissais Maxwell, l'employeur de mon mari, depuis un certain temps, et ce n'était pas la première fois qu'il venait chez nous. C'est au moment du café qu'il nous a raconté comment, quelques années plus tôt, il était entré par hasard dans une église « spirite ». Il nous a décrit la petite pièce au fond de laquelle il s'était tenu, emplie de gens qu'il voyait pour la première fois. Un homme placé face à ce public l'avait désigné de la main et lui avait parlé de lui-même et de son grand-père. Il avait évoqué des détails très intimes, qu'aucune des autres personnes présentes ne pouvait connaître.

Nous avons écouté son récit, à la fois intéressés et sceptiques. Lorsqu'il en a eu terminé, il s'est tourné vers moi pour me demander : « Croyez-vous à la vie après la mort ? » J'étais partagée entre la circonspection et l'envie inconsciente de m'exprimer. C'est donc avec prudence que je lui ai répondu « oui ».

« Croyez-vous que quelqu'un surveille et protège votre fille de 3 ans ? » Toujours avec précaution, j'ai répondu par l'affirmative. Lorsqu'il m'a demandé si j'avais une idée de la personne qui remplissait ce rôle, je lui ai dit qu'il s'agissait peut-être du grand-père de mon époux.

Il s'est alors levé de table d'un bond, m'a demandé un jeu de cartes et un objet lui appartenant. Il m'a ensuite prise par la main pour m'emmener au salon. Mon mari et mon amie nous y ont suivis. Maxwell m'a déclaré qu'il pouvait m'aider à découvrir qui était le « guide » de ma vie. J'étais agitée, mais je l'ai laissé poursuivre ce qui n'était à mes yeux qu'un jeu idiot. Maxwell m'a fait asseoir à un bout du canapé et a pris la place opposée. Il tenait le paquet de cartes dans une main et l'alliance du grand-père de mon mari dans l'autre. Avec curiosité, je l'ai regardé battre les cartes, puis placer deux piles côte à côte, cartes à l'envers. Il a ensuite posé l'alliance entre elles.

Il a alors relevé la tête et m'a dit : « Vous allez vous concentrer le plus fort possible sur cette alliance. Au-dessus – il a tapé du doigt les deux piles de cartes –, il y aura soit un valet, soit un roi, soit une reine. C'est l'alliance qui va vous dire quelle pile choisir. Si la carte du dessus est un valet ou un roi, vous saurez que c'est un homme qui veille sur votre fille. En revanche, si je retourne une reine, cela voudra dire que c'est un esprit féminin, une grand-mère peut-être, qui garde votre enfant. Concentrez-vous sur l'alliance, m'a-t-il répété, elle va vous montrer quelle pile de cartes choisir. »

Je n'avais jamais entendu pareilles sornettes. Pensait-il vraiment que nous allions le croire, ou s'agissait-il d'une plaisanterie, d'un coup monté ? « Bon, me suis-je dit, c'est lui le patron, faisons-lui plaisir. » C'est dans cet état d'esprit que j'ai commencé à regarder l'alliance.

Quelques secondes à peine se sont écoulées... avant que l'alliance ne bouge. J'ai fermé les yeux – mon imagination devait travailler – et les ai rouverts. Au bout de quelques secondes, l'alliance a de nouveau bougé – ou a semblé bouger – vers la gauche. « C'est ridicule », ai-je pensé. Je m'en voulais de m'être laissé prendre à la mise en scène de Maxwell. Puis, l'alliance s'est à nouveau déplacée. Et soudain, je me suis retrouvée plongée malgré moi en plein drame. Quelque chose, un pouvoir, s'est emparé de mon corps. J'avais l'impression qu'un poids énorme m'écrasait, m'enfonçait dans le canapé. J'étais paralysée, je ne pouvais pas échapper à cette force inouïe, et je hurlais mentalement. Lentement, très lentement, une sensation horrible a commencé à s'insinuer en moi, celle-là même que j'éprouvais si souvent depuis mon enfance, lorsque je restais allongée, paniquée, sentant une force invisible qui essayait d'arracher mon visage. J'étais clouée à ce canapé, les joues dégoulinantes de larmes, incapable de remuer ou même de cligner des yeux. Je faisais des efforts désespérés pour me voiler le visage afin de me protéger, tout en hurlant dans ma tête : « Mon Dieu, aidez-moi. Par pitié, que quelqu'un vienne m'aider ! »

Mon mari et mon amie Susan se sont tous deux levés brusquement pour me porter secours, alors que je n'avais pas émis un son. A la vue de mon visage qui se vidait de son sang, ils avaient tout de suite compris ma détresse. Maxwell les en a empêchés d'un geste du bras, leur intimant d'une voix péremptoire de ne pas me toucher.

J'ai vu et entendu cette scène tout en restant assise, en proie à une terreur grandissante. La voix de Maxwell me parvenait, posée mais insistante. Elle tentait de me réconforter, de me dire que j'allais bien et qu'il allait m'aider... En réalité, il était complètement dépassé. Il ne lui était jamais rien arrivé de pareil. Il a néanmoins gardé son calme, alors que mon mari lui criait : « Maxwell, faites quelque chose ! » J'étais à présent concentrée sur ma propre lutte. J'essayais toujours de porter les mains à mon visage, car j'avais l'impression qu'on me l'enlevait comme un masque. Puis, aussi subitement qu'elle s'était abattue sur moi, cette force a disparu. La pression m'a quittée et mes mains ont volé à mon visage. J'étais tellement effrayée que mes larmes ne tarissaient pas. Susan est allée me chercher un verre et je me suis efforcée de me sentir « normale ». Maxwell m'a emmenée faire un tour dans le jardin. L'air frais m'a requinquée. J'allais mieux. Mais lorsque je suis rentrée dans la maison et qu'ils ont voulu savoir ce qui m'était arrivé, je ne suis pas parvenue à le leur raconter, tant cette expérience me terrorisait. A deux autres reprises au cours de cette soirée, cette abominable sensation d'arrachement du visage m'a reprise, et j'ai éclaté en larmes.

Mon mari, Maxwell et Susan venaient d'être les témoins d'une expérience paranormale inexplicable, pendant laquelle ils avaient remarqué que la température avait baissé dans la pièce et que l'atmosphère avait totalement changé. Le lendemain matin, Susan m'a appelée pour prendre de mes nouvelles et me dire qu'elle avait eu très peur. Mais ni elle, ni Maxwell, ni mon mari n'ont plus jamais fait allusion à cet incident. Il a été purement et simplement balayé : trop compliqué à résoudre. Aucune personne sensée n'était prête à songer à ce que « ça » pouvait avoir été...

Je pensais effectivement friser la folie, ressembler davantage à Grand-Maman Eliza que je n'osais l'imaginer. Quand mon tour viendrait-il ? Quand m'emmèneraient-ils à l'asile ? Quand découvrirait-on que je souffrais d'une maladie mentale héréditaire ? Jamais, ai-je décidé. Et j'ai moi aussi fait table rase de cet incident, comme de tous ceux qui m'étaient arrivés au fil des années. J'ai décidé qu'il s'agissait simplement d'un jeu qui avait mal tourné. Je ne devais plus en reparler avant bien des années. Et beaucoup d'eau a encore coulé sous les ponts avant que j'en comprenne la signification.

Après avoir supporté pendant quatorze ans les liaisons de mon mari et ses perpétuels ennuis financiers, j'ai été contrainte de demander le divorce. Incapable de comprendre que j'en avais assez d'un mariage à sens unique, il a juré qu'il me verrait affamée avant de me verser la moindre pension, pour moi ou pour notre fille, Samantha. Son souhait a bien failli être exaucé... Nous ne sommes pas mortes de faim, mais ce n'est pas grâce à lui.

Il existe maintes formes de solitude en ce monde mais, à mes yeux, vivre en couple et se sentir seul est la pire d'entre elles. Être allongée dans un lit auprès d'un compagnon sans pouvoir tendre les bras vers lui ni lui parler, ne pas partager avec lui les petites choses de la vie me semble être pire que la réelle solitude. Un jour, à mon retour à la maison, j'ai constaté que mon mari s'était envolé, et l'argent avec lui. De notre relation en lambeaux ne restaient qu'un chapelet de dettes et une enfant de 10 ans. Il m'a fallu des années pour régler ma situation, mais la liberté que j'avais enfin trouvée valait bien ce prix. Sans doute avais-je aimé cet homme à un moment donné, mais ne plus avoir à supporter les contrariétés et l'insécurité pesantes que constituaient ses mensonges et ses tromperies m'a procuré un soulagement indicible.

Mon ex-mari a tenu parole : il ne nous a jamais apporté aucune aide, et ni moi ni ma fille Samantha n'avons par la suite entendu parler de lui. Dans cette histoire, c'est cependant moi qui ai de la chance : Samantha et moi sommes extrêmement proches, liées par un amour et une tendresse immenses. S'il me fallait revivre le chagrin et la tristesse de cette époque pour obtenir la garde de ma fille, je le ferais avec bonheur.

Je vivais à cette période dans le nord de l'Angleterre, où nous avions emménagé cinq ans plus tôt. Ma vie était loin d'être simple. J'étais brisée affectivement, entourée de ruines et sans un sou vaillant. Pour couronner le tout, les visions, les voix et les sensations bizarres qui me poursuivaient depuis mon plus jeune âge étaient de plus en plus précises et fréquentes. Un jour que j'étais en train de lire dans mon salon, j'ai levé la tête et j'ai vu un homme assis face à moi, dans le canapé. Il ne m'a pas adressé la parole, se contentant de me fixer d'un regard intense. Je me suis entendue lui parler avec le plus grand naturel, et je me souviens m'être ensuite crue folle. Je savais qu'il s'agissait de ce que certains appellent un fantôme, alors qu'il ressemblait à tout un chacun. Ni contours vaporeux, ni pâleur, ni luminosité, juste un homme ordinaire. J'ai su intuitivement qu'il appartenait à un autre monde. Non à cause de son apparence, mais parce que je l'ai reconnu, d'une manière qu'il m'est impossible de décrire. Je dirais qu'il s'agissait de la reconnaissance d'une âme libérée des contraintes terrestres.

Une autre fois, je me suis réveillée et j'ai vu deux étrangers à l'entrée de ma chambre, des hommes du monde des esprits, mais si réels qu'on aurait pu les prendre pour des cambrioleurs. Là encore, pas une parole n'a été prononcée. Ils se sont contentés de me regarder. Terrifiée, j'ai tâtonné pour trouver et allumer la lampe de chevet. Lorsque j'ai tourné la tête vers la porte, ils s'étaient volatilisés.

Ma terrible peur du noir provient de ce que j'ai vécu dans mon enfance. Je me souviens que je me cachais sous les draps, en sueur et tremblant de peur, pour échapper à ces visages affreux. Ma mère, refusant de céder à ce qu'elle considérait comme une imagination débordante, ne m'a jamais accordé le réconfort d'une lampe. Je ne devais jamais distinguer ces visages les uns des autres, jamais savoir s'il s'agissait à chaque fois des mêmes, jamais reconnaître les voix qui chuchotaient et m'appelaient, jamais comprendre ce qu'elles disaient ou ce qu'elles voulaient. J'en étais réduite à prier pour qu'elles s'en aillent. A partir du moment où j'ai quitté la maison de mes parents, j'ai toujours dormi avec une lampe allumée.

Cette nuit-là, lorsque mes deux « visiteurs » sont apparus, la lampe du palier était allumée et la porte de ma chambre entrebâillée. Mais cette lumière, au lieu de m'apporter un sentiment de sécurité, ne faisait qu'ajouter une aura fantomatique à ces personnages, si bien que j'étais véritablement terrorisée. Je me revois encore tâtonnant vers la table de chevet, la palpant pour trouver la lampe, qui était là, quelque part… Lorsque j'ai découvert que ces hommes étaient partis, je me suis demandé si je n'avais pas rêvé. Mais au fond de moi, je savais que tout cela était réel, qu'il ne s'agissait absolument pas d'un rêve. Je suis restée éveillée tout le reste de la nuit, inquiète à l'idée qu'« ils » puissent revenir. Que se passerait-il alors ?

Il m'est souvent arrivé de me réveiller à l'aube avec la sensation d'avoir deux visages, comme si je portais un masque, que quelqu'un ou quelque chose essayait de m'arracher. J'éprouvais des sensations physiques si réelles que j'avais l'impression que mon visage n'était pas à sa place ou qu'il était de travers. Chaque fois, j'en tremblais.

De l'enfance à l'âge adulte, j'ai vécu dans l'incertitude, ne sachant jamais quand ces ombres s'approcheraient de moi ou si elles allaient m'emporter. Malgré tous mes efforts pour essayer de comprendre ce qui m'arrivait, mon esprit restait confus. Toutes mes tentatives d'ignorer ces apparitions et ces événements étranges étaient vaines. J'ai grandi dans deux mondes : un monde d'esprits et de fantômes, et un monde où le réel pouvait toujours être expliqué, touché, vu et montré aux autres qui le voyaient aussi. Le premier monde était angoissant, le deuxième cruel et source de malheur.

« Je dois être folle ! » disait souvent ma mère à propos d'elle-même, en général par pure frustration.

De nombreuses personnes, y compris moi, utilisent cette expression pour plaisanter ou se décharger d'un souci. Durant cette période étrange et solitaire de ma vie, j'ai cependant découvert une chose : celui qui croit sincèrement être en train de craquer, de devenir fou, ne s'en ouvre à personne.

J'avais 34 ans et, aussi loin que remontent mes souvenirs, j'avais toujours été « hantée ». J'étais prisonnière d'une dimension de la vie dépassant celle que la plupart des gens considèrent comme normale. Effrayée, isolée, incomprise et incapable de comprendre, vivant dans une réalité différente qui restait inconnue à mon entourage, j'avais l'esprit si troublé que ma santé mentale en devenait instable. En plus de cela, je n'avais plus de mari. Hormis ma sœur cadette, aucun membre de ma famille ne m'a aidée à élever ma fille. Mes allocations parentales représentaient très peu et j'ai été contrainte de travailler à mi-temps comme serveuse de bar. Le harcèlement constant du propriétaire de l'établissement m'est vite devenu insupportable et j'ai quitté ce job.

Étant donné ma pauvre éducation, puisque j'avais abandonné l'école à 15 ans pour travailler dans une boutique de vêtements féminins, je n'avais aucune qualification et pas le temps de reprendre mes études ni d'apprendre un métier. Nous étions en 1980. Ma fille avait 10 ans et je n'étais pas encore divorcée, car mon mari restait introuvable. J'étais séparée de lui et « folle »... Dans mon esprit, vraiment folle.

Mon caractère introverti s'est aggravé ; je cachais à tous mon véritable moi. Je jouais la comédie, prétendant être heureuse et « normale », mais je n'ai pas pu dissimuler longtemps la tension provoquée par ce mensonge. J'ai cessé de sortir de chez moi, y compris pour aller faire mes courses dans les magasins du village. Lorsque je devais faire mon marché, je me rendais dans la ville la plus proche, où personne ne me connaissait. Comme cela, je n'avais pas à afficher de sourires de façade et à prétendre que tout allait bien, alors qu'il n'en était rien. Je vivais pratiquement en recluse. Une seule chose comptait à mes yeux : le bonheur et le bien-être de ma fille. Elle avait besoin de voir en moi une mère solide et stable, et je m'évertuais à lui procurer ce sentiment de sécurité. Et puis, j'étais farouchement déterminée à ne laisser personne nous séparer.

Je vivais seule depuis quelques mois lorsque Jenny, une amie qui m'avait vue m'enfoncer lentement, a décidé de prendre les choses en main. Elle m'a appelée pour me dire : « Tu sors avec moi ce soir. Un type du coin donne une conférence sur les tarots, suivie d'une démonstration. » Je lui ai répondu qu'il n'en était pas question, mais elle a insisté. Comme c'est une femme énergique et plutôt autoritaire, j'ai compris que cela ne servirait à rien d'argumenter. Je me suis donc contentée de lui répondre que je ne viendrais pas et de raccrocher. A 19 heures ce soir-là, on a frappé à ma porte. C'était mon amie. Elle est entrée de force et m'a déclaré : « Tu restes cloîtrée depuis trop longtemps, je ne partirai pas sans toi. »

Grâce à Dieu, Samantha passait la nuit chez une de ses amies. Je n'avais donc ni raison ni excuse de ne pas sortir. L'intrusion de Jenny dans ma vie m'inspirait un immense ressentiment, mais j'éprouvais aussi du soulagement à la perspective de ne pas passer la soirée seule. J'hésitais pourtant encore à affronter le monde et à rencontrer des inconnus auxquels je serais peut-être forcée de parler. Ils risquaient de me trouver bizarre. Comme je l'ai déjà dit, celui qui se sent devenir fou essaie d'avoir l'air normal et redoute par-dessus tout qu'on s'aperçoive du contraire.

C'est ainsi que je me suis rendue dans une maison inconnue où j'allais devoir me mêler à des étrangers. Pas une seconde, je n'ai pensé au genre de soirée qui m'attendait. Une seule chose m'importait : ils – ces étrangers – ne devaient pas apprendre la vérité à mon sujet. Pendant tout le trajet en voiture, je suis restée muette et songeuse. J'avais la sensation de subir un viol du petit monde intime que j'avais bâti avec tant de précautions au fil des mois. Nous avons fini par nous garer devant un cottage blanc isolé. Nous avions emprunté des routes de terre creusées d'ornières pour parvenir jusqu'à cet endroit inattendu, absolument désert, dénommé « Turbary ».

Irène et Paul Denham, le couple à la retraite qui en était le propriétaire, nous a accueillies, Jenny et moi. Petite, brune et avenante, Irène avait environ 55 ans ; plus grand qu'elle, élégant, Paul avait dépassé la soixantaine. Les Denham nous ont fait entrer et nous ont présentées à une foule de gens. A dire vrai, ils n'étaient qu'une dizaine, mais la petite taille de la pièce donnait l'impression qu'ils étaient beaucoup plus nombreux.

On m'a offert la seule chaise disponible, placée près d'une petite table derrière laquelle était assis un jeune homme mince et brun, qui devait approcher de la trentaine. J'ai compris qu'il était l'intervenant. Assise à proximité de lui, je me sentais exposée, et je me souviens de m'être recroquevillée sur ma chaise pour essayer de me rapetisser. Tous ces gens bavardaient ensemble et il régnait une atmosphère très conviviale. Il était clair qu'ils attendaient avec curiosité et excitation l'ouverture de la conférence.

A cette époque, j'ignorais tout des tarots, hormis le fait que les cartes étaient décorées de petits personnages et que certaines personnes s'en servaient pour prédire l'avenir. Je n'en sais guère davantage aujourd'hui, si ce n'est qu'il s'agit d'un sujet que je préfère éviter et que je conseillerais aux autres d'aborder avec prudence, en gardant un esprit critique. Ce n'est pas des cartes dont je me méfie, mais des facultés de la personne qui les lit.

L'orateur, John, nous a finalement été présenté et a entamé sa démonstration. Il a commencé par faire un historique des tarots et par nous expliquer la signification des figures. Chaque carte est différente et possède sa propre signification, dont l'interprétation varie selon la manière dont elle est combinée à d'autres. En résumé, plusieurs cartes sont disposées à l'endroit sur une table, suivant un certain schéma. Celui qui est capable de les lire peut alors, en les interprétant « correctement », apprendre certaines choses sur la personne à laquelle il les tire.

Étant sortie à contrecœur, j'étais dans un état d'esprit peu ouvert à ce genre d'informations. J'étais bien trop préoccupée par mes efforts pour passer inaperçue. La plupart des paroles de John me sont donc passées par-dessus la tête.

Il nous a ensuite annoncé qu'il allait nous faire une démonstration. Une par une, très lentement, il a posé les cartes à l'endroit sur la table. Me trouvant si près de lui, il m'était impossible de ne pas le voir faire. Le regard rivé à la table malgré moi, je l'ai vu placer chaque carte.

La sensation bizarre, mais familière, de ne pas être moi, m'a alors envahie. Je n'ai pu que m'y soumettre. J'étais persuadée, intuitivement, que ces cartes étaient tirées à mon intention. Mais cela ne s'arrêtait pas là : je connaissais exactement leur signification. Elles racontaient l'état présent de ma vie. Ma confusion et ma souffrance. Subitement, comme s'il lisait dans mes pensées, John s'est adressé à moi. « Ces cartes ont été tirées pour vous », m'a-t-il déclaré. Sidérée, je n'ai pas osé répondre. Je me suis dit qu'il savait que j'étais folle. Il s'est tourné vers le reste du public pour poursuivre sa démonstration. Ma panique grandissant, je me suis dit : « Il va leur dire, il va leur parler de moi. » Mais il n'en a absolument rien fait. Il a vite conclu son intervention et s'est rassis.

On nous a informés qu'une discussion suivrait, après une tasse de thé. Je n'avais qu'une idée en tête : sortir de là et rentrer chez moi avant que John ne dévoile mon véritable état. Jenny, bien entendu, n'a rien voulu entendre. « On reste, m'a-t-elle déclaré. Ne te conduis pas en poule mouillée ! » Dès que les tasses de thé ont été débarrassées, notre hôte, Paul Denham, a émis l'idée qu'une personne de l'assistance désirait peut-être se faire tirer les tarots. « Ou alors, a-t-il ajouté, l'un d'entre vous a peut-être personnellement vécu une expérience paranormale ? » Dans une assemblée de ce genre, il y a toujours quelqu'un pour avoir vu un fantôme ou pour connaître quelqu'un qui en a vu un. Tous les invités se sont donc empressés de raconter des anecdotes, vécues par des tiers ou de première main. Tout le monde semblait avoir son eau à apporter au moulin. Oubliés, les tarots ! Des récits de fantômes, de goules et de choses s'entrechoquant dans la nuit les avaient remplacés.

Si vous pensez que je devais me sentir davantage dans mon élément, vous faites fausse route. La grande attention que je portais à toutes ces histoires ne m'incita qu'à rentrer davantage dans ma coquille. Il était clair que toutes ces personnes, quoique prêtes à admettre l'existence d'événements irrationnels, n'en avaient que des expériences fort limitées, alors que les miennes dévoraient ma vie. Je suis donc restée muette, formant le vœu que la soirée se termine, lorsque Paul Denham a déclaré : « La jeune femme assise près de John – Rosemary, c'est bien ça ? – ne nous a encore rien raconté. Parlez-nous de vos expériences. »

J'ai senti mon visage s'empourprer et j'ai alors compris ce que ressentait un animal acculé. Pour la seconde fois de la soirée, la panique m'a balayée et j'ai répondu d'une voix aussi égale que possible :

— Je n'ai aucune expérience du paranormal. Je ne vois rien, je n'entends rien et je ne sens jamais quoi que ce soit.

— Je ne vous crois pas, a alors déclaré Irène Denham. A mon avis, il vous est arrivé des choses bizarres que vous ne comprenez pas. Mon mari, Paul, est guérisseur. Il appartient au mouvement spirite depuis trente ans. Si vous pouviez vous ouvrir un peu, il parviendrait peut-être à vous aider.

J'ai réfléchi à toute allure à ce qu'elle venait de dire. Guérisseur ? Spirite ? Avais-je bien entendu ? Le Christ était un guérisseur. Entendait-elle par là que son mari était comme le Christ ? Je n'ai pas eu le temps de parvenir à une conclusion, car Paul avait déjà repris la parole.

— Nous ne pouvons vous venir en aide, Rosemary, que si vous nous autorisez à le faire. Vous pourriez commencer par nous parler.

— Si je le fais, si je vous raconte les choses insensées qui se passent autour de moi, me suis-je entendue dire, vous allez me croire folle à lier.

— Pas du tout, m'a-t-il répondu avec douceur et bonté. Je pense qu'il est grand temps que vous en parliez à quelqu'un. Allez-y.

S'il vous est arrivé de secouer une bouteille de champagne avant de la déboucher, vous savez ce que j'ai ressenti. Tout a explosé sans que je puisse rien contrôler, et je me suis lancée dans une explication de tout ce qui m'arrivait depuis des années. On aurait entendu une épingle tomber dans la pièce. Ces visages étrangers me fixaient, sans rire, l'air au contraire intéressés et curieux. Tout y est passé : les apparitions et les chuchotements de mon enfance, le nombre de fois dans ma vie où je m'étais sentie transportée, comme par magie, dans un autre lieu ou une autre époque, où je rencontrais des inconnus avec lesquels je me sentais à l'aise – jusqu'au moment où j'étais contrainte de trouver une explication à cet événement –, mes visions, les occasions où je me trouvais dans une pièce et où je voyais un cadre tout à fait différent.

Plus je parlais et plus je m'apercevais que j'avais des choses à dire. Puis, il m'est apparu, le plus naturellement du monde et avec une grande clarté. Sans comprendre ce qui m'arrivait, je venais d'entrer en état de « transe » et j'étais sur le point de vivre une expérience qui allait à jamais changer ma vie. J'ai vu apparaître un océan, immense, glacé et repoussant, sur lequel un énorme cuirassier gris approchait lentement par la droite. Lorsqu'il est arrivé suffisamment près de moi, j'ai distingué une femme sur le pont. Elle était vêtue d'une longue robe grise, cintrée à la taille. Très simple, ornée uniquement d'un insigne rond d'environ deux centimètres de diamètre brodé sur son corsage. Elle portait un bonnet, de couleur grise lui aussi, semblable à celui qu'arborent les dames de l'Armée du Salut.

J'étais sur le point de parler lorsque j'ai éprouvé un grand choc : cette femme n'avait pas de visage. Je sais bien que cela paraît incroyable mais, à la place de ses traits, il y avait une surface plane. Ni nez, ni bouche, ni yeux... rien qu'un masque vide. Elle a tendu les bras vers moi comme si elle m'implorait, et j'ai entendu sa voix, sortie de nulle part, m'appeler à l'aide.

Pendant ce temps, le navire de guerre a commencé à s'incliner et sa proue s'est enfoncée dans la mer. Il coulait et la dame en gris allait se noyer. Elle a de nouveau tendu les bras vers moi et m'a suppliée de venir à son secours. Je suis restée là, simple spectatrice, sans rien faire. Je ne pouvais rien faire !

Alors que je croyais que tout était terminé, la scène a recommencé du début, comme si quelqu'un avait rembobiné le film et le repassait. Elle s'est déroulée trois fois de suite et, à chaque fois, j'ai entendu les mêmes appels au secours désespérés. J'avais la certitude que si je ne faisais rien, cette femme était perdue. Mais que pouvais-je faire ? Je me sentais si impuissante, et ses suppliques me déchiraient tellement le cœur, que j'ai éclaté en larmes.

Aussi subitement que cette expérience avait débuté, elle s'est interrompue. Je suis revenue dans le monde de la « réalité ». A ma grande horreur, le même groupe d'étrangers me fixait, non plus avec intérêt ou curiosité, m'a-t-il semblé, mais comme si j'étais une extraterrestre. J'ignorais combien de temps cette apparition avait duré. Apparemment, sans en avoir conscience, je la leur avais relatée dans ses moindres détails. Les joues ruisselant de larmes, je les ai dévisagés. Certains étaient effrayés, d'autres, dont mon amie Jenny, abasourdis. Un ou deux paraissaient incrédules. Je n'en ai voulu à aucun d'entre eux. Je savais que j'étais folle ; à présent, je n'étais plus seule à être au courant. Pourtant, cette vision m'avait semblé tout à fait réelle.

Un homme s'est alors brusquement levé, hors de lui, et il m'a accusée en hurlant d'être « de mèche » avec les Denham. Il a déclaré que tout cela avait été organisé à l'avance, qu'il s'agissait d'un coup monté. Qu'entendait-il par « tout cela »? De quoi parlait-il ? Sur le moment, je ne l'ai pas compris, car je n'avais pas réalisé ce qui s'était passé, ni l'impact que cet incident avait eu sur les autres. Il a saisi brutalement sa femme, assise dans un coin, et il est sorti comme une furie de la maison.

Cette expérience avait manifestement alarmé tout le monde et je n'ai pu que présenter mes excuses à la ronde. Je n'ai jamais été du genre à dévoiler mes sentiments en public, et encore moins à pleurer, même lorsque je me sens très mal. Or, je venais de sangloter éperdument sans essayer de me retenir, sans même avoir conscience que je pleurais. Je me sentais humiliée et extrêmement mal à l'aise.

Quelqu'un m'a offert une tasse de thé et on m'a affirmé que je ne devais pas m'inquiéter, que je n'étais pas folle. Tous se sont montrés d'une extrême prévenance, me traitant comme une enfant perdue, mais moi, je ne pensais qu'à la dame en gris. Je venais de vivre l'une des expériences les plus émouvantes de ma vie.

Mon amie Jenny, d'ordinaire fort directe et bavarde, gardait une attitude très réservée, comme si elle ne savait qu'en penser. Si bien que, lorsque je lui ai demandé une fois de plus de me ramener chez moi, elle a accepté avec un immense soulagement. Paul Denham a tenu à nous raccompagner jusqu'à notre voiture. Il m'a prise par le bras et m'a dit, les yeux dans les yeux : « Non seulement vous n'êtes pas folle, mais vous vous apercevrez bientôt qu'il y a peu de personnes aussi saines d'esprit que vous sur cette terre. » Plus tard, il me dirait aussi : « Vous êtes le plus grand médium à l'état brut que ma femme et moi avons jamais rencontré. » J'allais également découvrir avec Paul et Irène que les événements de cette nuit d'été avaient constitué ma première expérience de travail de médium en transe, en présence de tiers.

Et la « dame en gris » ? J'allais comprendre beaucoup plus tard, après avoir affûté mes dons et acquis de nombreuses connaissances, qu'elle représentait les êtres du monde des esprits, appelant désespérément au secours, cherchant quelqu'un qui puisse les aider à entrer en contact avec les êtres qui leur sont chers, ceux qui sont toujours « de ce côté » de la vie, de manière à leur assurer qu'il y a bien une autre existence après la vie.

Les paroles de Paul résonnant dans ma tête, je suis montée dans la voiture. Dans sa hâte de quitter les lieux, Jenny avait déjà mis le moteur en marche et nous avons rapidement battu en retraite. Je me suis alors dit que je n'étais pas seule à être dingue, que toutes les personnes de cette assistance l'étaient aussi. Il tardait à mon amie de se débarrasser de moi et c'est tout juste si, arrivée devant chez moi, elle m'a laissé le temps de descendre de sa voiture avant de s'éloigner en trombe.

Je me suis immédiatement couchée et j'ai repassé les événements de la soirée dans ma tête, revenant à maintes reprises sur la dame en gris. Malgré tous mes efforts, je n'arrivais pas davantage à comprendre leur nature que la raison pour laquelle ils avaient eu lieu. Finalement, à l'approche de l'aube, j'ai sombré dans le sommeil.

Le guérisseur

Un téléphone sonnait. Encore dans les limbes, je me suis demandée pourquoi personne ne le décrochait. Puis, j'ai repris lentement conscience et j'ai avancé la main à tâtons pour essayer de saisir cet instrument infernal, qui devait se trouver quelque part sur le plancher, près du lit. Qui pouvait bien m'appeler à une heure si matinale ? J'ai jeté un coup d'œil au réveil à travers mes paupières mi-closes et j'ai constaté qu'il était 9 h 30. Subitement, je me suis complètement réveillée et les événements de la soirée me sont revenus à la mémoire. La dame en gris !

J'ai décroché le récepteur et une voix m'a dit : « Bonjour, c'est Irène Denham. Mon mari et moi aimerions venir vous voir. C'est possible ? » Elle m'a expliqué qu'ils s'intéressaient beaucoup à moi et qu'après ce qui s'était passé la veille, ils étaient peut-être en mesure de m'aider. Tout cela me semblait de plus en plus fou, et c'est avec la plus grande circonspection que je lui ai répondu : « Ce qui s'est passé ne m'intéresse pas beaucoup. En ce qui me concerne, le spiritisme est une chose à laquelle il vaut mieux ne pas se frotter. »

N'oubliez pas que j'en savais très peu sur le spiritisme. Mes connaissances, très primitives, se limitaient à des clichés, comme celui des gens qui se tiennent par la main autour d'une table et chuchotent à voix basse : « Esprit, es-tu là ? » J'avais fréquenté le catéchisme dès l'âge de 3 ans. Non parce que ma mère croyait en l'importance de l'instruction religieuse, mais parce qu'il représentait pour elle une occasion de se débarrasser de nous pendant une heure ou deux. L'église où je me rendais était un petit bâtiment qui se dressait sur une colline, en haut de Saffron Road, la rue où nous habitions. C'était une artère très animée de la banlieue de Leicester, sauf le dimanche, où la circulation était rare. Ma mère nous accompagnait jusqu'au portail du jardin et nous regardait monter la rue. Il m'est souvent arrivé, quand j'étais toute petite, de m'y rendre en larmes, les jambes ou les fesses douloureuses, parce que j'avais rechigné à y aller. Comme j'étais la plus difficile, ma mère était sûrement soulagée de me voir souvent « de dos », comme elle le disait.

Mon église, comme je me plais à la nommer, s'appelle l'Église du Christ. Je ne me rends plus que rarement à Leicester, mais chaque fois que je passe en voiture devant ce petit édifice baptiste, j'ai des tiraillements au cœur. C'est sur ce muret que, petite fille, je m'asseyais avec mes copines et qu'adolescente, je venais parler à Dieu lorsque j'étais malheureuse ou que je me sentais seule.

C'était une congrégation importante et les personnes responsables de mon éducation religieuse étaient des êtres merveilleux. Je ressens encore l'amour et l'affection qu'ils m'ont prodigués, à une époque où notre foyer en était totalement dépourvu. A l'âge de 15 ans, je me suis engagée à vivre ma vie selon les préceptes du Christ et me suis donc fait baptiser. Vous pensez peut-être que l'on est trop jeune à cet âge pour avoir ce genre de convictions, mais je savais, comme je le sais aujourd'hui, que ma vie appartenait à Dieu et que je pouvais Lui faire confiance pour me guider en toute chose.

Et voici que vingt-cinq ans plus tard, j'écoutais une femme que je n'avais rencontrée que la veille me parler d'esprits et de médiums. Ma réaction ne l'avait pas du tout rebutée. Sans doute n'était-ce pas la première fois qu'on lui opposait ce genre de réponse. Elle a de nouveau insisté sur le fait que j'avais besoin de m'ouvrir à quelqu'un des choses bizarres qui m'étaient arrivées, quelqu'un qui me comprendrait et pourrait m'aider. Elle a dû se montrer très persuasive pour me convaincre de venir prendre le thé chez elle dans l'après-midi.

Comme mon appréhension ne m'avait pas quittée, j'ai dû faire preuve d'un certain courage pour retourner dans cette maison, car je ne savais pas à quoi m'attendre. J'avais intuitivement conscience qu'une fois que j'aurais remis les pieds chez les

Denham, ma vie changerait du tout au tout. Seulement j'ignorais comment ou en quoi, et je ne savais même pas si j'en avais véritablement envie. Seule ma foi en Dieu m'a permis de franchir le seuil qui m'a fait pénétrer dans un nouveau monde.

Nous avons pris le thé en toute simplicité. N'étaient présents que les Denham, deux chiens, un chat et moi. Ils m'ont d'abord raconté qu'ils avaient récemment emménagé dans la région et qu'ils étaient parvenus à constituer un groupe de personnes qui se réunissaient le vendredi pour discuter des phénomènes paranormaux. Depuis lors, j'ai appris que le terme « paranormal » recouvre un vaste domaine, qui comprend la guérison alternative. Irène, comme elle m'a alors priée de l'appeler, avait réussi à convaincre des personnes telles que John, le lecteur de tarots de la veille, de venir donner des conférences sur leur sujet de prédilection.

Elle m'a prévenue que, pour la réunion du vendredi suivant, ils attendaient un guérisseur de Doncaster, dans le South Yorkshire. La conversation s'est tout naturellement axée sur le spiritisme et, sans m'en rendre compte, je me suis mise à leur poser une multitude de questions. Ma curiosité avait vaincu ma crainte et j'étais emportée par ma soif de connaissances. Nous avons fait un vaste tour d'horizon ce samedi après-midi, et nombre de mes craintes ont été balayées. Mes idées étaient loin de s'être éclaircies mais, comme je pouvais enfin parler à des personnes qui paraissaient capables de comprendre et de m'expliquer certaines de mes expériences, la toile d'araignée a commencé à se défaire.

Sur la suggestion d'Irène et Paul, nous avons pris la décision de nous rencontrer chaque mercredi soir, afin de développer mes facultés de médium. J'ai néanmoins beaucoup hésité. Il peut être fascinant de parler du paranormal ou de lire des ouvrages sur ce sujet, mais c'est une tout autre histoire que de s'engager, de communiquer soi-même avec des « fantômes » ou des « morts ». Cependant, plus je parlais avec Paul et Irène, plus j'avais confiance en eux. C'était la confiance en moi qui me faisait défaut. Mais comme mon appétit avait été aiguisé, je me suis dit que je devais faire un essai.

Le mercredi suivant à 19 h 30, je me suis trouvée une nouvelle fois devant ce petit cottage blanc bâti au milieu de nulle part. Au cours des mois suivants, cette demeure allait devenir pour un temps mon second foyer. Lors de ce premier essai pour développer mes dons, il ne s'est guère passé grand-chose. Paul a d'abord prononcé une prière dans laquelle il demandait à Dieu de nous aider, nous guider et nous protéger. Cette demande a revêtu à mes yeux une importance primordiale, car j'y ai trouvé un réconfort. Cela ne m'a néanmoins pas empêchée de Lui adresser aussi une prière à voix basse, afin qu'Il nous protège de tout mal. Surtout, oui surtout, contre les petits démons invisibles qui se tapissaient peut-être dans la pièce tranquille où nous étions tous les trois réunis. C'est ma foi en Dieu et en Sa faculté de faire mieux que moi la part entre le bien et le mal qui m'a permis d'être en confiance en cette première occasion. Une confiance branlante, dois-je préciser, car mes nerfs tendus me rendaient extrêmement fébrile. J'ai prié ce soir-là, et beaucoup depuis lors, afin que Dieu me guide et me donne la force d'accomplir Sa volonté.

De nombreuses personnes considèrent que les médiums sont les instruments du diable et nous accusent d'œuvrer en son nom. Ce sont ces mêmes personnes qui parlent de l'amour du Christ et de celui que nous devons porter à notre prochain. L'amour de Dieu est l'une des choses à propos desquelles les personnes censées être croyantes se plaisent à disserter. Mais comme je ne suis pas davantage liée au diable que je n'entretiens de dialogue avec lui, j'aurais tort d'essayer de décrire le genre de travail qu'il envisage de me confier ou de confier à tout autre médium ! Ayant fréquenté l'Église dès mon plus jeune âge, Dieu a toujours été présent dans ma vie, et comme j'entretiens avec Lui une relation sincère et continue, un lien solide s'est forgé entre nous. L'amour que j'éprouve pour Lui est fort et mon plus cher désir est d'accomplir Sa volonté, si bien que je n'ai jamais œuvré, et n'œuvrerai jamais, qu'en Son nom.

Indépendamment de leurs différences, toutes les religions de par le monde prêchent un message commun : Dieu est amour. Placez votre foi et votre confiance en Dieu, disent-elles, et Il vous protégera toujours. C'est exactement ce que j'ai fait. Je suis convaincue qu'aucune croyance, spiritisme compris, ne détient la vérité. Je ne possède pas les qualifications nécessaires pour comprendre les intentions de Dieu et je ne pense pas qu'il existe une personne au monde qui en soit capable. Il y a néanmoins une chose que nous pouvons tous faire, la seule, à mon avis, qu'Il attend de nous : penser correctement, à notre manière, en tant qu'individus. Avoir des pensées aimantes, nous soucier de notre prochain et essayer de vivre en paix et en harmonie les uns avec les autres. Je crois fermement que c'est ce que Dieu exige de nous et que si nous ne Lui demandons que de nous aider, indépendamment de notre étiquette religieuse, Il regardera dans nos cœurs et en tirera les conclusions qui s'imposent.

Toutes ces pensées, et d'autres encore, m'avaient traversé l'esprit après ma première conversation avec Paul et Irène. Ce premier mercredi soir, je me sentis réconfortée de savoir que Paul était lui-même guérisseur professionnel depuis trente ans. Il avait suivi une formation, avait rencontré beaucoup de médiums et de guérisseurs, et participé à de nombreux groupes de développement. Il m'a fait part des événements étranges et souvent inouïs dont il avait été partie prenante ou témoin durant toutes ces années : il avait vu des « apports », ces cadeaux du monde des esprits, tels que fleurs ou bibelots, apparaître, comme par magie, devant ses yeux ; il avait joué avec l'ectoplasme – une espèce de fluide qui émane des médiums en transe – et l'avait tenu dans ses mains ; il avait vu des médiums changer d'apparence physique, entendu leur voix se modifier complètement.

Paul Denham est l'homme le plus humain et le plus doux que j'aie jamais rencontré. Je ne l'ai jamais entendu hurler sa croyance dans le spiritisme ou essayer d'implanter ses convictions dans l'esprit de quiconque contre son gré. Son attitude tranquille ne laisse pas transparaître sa force de caractère et sa ténacité, et il se conduit vis-à-vis des autres avec sincérité et affabilité. Son don de guérisseur est visible lorsqu'il s'occupe des animaux, qui ont tout de suite confiance en lui. Les plus agités d'entre eux se calment immédiatement sous ses mains.

Nous étions tranquillement assis, attendant je ne sais trop quoi. La présence chaleureuse de Paul me rassurait. Tandis que j'écoutais le tic-tac étouffé de l'horloge dans la pièce silencieuse, mes yeux se sont peu à peu fermés et j'ai commencé à somnoler. Puis, très lentement, j'ai eu l'impression d'être attirée dans ce que je ne peux décrire que comme un grand trou noir. J'ai trouvé cela tout naturel et comme j'étais très détendue, je n'ai éprouvé aucune inquiétude. J'avais l'impression de me déplacer, de flotter vers le bas, toujours plus bas, toujours plus bas. Mon corps ne bougeait pas mais mon « moi » – mon esprit, mes sens, mon être – avait entamé un « voyage ». Agréable et sans heurts, il n'avait rien d'inédit pour moi, car j'en avais déjà accompli en privé. Mais comme je pensais que ce type de voyages faisait partie de ma « folie », j'avais pris peur et avais toujours fini par lutter pour reprendre le contrôle de mon esprit.

Tandis que je voyageais comme dans un rêve, que je m'enfonçais dans cet espace noir, mes membres se sont alourdis et mon corps s'est transformé en poids mort. Puis en un éclair, et au bon moment, j'ai compris ce qui allait se passer : j'étais sur le point de perdre la maîtrise de mes pensées conscientes et d'entrer en transe. Mon esprit l'a refusé et je me suis contrainte à revenir brutalement de cette frontière de l'inconscience. Quelques secondes plus tard, j'étais complètement réveillée et je suis restée sur le qui-vive, pour faire en sorte de ne pas retomber dans ma somnolence.

Bizarrement, je n'ai pas éprouvé la moindre peur. J'étais parvenue, au prix d'un gros effort, à revenir du vide, à m'empêcher de me laisser emporter. J'avais compris intuitivement qu'il était extrêmement important de garder la plus grande maîtrise possible. Impératif, même. Et après toutes ces années, je n'ai pas changé d'avis.

Depuis, j'ai maintes fois eu l'occasion d'avoir affaire au « paranormal ». Chaque fois que je vois un médium en transe, je me pose la même question : joue-t-il la comédie ? Cette personne a-t-elle vraiment été investie par un esprit qui parle à travers elle, ou s'agit-il d'une transe qu'elle a provoquée elle-même ? Malheureusement, je n'aboutis la plupart du temps qu'à la réponse par trop habituelle : ce « médium », consciemment ou non, triche. De nombreuses raisons pousseront certains à feindre un état de transe. Quelques personnes ont un désir tellement désespéré de devenir médiums qu'elles ont besoin, non seulement d'être capables de communiquer avec le monde invisible, mais de prouver aux autres qu'elles détiennent cette faculté. Consciemment ou inconsciemment, elles endossent ce rôle et elles se trompent souvent davantage elles-mêmes qu'elles ne trompent les autres, pensant que cela « fait » bien. Ne raconte-t-on pas que les médiums communiquent par le biais de la transe ? Personnellement, j'ai à de nombreuses reprises travaillé en état de transe, et je raconterai certaines de ces expériences à la fin de mon livre. Pourtant, au début de mon développement, j'étais incapable de discerner une fausse transe d'une vraie transe, chez moi ou chez les autres. Je ne disposais donc que d'un seul moyen de m'assurer qu'on ne me trompait pas ou que je ne me trompais pas moi-même : garder mon esprit critique et maîtriser toutes les situations.

Alors que je retournais chez moi ce soir-là, je me suis à la fois étonnée de ne pas avoir eu peur et réjouie d'avoir accepté l'idée d'entrer en contact avec ceux du monde des esprits. Mais j'ignorais encore pourquoi. Une fois dans mon lit, j'ai fait comme chaque soir : j'ai adressé une prière muette à Dieu, Lui demandant de me guider et de m'aider. Mais cette fois, j'ai ajouté une requête particulière : « Je vous en prie, ai-je dit, envoyez-moi un signe pour me dire si je fais bien et si tel est Votre désir. » Je ne m'attendais ni à recevoir une réponse si rapide ni à la voir arriver de la sorte, mais dès que j'ai posé la tête sur l'oreiller et que j'ai fermé les yeux, elle m'est parvenue avec la plus grande netteté.

J'ai compris intuitivement *qui* ils étaient. Je les ai très distinctement entendus. Ils chantaient à l'unisson : un chœur d'anges ! Je me suis assise en sursaut et j'ai scruté chaque coin de ma chambre. Dieu seul sait ce que je m'attendais à y trouver, mais bien évidemment, je n'ai rien vu. Cela n'a pas empêché le chant de se poursuivre, exactement comme on imagine celui des anges : cristallin, doux et éthéré. Ils chantaient le célèbre psaume de David, le vingt-troisième :

> « Le Seigneur est mon berger, je ne manque de rien.
> Il me fait reposer dans des pâturages verdoyants.
> Il me conduit auprès des eaux tranquilles... »

Je me suis rallongée et j'ai écouté ces paroles maintes fois répétées. Puis, j'ai remercié les anges d'un sourire et je me suis endormie comme un bébé bercé par la voix de sa mère.

Deux semaines plus tard, je me suis rendue pour la première fois avec Paul dans une église spirite de Doncaster, dans le South Yorkshire. J'avais quelques appréhensions, ne sachant à quoi m'attendre. Une église spirite fonctionne comme la plupart des lieux de culte conventionnels, à la différence près que c'est un orateur, la plupart du temps médium, mais pas toujours, qui assure le service au lieu du pasteur. Des hymnes ouvrent le service, suivis d'une courte allocution qui tourne autour de la vie après la mort, de la signification qu'elle peut prendre à nos yeux et de la manière dont elle est susceptible d'affecter notre vie quotidienne. Des prières sont ensuite dites, puis, lorsqu'un médium est présent dans l'assistance, il entre en communication avec le monde des esprits pendant les vingt à trente dernières minutes du service et transmet des messages des esprits aux membres de la congrégation. Le service s'achève par une prière commune qui reconnaît l'existence du monde des esprits et l'influence qu'il exerce sur nous.

Pendant que nous attendions le début du service, Paul a feuilleté le petit recueil d'hymnes qui nous avait été remis, à la recherche de ceux que nous devions chanter ce soir-là. Après avoir trouvé le premier, il a souri, m'a donné un coup de coude et m'a tendu le livre. J'ai eu l'impression que les paroles bondissaient de la page et sautillaient sous mes yeux, et je me suis esclaffée.

« Le Seigneur est mon berger… »

Au cours des années suivantes, chaque fois que j'avais des doutes sur moi-même ou sur le travail que j'avais entrepris, j'entendais ces voix d'anges qui chantaient toujours le même hymne. Le vingt-troisième psaume.

Le vendredi suivant, je me suis de nouveau rendue chez les Denham. Cette fois, j'attendais la soirée avec impatience. J'étais un peu fébrile à la pensée de revoir toutes ces personnes qui avaient été témoins de ma conduite étrange la semaine précédente, mais je brûlais de curiosité. Comme je n'avais pas trouvé de baby-sitter, j'avais emmené ma fille. Paul et Irène avaient préparé les lits de la chambre d'amis, car nous allions passer la nuit chez eux. Le trajet entre ma maison et la leur ne prenait qu'un quart d'heure, mais comme je m'attendais à ce que Samantha, âgée à l'époque de 11 ans, s'endorme pendant la soirée, j'avais accepté leur proposition avec gratitude.

Ce soir-là, l'orateur, président de l'église spirite de Doncaster depuis cinq ans, était également guérisseur professionnel depuis plusieurs années. Petit, trapu, âgé d'environ 35 ans, il parlait avec un accent du Nord et donnait l'impression d'être un homme solide et réaliste. Paul et Irène l'avaient invité à nous parler de la guérison, et ses propos m'ont fascinée. Il nous a expliqué qu'il pratiquait « l'imposition des mains », à l'image de ce qu'avait fait le Christ. Cette méthode consistait à poser les mains sur les épaules du patient ou à tenir simplement ses mains entre les siennes. Puis, il prononçait une prière dans laquelle il demandait à Dieu et à l'univers d'aider à calmer l'esprit du patient, à Dieu de guérir son moi spirituel, afin de lui permettre de découvrir une paix intérieure grâce à laquelle il affronterait plus facilement sa maladie physique ou mentale. Même s'il arrive que la guérison soit évidente et instantanée, la plupart du temps, le spectateur ne verra rien et n'aura aucune preuve qu'il s'est passé la moindre chose sortant de l'ordinaire. Cette méthode de guérison en douceur ne présente rien de théâtral, elle n'utilise aucun remède visible. Seuls le guérisseur et le patient en ont conscience. Il nous a ensuite expliqué qu'il avait la conviction que la guérison du corps physique ne pouvait avoir lieu qu'une fois que le corps éthérique était apaisé et guéri. Il s'exprimait avec humour et, comme je ne connaissais rien à ce sujet, j'étais pendue à ses lèvres. Ensuite, autour d'un café et de biscuits, plusieurs membres du groupe l'ont questionné sur la guérison et sur les sensations qu'en procurait l'exercice.

Comme nous étions manifestement tous très intéressés, il a proposé de nous offrir à chacun une ou deux minutes de guérison, au cours de ce qu'il appelait une séance de groupe. Sa proposition m'a intriguée, mais j'hésitais à participer, car la perspective de me plonger tête la première dans quelque chose que je ne comprenais pas entièrement m'inspirait une grande méfiance. Je n'ai cependant pas eu le choix. Irène, craignant que je ne déguerpisse, m'a saisie par la main et a déclaré que cette intervention me ferait le plus grand bien.

Nous avons d'abord dû nous prendre par la main. Puis, le guérisseur s'est placé devant chacun de nous, l'un après l'autre, et a pris nos mains entre les siennes. Il a commencé par la femme assise à mes côtés. Pendant qu'il faisait le tour de la pièce, j'ai pu observer le moindre de ses gestes et constater qu'il n'avait recours à aucun charabia, psalmodies spéciales ou rituels étranges. J'étais en présence d'un homme ordinaire, qui donnait son amour à chacun d'entre nous, tour à tour. J'ai soigneusement dévisagé les autres, pour essayer de deviner leurs pensées. Sans aucune exception, ils avaient l'air heureux, détendus et satisfaits de leur expérience. Une atmosphère paisible régnait dans la pièce, si bien que lorsque mon tour est venu et que le guérisseur m'a tendu les mains, je n'ai eu aucun pressentiment. J'ai trouvé tout à fait naturel de placer mes mains dans les siennes. Je ne m'attendais pas du tout à ce qui s'est alors produit.

Je me suis mise à trembler. Lentement d'abord. Puis, des vibrations étranges et violentes ont parcouru tout mon corps, comme si j'avais empoigné un marteau piqueur. J'étais pétrifiée, incapable de faire ou de dire quoi que ce soit. L'intensité des vibrations qui traversaient mon corps a augmenté, jusqu'au moment où elles ont atteint ma tête. J'avais la bouche pleine d'aiguilles et d'épingles, mes dents s'entrechoquaient et mon visage s'était transformé en boule de feu. Le guérisseur n'a pourtant pas lâché mes mains. Non sans mal, car une force phénoménale m'a extirpée de ma chaise. Une fois debout, j'ai eu l'impression que mon corps, qui tressautait toujours violemment, avait été soulevé du sol. Dans ma terreur, je ne me suis pas aperçue que tous les autres participants s'étaient levés et contemplaient, hébétés, nos deux silhouettes secouées de convulsions au centre de la pièce. Quelque part en moi, je cherchais à maîtriser cette chose, cette force terrible qui essayait de consumer mon être même. Au prix d'un effort surhumain, j'ai fini par pousser un hurlement si terrifiant qu'il a dû retentir comme un cri de guerre indien.

On aurait dit qu'un sortilège venait d'être rompu. Je suis subitement redevenue moi-même. Les épingles et les aiguilles avaient disparu, les vibrations avaient cessé. J'avais l'impression d'être une coquille molle et vide. Mes jambes ont alors cédé et je me suis affalée sur ma chaise, épuisée et incapable de retenir les larmes qui roulaient sur mon visage.

Le guérisseur m'a prise par les épaules et Irène, telle une mère poule, s'est empressée autour de moi, déclarant aux autres que je venais de subir un grand stress et que mes nerfs avaient craqué. Quelqu'un m'a apporté une tasse de thé. Je me souviens d'avoir pensé, tandis que j'avalais le liquide chaud avec reconnaissance : « Jamais plus. Jamais plus je ne laisserai quelqu'un comme lui, un "médium", me toucher. »

J'ai embrassé la pièce du regard. Je me sentais honteuse et bête, j'étais convaincue qu'ils me prenaient tous pour une exhibitionniste. « Maintenant, ils pensent tous que je suis zinzin, me suis-je dit. Et ils n'ont pas tort. Je suis vraiment en train de craquer. » J'ai pris prétexte de Samantha, qui dormait comme un ange dans la chambre d'amis, pour m'esquiver. J'ai gravi l'escalier, soulagée de ne plus être en compagnie de ces gens, et je suis entrée dans la pièce silencieuse, où l'on n'entendait que la douce respiration de ma fille endormie, détachée de tout ce qui se déroulait autour d'elle. Je me suis assise sur le lit et j'ai réfléchi à ce qui venait de se passer.

Le guérisseur avait ressenti la même chose que moi, j'en étais persuadée. Mais pourquoi ? Pourquoi était-ce arrivé, et comment ? Je n'avais plus peur, j'étais simplement déconcertée par ce phénomène. Je suis restée en sécurité dans cette pièce, seule avec Samantha, pendant une heure, jusqu'au moment où j'ai entendu les invités s'en aller. Je n'ai décidé de redescendre qu'une fois persuadée qu'ils avaient tous pris congé, me demandant comment les Denham allaient réagir à ma conduite ridicule.

J'ai refermé sans bruit la porte de la chambre. J'allais traverser le palier quand j'ai failli bondir de terreur pour la seconde fois de la soirée. La silhouette d'un homme se dressait dans l'ombre. Heureusement, à la seconde où j'allais hurler, j'ai reconnu le guérisseur, qui m'a tout de suite rassurée. Il m'avait attendue parce que ma réaction de frayeur l'inquiétait.

« Venez, m'a-t-il dit. J'aimerais vous expliquer ce qui s'est passé. »

Nous sommes retournés au salon, où Paul et Irène attendaient également. Je n'ai pu retenir un sourire, car le guérisseur a commencé par me dire : « Après avoir entendu certaines des choses que je vais vous expliquer, vous allez me prendre pour un fou. » Il m'a appris qu'il lui était également arrivé de ressentir ces vibrations et il m'a décrit toutes ses impressions. Il ne me mentait pas, car seule une personne ayant éprouvé ces sensations extraordinaires pouvait connaître et décrire les choses comme il l'a fait. Puis, il m'a fixée et m'a dit : « Vous n'allez pas me croire, mais vous vous souviendrez de mes paroles, et le moment venu, vous comprendrez. Vous êtes un médium, un médium naturel, et vous avez un guide, un guide spirituel très fort et très puissant, qui va bientôt se faire connaître de vous. Ce guide spirituel sera votre mentor et votre maître, dans tous les domaines. Je ne peux pas vous révéler son identité, car je ne la connais pas.

Mais une chose est sûre : il est l'une des influences les plus puissantes que j'aie rencontrées depuis que je suis impliqué dans le spiritisme. »

Il m'a ensuite donné des détails sur les guides spirituels et m'a dit que le sien, un chef indigène américain appelé Plume Rouge, aidait de nombreux guérisseurs à effectuer leur travail spirituel. « En fait, ce qui s'est passé cette nuit, c'est que mon guide, Plume Rouge, a rencontré et reconnu le vôtre. Lorsque nous nous tenions les mains, nos guides ont uni leurs forces et la monumentale vague d'énergie qui nous a balayés a suffi, littéralement parlant, à nous faire léviter. »

C'était la première fois que j'entendais parler des guides spirituels et bizarrement, j'étais prête à croire à leur existence. Mais de là à admettre celle d'un chef indien appelé Plume Rouge... ? Non ! C'était une théorie à dormir debout et je n'ai pas mâché mes mots. « Vous avez raison, lui ai-je déclaré. Je ne vous crois pas et je pense effectivement que vous êtes cinglé. » Ma remarque l'a fait rire. Avec un sourire entendu qui m'a déconcertée, il a pris congé de nous. Sur le pas de la porte, il m'a lancé : « Vous me prenez pour un illuminé et vous craignez de l'être aussi. Mais très bientôt, on vous montrera que nous sommes tous les deux parfaitement sains d'esprit. N'oubliez pas, a-t-il ajouté, que vous êtes au seuil d'une nouvelle vie. N'ayez pas peur. »

Le mercredi soir suivant est vite arrivé – trop vite à mon goût, car je n'avais pas eu le temps de décider si je désirais poursuivre mon « développement de médium » avec Irène et Paul. Nous avions beaucoup parlé. Intuitivement, Paul savait que mon développement avait de l'importance, mais il ignorait pourquoi. Nous n'avions pas d'objectif à proprement parler, juste un besoin d'explorer. J'avais de plus en plus confiance en eux et en leur désir de m'aider, mais je doutais toujours de moi. Comme mes incertitudes ne faisaient qu'augmenter ma confusion, j'ai donc décidé de faire une nouvelle tentative.

Je suis arrivée en retard et un peu agitée chez les Denham, si bien que je n'ai pas remarqué la voiture inconnue garée devant le cottage. Irène m'attendait sur le pas de la porte. Elle m'a fait entrer dans la cuisine, où je me suis lancée, avant même d'avoir complètement ôté mon manteau.

— Je ne suis pas sûre d'être de taille à affronter tous ces trucs de médium.

— Dans ce cas, m'a-t-elle répondu, comme si elle lisait dans mes pensées, essayons juste une dernière fois. Si vos doutes persistent, nous arrêterons jusqu'à ce que vous vous sentiez prête. Ça vous convient ?

J'ai acquiescé avec un soupir de soulagement. Pendant qu'Irène mettait la bouilloire sur le feu, je suis entrée au salon. « Bonjour », m'a lancé quelqu'un. Et je me suis retrouvée face à face avec ce guérisseur qui avait évoqué le plus naturellement du monde les Indiens et les guides spirituels. Je me suis assise, mais je me demandais quand je pourrais prendre congé de mes hôtes sans faire preuve d'impolitesse. De plus, j'étais persuadée que le guérisseur devinait mon inconfort. Il m'a dit que les Denham l'avaient prié de se joindre à notre petit groupe du mercredi et qu'il espérait que je ne lui en tiendrais pas rigueur. Il m'a avoué que l'expérience du vendredi l'avait fasciné.

Ce bavardage n'a pas contribué à dissiper mon malaise. Je m'en voulais d'être venue. Il a continué à parler pour ne rien dire. Je ne l'écoutais pas vraiment, jusqu'au moment où il a dit quelque chose qui m'a littéralement dressé les cheveux sur la tête. Si vous avez déjà vu un chien se hérisser de fureur, vous comprendrez ce que j'entends par là. Abasourdie, je suis parvenue à croasser :

— Qu'est-ce que vous dites ?

— Pardonnez-moi, Rosemary. Je n'avais l'intention ni de vous effrayer ni de vous bouleverser, mais il fallait que je vous le dise. Un homme du monde des esprits se tient derrière vous, Rosemary. Il porte un uniforme et des galons de sergent. Il me dit qu'il a servi toute sa vie dans l'armée et qu'il s'appelle William Edward.

J'en suis restée muette et paralysée de saisissement. Personne au monde, aucun de mes amis ou de mes voisins du nord de l'Angleterre ne pouvait lui avoir fourni ce renseignement. Comment, après une seule rencontre, cet inconnu était-il capable de me décrire avec tant de précision un homme « mort » depuis plus de quatre ans, et de me donner son nom ? Ce nom, William Edward, était trop proche pour que je repousse la seule explication possible : le fantôme de ce sergent décédé devait effectivement se tenir derrière moi. Et lui seul pouvait avoir donné son nom au guérisseur !

Mon ébahissement n'a pas paru gêner le guérisseur. Il m'a dit que mon père était mort subitement d'un infarctus, puis m'a décrit les principaux traits de son caractère, particulièrement dans l'exercice de son métier. Il m'a affirmé qu'il était têtu et orgueilleux, qu'il ne supportait les imperfections ni chez lui ni chez les autres. Tout cela était exact. J'ai alors compris, comme je le pensais depuis toujours, que la vie après la mort existait. Il m'était souvent arrivé, depuis le décès de mon père, de le sentir près de moi. Ce n'est donc pas tant le fait de savoir qu'il se tenait derrière moi qui m'a secouée, mais d'apprendre que quelqu'un d'autre que moi était capable de voir les morts.

Une espèce d'excitation a commencé à bouillonner en moi. Puis, j'ai été transportée de joie. Un étranger venait de me fournir une preuve absolue que mon père avait survécu à la mort et qu'il pouvait communiquer au-delà de la tombe. J'ai alors ressenti de l'espoir, non seulement pour moi-même, mais pour toute l'humanité. Une paix intérieure m'a envahie, car j'ai aussitôt acquis la conviction que toutes les expériences que j'avais vécues avaient un but. Subitement, tous les chagrins et les craintes, tous les événements mystérieux et inexplicables qui s'étaient produits au cours de ces trente-quatre années, ces visions et ces bruits étranges qui m'avaient amenée à croire que je perdais la tête, ont pris un sens. J'ai compris, une fois pour toutes, que j'étais saine d'esprit et équilibrée, et que le guérisseur n'était pas seul à posséder ce don de la « vision ». Je l'avais aussi.

Depuis mon enfance, des êtres du monde des esprits m'avaient rendu visite pour essayer de m'aider et me faire comprendre que j'étais née avec ce don précieux. Pourtant, l'intervention d'un étranger doué du même talent que moi avait été nécessaire pour me faire réaliser que tout cela était parfaitement normal et que je n'avais rien à craindre.

« Venez vous asseoir près de moi, m'a-t-il alors dit. Prenez ma main. Je vais essayer de parler davantage à ce sergent qui, soit dit en passant, m'a informé qu'il attend depuis quatre ans une occasion de vous parler. Il lui a fallu tout ce temps pour trouver quelqu'un avec qui communiquer, une personne capable de le voir et de l'entendre. »

Je me suis empressée de faire ce qu'il me disait et il m'a alors transmis d'autres messages de mon père pour ma famille. Tout ce qu'il m'a dit était exact, mais mon esprit critique m'incitait à la prudence. J'ai donc gardé la tête soigneusement baissée pour éviter de le regarder. Je ne voulais pas qu'il puisse déchiffrer mon visage. Je ne voulais lui donner aucune indication sur les sujets qu'il abordait ni lui fournir un moyen d'évaluer mes réactions. En d'autres termes, je ne voulais rien trahir.

Je sais aujourd'hui que je me protégeais afin de l'empêcher de lire dans mes pensées, réaction qu'aujourd'hui, mes patients ont, souvent, au début. Lorsqu'ils viennent en consultation privée et qu'ils baissent la tête ou détournent le regard, cela me fait toujours sourire, car je me souviens de ma première rencontre avec un esprit à travers un tiers.

Mais revenons au guérisseur. Je n'ai commencé à m'ouvrir un peu que lorsqu'il a prononcé le prénom de Judith, celui de ma sœur. Il me l'a décrite telle qu'elle était : une grande blonde aux yeux bleus. Il m'a parlé de son divorce et de la vie difficile qu'elle avait menée. Il m'a précisé qu'elle avait deux enfants, une fille et un garçon, et m'a un peu parlé d'eux. Tous les détails qu'il m'a donnés étaient d'une justesse sidérante. En revanche, je n'ai pas bien compris le dernier message qu'il m'a transmis. « On m'a montré une bague, m'a-t-il dit. Un gros rubis ovale magnifiquement serti de diamants. Ces diamants valent certainement une fortune. Quant au rubis, c'est une pierre rouge foncé de la plus belle eau, absolument parfaite. »

Je me suis réjouie. Comme il n'avait énoncé que des choses exactes, j'allais peut-être rencontrer un millionnaire qui déverserait sur moi une pluie de diamants et de rubis ! Bien que la cupidité et l'avarice ne soient pas dans ma nature, je dois avouer que cette éventualité a allumé une étincelle dans mes yeux. Mais lorsque le guérisseur m'a traduit ce message, j'ai compris que la richesse prend des formes bien différentes. La magnifique bague de rubis était le symbole de la clairvoyance, comme l'indiquait sa couleur rouge d'une eau si pure. Les diamants, quant à eux, symbolisaient la beauté et l'énergie dont je suis toujours entourée dans ma pratique. On me montrait une chose belle, précieuse et très rare qu'il me fallait chérir. J'allais également recevoir une indication sur ma médiumnité.

Ce précieux don de Dieu que j'avais reçu dans mon enfance allait être développé et mis en évidence, afin de permettre à tous ceux qui le souhaitaient de partager avec moi cette merveilleuse connaissance spirituelle. Mon entretien avec le guérisseur m'avait complètement fait oublier la raison pour laquelle j'étais venue rendre visite à Irène et Paul. Ils sont apparus sur le seuil de la porte et m'ont demandé si j'étais prête à entamer le « cercle ». Ils avaient l'air très satisfaits d'eux-mêmes. J'ai compris que, tout en restant discrets, ils avaient tout écouté de la cuisine.

Cette séance impromptue semblait avoir été bénéfique à tous : ce fut baignés d'un sentiment de calme et de paix que nous nous sommes pris par la main pour former un cercle, et que Paul a prononcé une prière de protection. Cette sérénité a duré jusqu'au moment où l'homme qui venait de me fournir ces preuves éclatantes s'est levé et a commencé à jouer la comédie, sans le moindre préambule. Dans la pénombre, je l'ai regardé « se prendre » pour un chef indien. C'était tellement ridicule que j'ai failli éclater de rire. En même temps, j'avais la conviction que cet homme était quelqu'un de bien : il n'aurait pas pu agir comme il venait de le faire sans être une personne authentique. Pour quelle raison se prêtait-il donc à cette parodie ?

J'avais envie de croire en lui et, en même temps, ma raison se refusait à accepter que les chefs indiens puissent être autre chose que le produit d'une imagination délirante. Au mieux... Depuis notre première rencontre, je m'étais documentée en lisant des ouvrages sur les guides spirituels. Non seulement j'avais été étonnée de découvrir que nombre d'entre eux semblaient être des Indiens d'Amérique du Nord, mais j'avais trouvé cela complètement inepte. J'étais en train de ruminer sur le côté abracadabrant de la chose, sans vraiment écouter les propos qui s'échangeaient. « Pourquoi les guides doivent-ils toujours être des Indiens ? me demandais-je. Si les médiums ont effectivement des guides spirituels, pour quelle raison ne sont-ils pas un peu moins "exotiques" et un peu plus crédibles ? »

Une fois la « représentation » terminée, nous avons refermé le cercle et le guérisseur m'a demandé ce que je pensais de son guide, Plume Rouge. Très mal à l'aise, je me suis néanmoins sentie contrainte d'être franche et je lui ai donc répondu que je ne pouvais pas croire à des chefs indiens qui n'avaient rien de mieux à faire qu'à « flotter », dans l'attente d'une personne à guider. « Si jamais j'ai un guide un jour, ce dont je doute fortement, si j'en arrive à accepter ce genre de choses, je peux en tout cas vous affirmer que ce ne sera pas un chef indien ! » Le guérisseur m'a adressé ce sourire exaspérant – que j'ai appris plus tard à connaître et à comprendre – et il m'a répondu : « Rosemary, des choses encore plus étranges sont arrivées et le jour viendra peut-être où je vous verrai ravaler vos propos. »

De nombreux mois se sont écoulés avant que sa prédiction ne se réalise. Entre-temps, notre petit groupe a continué à se rassembler tous les mercredis soir pour constater mes progrès stupéfiants. C'est le guérisseur, source toujours vive d'informations et de sagesse, qui m'a aidée à avancer avec prudence, à choisir le bon chemin et à trouver en moi l'énergie nécessaire pour ne pas en dévier. Il m'a montré que les réponses à mes questions étaient en moi et, si je l'ai souvent fait sourire, il ne m'a jamais ridiculisée. Je n'aurais pu souhaiter meilleur ami que ce thérapeute mesuré, et je lui serai toujours reconnaissante.

Au fait, j'ai failli oublier de vous le dire : il s'appelle Mick McGuire !

2

AIGLE GRIS

L'aigle

Irène a été la première à me le suggérer : « Pourquoi ne pas quitter votre travail et passer un encart publicitaire dans un journal local ? Vous pourriez donner des consultations de médium à 3,50 £ la demi-heure. Vous en êtes capable. »

Je vivais dans la petite ville d'Epworth, dans le nord de l'Angleterre. Mon emploi à mi-temps de serveuse de bar me procurait le maigre salaire dont j'avais bien besoin. Comme je l'ai déjà dit, le harcèlement sexuel du propriétaire m'était insupportable, mais j'avais une petite fille de 11 ans à nourrir, et guère le choix… J'ai donc réfléchi à la suggestion d'Irène. Trois séances par semaine me suffiraient pour gagner autant qu'au bar. Oui, mais si j'en étais incapable, si personne ne souhaitait de consultation ?

Des voix, beaucoup plus distinctes qu'avant, me poussaient à abandonner ce travail. Mais comment allais-je pouvoir me montrer à la hauteur ? J'avais besoin d'argent. J'avais commencé à raconter ici et là mes expériences, et j'avais fait part à ma sœur des propos tenus par notre père par l'intermédiaire de Mick McGuire. Elle ne les avait pas mis en question. J'ai donc conclu un pacte : « Très bien, ai-je dit aux esprits qui m'écoutaient. Si j'ai trois patients la première semaine, j'abandonne mon job pour me consacrer à votre monde. » La semaine suivante, j'ai quitté mon emploi et adopté mon nouveau nom : Altéa. C'était en octobre 1981. Au cours des premiers mois, les rendez-vous ont été lents à venir, mais ils ne sont jamais descendus à moins de trois par semaine. Au début, j'étais extrêmement nerveuse car j'avais conscience de mes responsabilités, ainsi que du grand besoin d'établir la communication avec leurs êtres chers qu'éprouvaient ceux du monde des esprits. Perfectionniste, je travaillais dur. Tout en ayant l'impression d'œuvrer dans le noir, j'ai toujours su que quelqu'un m'aidait, même si j'ignorais qui...

Tandis que j'écris ce chapitre, je me rends bien compte que je risque fort de ne pas être crue, sachant combien mes propos peuvent paraître risibles. L'un de mes principaux objectifs est de faire comprendre que le travail d'un médium est naturel et normal, et pourtant, j'ai l'impression de faire exactement le contraire. Ce que je vais à présent écrire va sans doute vous paraître parfaitement invraisemblable. Je suis tout à fait consciente que ces inepties apparentes risquent de me faire passer pour une menteuse, une simulatrice et un charlatan. Et pourtant, il s'agit de la vérité.

Contrairement à ce que j'aurais pu attendre, ma première rencontre avec un guide spirituel ne s'est pas produite dans des circonstances dramatiques et inhabituelles. Elle a eu lieu en novembre 1981. Un matin, à mon réveil, je l'ai vu debout près de mon lit, qui m'observait. Quoique encore à moitié endormie, j'ai su qu'il ne s'agissait ni d'une apparition ni d'un spectre nocturne. Pas davantage du produit de mon imagination. J'ai trouvé tout naturel de l'accueillir d'un sourire. Il s'est penché gracieusement vers moi, très à l'aise, et j'ai compris qu'inconsciemment, j'attendais ce moment. Je ne lui ai pas demandé son nom et il ne me l'a pas donné, mais je l'ai surnommé mon « danseur écossais ».

Il était vêtu d'un kilt coloré et d'un gilet, avec un baudrier à l'épaule et une bourse en peau sur son kilt. Il était coiffé d'un *tam-o'-shanter*[1]. Ses chaussures souples ressemblaient à des chaussons de danse et il portait de longues chaussettes de laine. Et il dansait. Chaque fois que quelque chose le rendait heureux ou qu'il sentait que j'avais besoin d'être un peu égayée, ce qui m'arrivait souvent à cette époque, il exécutait une petite gigue à mon intention.

Personne n'a eu besoin de me dire qu'il s'agissait d'un guide spirituel ou d'un assistant. Je l'ai compris intuitivement et sa présence m'a apporté un grand réconfort. J'ai commencé à l'attendre chaque fois que j'avais besoin d'une aide quelconque. Chaque matin, au réveil, c'était la première personne sur laquelle je posais les yeux. Je trouvais épatant d'avoir ainsi un ami, un guide à ma disposition et, sans le réaliser, je me suis peu à peu reposée sur sa constante disponibilité. En résumé, j'ai considéré qu'il faisait partie du décor. Attitude idiote.

Ayant alors lu de nombreux livres sur les guides spirituels, tels que *Forty Years a Medium* d'Estelle Roberts, je savais que nous avons tous quelqu'un

---

1. Béret rond de laine avec pompon au centre. (N.d.T.)

qui nous surveille et veille sur nous dans le monde des esprits. Dans la plupart des cas, ce « guide » ou « ange gardien » est un être ayant un lien avec notre famille, un parent ou un ami proche, souvent une personne avec laquelle nous entretenions des relations privilégiées avant sa mort. Il arrive parfois que ce guide soit un parent mais ne le précise pas, si bien que nous devons procéder à quelques vérifications pour connaître son identité. Je me suis simplement dit que « mon » danseur écossais m'avait été affecté à la place d'un Indien américain parce que c'était probablement l'un de mes ancêtres, et qu'à dater de maintenant, il serait toujours là pour me soutenir dans mon travail et ma vie privée.

Je dois avouer que ce guide me ravissait car je me suis toujours senti des affinités avec les Écossais et l'Écosse. J'adorais l'entendre me parler de sa voix douce et chantante. Mon père, de souche galloise et écossaise, avait toujours paru rejeter le côté gallois de sa filiation, alors qu'il éprouvait une grande fierté à l'égard de ses ancêtres écossais. Sans doute dois-je chercher là l'origine de mes sentiments. De plus, je trouvais qu'un guide écossais était quand même beaucoup plus crédible qu'un improbable chef indien portant une coiffe de plumes, voire des peintures de guerre sur le visage !

J'étais donc satisfaite. D'après Paul et Mick, mon développement médiumnique était inhabituel car tout ce que j'essayais de faire et d'apprendre me venait facilement. Mon intuition me dictait comment agir et réagir. C'était un peu comme si quelqu'un avait subitement allumé une lampe. J'avais été branchée sur une source d'énergie d'une puissance inouïe, que je savais exactement comment utiliser. J'agissais spontanément, sans jamais hésiter, lorsque j'étais face à mes clients et que je communiquais avec leurs êtres chers du monde des esprits.

Lorsque mon fidèle danseur écossais voulait me communiquer rapidement certaines informations, il me montrait des images et des symboles. Il n'avait pas à me les expliquer, je les comprenais intuitivement. Cet apprentissage ressemblait un peu à celui du code de la route, ponctué de signaux qui indiquaient certaines situations.

Il m'est impossible de décrire précisément les symboles que nous utilisions et leur signification. Non parce qu'il s'agissait de signes mystérieux, de secrets de fabrication, mais parce que c'était un langage à nous, incompréhensible pour les autres. Je l'utilise toujours, mais il est devenu plus complexe et totalement inexplicable. Si chaque image raconte une histoire, une image équivaut ici à un millier de mots.

Ma clientèle a commencé à s'élargir. J'ai continué à travailler avec mon groupe de développement et mes facultés de clairvoyance et d'audition se sont renforcées. Chaque mercredi, nous nous retrouvions, Paul, Irène, Mick et moi, et mes progrès étaient pour le moins stupéfiants.

Pendant ce temps, mon danseur écossais ne me quittait pas. Il me poussait, m'encourageait et, tous les matins, je le trouvais souriant à mon chevet, prêt à entamer une nouvelle journée. J'étais heureuse. Je me rapprochais de Dieu, sachant que j'œuvrais pour Lui.

J'ai oublié à quel moment j'ai pris conscience d'une autre influence. Masculine, sans le moindre doute possible, si bien qu'au début, j'ai même cru que c'était mon père. Théorie que j'ai vite abandonnée, car elle ne me semblait pas « juste ». Il n'est pas facile d'expliquer à ceux qui n'ont jamais connu d'expérience de médium comment on perçoit la présence d'un « esprit », parfois si proche qu'on a l'impression de sentir son haleine, parfois assez lointaine, mais toujours réelle, extrêmement réelle.

Je crois que cela a commencé en janvier 1982, deux mois après ma rencontre avec l'Écossais. Au début, je me suis dit qu'il s'agissait d'un esprit qui était venu jeter un regard sur moi et sur ce qui se passait par simple curiosité. Très rapidement, il s'est cependant avéré que, quelle que soit sa personnalité, il ne se contentait pas d'être vaguement curieux. Sa présence se faisait bien trop souvent sentir. Mais malgré tous mes efforts, je n'arrivais pas à voir, ne serait-ce qu'un bref instant, cet intrus mystérieux.

Mick lui-même ignorait qui il était mais, avec ce sourire entendu que je connaissais à présent si bien, il m'a déclaré que je devrais faire preuve de beaucoup de patience et attendre qu'« il » – indépendamment de son identité – soit prêt à se faire connaître de moi. Son sourire s'est fait malicieux. « Enfin, s'il s'y décide un jour. »

Puis, j'ai eu un grand choc ! Un matin, au réveil, je me suis tournée vers l'endroit où se tenait d'habitude mon danseur écossais, mais il n'était pas au rendez-vous. Je me suis assise en sursaut et j'ai fouillé la pièce du regard. En vain. Au début, je me suis affolée. Je me suis demandé si j'avais fait ou dit quelque chose susceptible de l'avoir offensé. Je n'ai rien trouvé, mais j'ai eu du mal à me défaire de cette idée. Puis, le bon sens a repris le dessus, et j'ai compris à quel point j'avais fait preuve d'égoïsme en m'attendant à l'avoir constamment près de moi. « Il reviendra quand il sera prêt, ai-je pensé. Il est peut-être occupé. Je suis sûre que je le verrai plus tard. »

Et j'ai attendu. Toute la journée, je l'ai attendu. Le lendemain aussi, et le surlendemain. Mais il ne s'est pas montré. Il avait disparu, sans le moindre avertissement ni la moindre explication. Mon danseur écossais m'avait délaissée. Je me sentais égarée, seule et abandonnée. J'en ai même conclu que sa disparition allait marquer la fin de mon travail de médium.

Il me restait encore à apprendre que, souvent, avant que quelque chose puisse pousser, le jardinier doit travailler la terre. Un jardinier n'entame jamais son travail sans s'assurer d'abord que le terrain est fertile. Il ne va pas planter une forêt d'arbrisseaux avant d'avoir inspecté le sol, afin d'acquérir l'assurance qu'ils auront assez de nourriture pour se développer en beauté.

Deux semaines se sont écoulées. J'avais l'impression que mon Écossais était parti pour toujours. L'espace qu'il occupait dans ma vie se remplissait néanmoins lentement. Mon personnage mystérieux, l'entité spirituelle inconnue, se faisait de plus en plus sentir. Au début, sa présence était « spasmodique », puis je l'ai « senti ». Il était toujours là et il se rapprochait.

Le mercredi soir, j'ai commencé à travailler sur la transe. Un médium en transe choisit de quitter son corps physique. Il le fait très brièvement, laissant une coquille ou un vaisseau vide que l'esprit peut alors utiliser. Cette entité, capable de se servir des cordes vocales, peut alors communiquer « à travers » le médium avec les membres du groupe ou du cercle. Souvent, elle en profite pour évoquer des expériences qu'elle a vécues sur terre et pour présenter et expliquer sa conception philosophique de la vie, en ce monde et dans l'autre.

Il existe trois formes de transse : légère, moyenne et profonde. Le premier état est sans doute le plus intéressant du point de vue du médium, puisqu'il (ou elle) est conscient(e) de tout ce qui se passe, même s'il est incapable d'intervenir ou d'arrêter quoi que ce soit.

Dans ce premier état de transe, j'étais capable de voir et d'entendre, fascinée, une force invisible qui manipulait « mon » corps, comme un marionnettiste manipule une poupée. Dans le second état, le médium peut aussi avoir conscience d'une partie du processus, mais pas complètement. Lorsqu'il atteint la transe profonde, ou troisième état, il ignore absolument tout ce qui se passe. C'est la raison pour laquelle nous ne manquions jamais de brancher un magnétophone au cours de ces soirées. J'ai toujours détesté rater quelque chose et à la fin de la soirée, j'étais exaspérée d'entendre les autres discuter des événements qui s'étaient déroulés pendant que j'étais en transe, sans être en mesure de participer à la conversation. Je ne pouvais me joindre à eux qu'après avoir écouté l'enregistrement.

Je n'ai jamais eu très envie de pratiquer la transe. Non parce que j'avais peur, comme vous pourriez le penser, même si à la réflexion, je suis surprise de ne pas avoir été effrayée. Ce qui me préoccupait, c'était d'être *véritablement* en transe, et non d'obliger mon imagination à faire des heures supplémentaires. Je ne voulais tromper personne, et surtout pas moi-même. J'ai beaucoup appris en pratiquant la transe mais, à ce stade de mon développement, cet état ne me paraissait pas nécessaire. Je m'y opposais donc toujours. Mick analysait mes doutes avec patience et gentillesse, jusqu'au moment où j'étais assez détendue pour que ce travail puisse s'opérer.

Mon danseur écossais s'était montré un guide spirituel d'une grande douceur, un maître calme et sensible, qui me prenait toujours par la main d'une manière rassurante. La nouvelle entité qui allait prendre sa place, je commençais à m'en douter, ne lui ressemblait en rien. Ne pas savoir qui elle était me déplaisait et me rendait un peu nerveuse. Mais j'étais plus intriguée qu'effrayée et j'ai commencé à chercher des indices ou des signes qui me renseigneraient sur son identité. De toute façon, je sentais que je n'aurais plus longtemps à attendre pour le savoir.

La date fatidique a été celle du 10 février 1982, un mercredi après-midi. Samantha n'avait pas encore tout à fait 12 ans. Lorsque la chose s'est produite, je rentrais chez moi en voiture. Je filais sur une route de campagne en ligne droite quand mon dernier indice m'est apparu : un gros oiseau bleu jailli de nulle part qui a volé droit vers le capot de ma voiture. J'ai freiné en catastrophe et me suis arrêtée en dérapage. Je tremblais comme une feuille car j'étais sûre de l'avoir heurté.

D'ailleurs, de quel oiseau s'agissait-il ? D'un aigle ? Non. C'était impossible. Il n'y a pas d'aigles dans cette région de l'Angleterre. Et pourtant, c'en était bel et bien un. A peine cette supposition m'avait-elle traversé l'esprit qu'elle s'est transformée en certitude. J'ai essayé de me le représenter mentalement, mais je ne suis parvenue à voir qu'une image de son ventre, qui était gris. J'ai repris mon chemin en m'interrogeant sur cet incident. J'avais la certitude qu'il avait quelque chose à voir avec l'entité spirituelle toujours inconnue qui m'accompagnait de plus en plus souvent. Mais j'ignorais encore ce qu'il signifiait. Je n'arrivais pas à résoudre cette énigme.

Samantha m'attendait devant le portail de son école. Elle est montée à bord de la voiture et nous sommes rentrées directement à la maison. J'ai passé le reste de l'après-midi au jardin avec elle, et c'est seulement en fin de journée que j'ai repensé à l'incident. Assise sur mes genoux, trempée car elle venait de sortir de son bain, Samantha me racontait sa journée. Je l'écoutais en la frottant avec la serviette, ponctuant son bavardage de commentaires.

Ce moment, consacré aux rires, aux câlins et aux confidences, nous appartenait, à ma fille et à moi. J'adorais ce rituel du coucher, cette heure précieuse embaumant le savon frais, où nous étions si proches. Je prêtais donc attention aux petites histoires de Samantha avec le sourire. Et d'un seul coup, elle m'a dit :

— Et on a aussi fait des oiseaux, maman.

— Des oiseaux ? Qu'est-ce que tu veux dire par « on a "fait" des oiseaux » ?

Samantha m'a alors expliqué que cet après-midi-là, en classe de nature, on leur avait parlé des différents oiseaux. Lorsque je l'ai bordée dans son lit, je n'ai pas pu m'empêcher de songer que notre journée à toutes les deux avait été marquée par les volatiles. Était-ce mon imagination ou ai-je vraiment entendu ma mystérieuse entité spirituelle pouffer ?

Dès que j'ai mis Samantha au lit, je me suis donc préparée à recevoir mes visiteurs pour la soirée habituelle du mercredi, consacrée à mon développement.

Nous devions être cinq. Outre Mick, Paul, Irène et moi, j'avais invité une dame qui assistait régulièrement au groupe de discussion du vendredi.

De prime abord, Adèle Campion procurait une fausse impression. D'apparence plutôt austère, elle était avare de son sourire et professait des opinions très affirmées sur nombre de sujets. Certains l'auraient qualifiée d'entêtée, d'autres auraient dit, avec davantage de bonté, qu'elle avait une volonté de fer. Quant à moi, elle me plaisait, à de nombreux points de vue. Je trouvais son ouverture d'esprit et sa franchise rafraîchissantes, et j'appréciais son sens de l'humour, même s'il était bien caché. Un peu caustique peut-être, mais très agréable. Plus tard, elle et son mari, Phil, sont devenus de bons amis, à une époque où je comptais mes amis sur les doigts de la main. Ils étaient toujours prêts à m'apporter soutien et conseils.

Ce mercredi soir, nous étions assis tous les cinq en cercle, ne sachant trop quoi attendre. Adèle encore moins que les autres. Paul lui avait demandé de garder le silence et de n'intervenir en aucun cas. Comme à l'accoutumée, nous avions prié Dieu de nous protéger et de nous guider. Puis nous nous étions assis et attendions.

La sensation, à présent coutumière, qui précède la transe m'a peu à peu envahie : l'impression d'être lestée d'une force invisible mais gigantesque. Mon corps s'est transformé en poids mort, alors que je gardais la tête légère et presque en état d'apesanteur. Comme d'habitude, je me suis efforcée de garder la maîtrise de mes sens. J'ai senti, plutôt que vu, Paul poser sa main sur la mienne pour me réconforter. « Détendez-vous, m'a-t-il dit calmement.

Laissez les choses arriver, n'essayez pas de déranger leur cours. Nous sommes ici pour vous aider, laissez-vous aller. »

J'ai eu du mal à y parvenir mais, peu à peu, mes inhibitions ont disparu et je suis entrée véritablement en transe. A peine étais-je « dehors » que la première entité spirituelle qui attendait pour communiquer m'a investie. Comme je n'étais que dans le premier état de transe, j'ai tout vu et tout entendu, et la transformation de mon corps physique m'a sidérée. Il s'est mis à bouger, lentement pour commencer. J'avais l'impression que quelqu'un l'essayait comme un vêtement. Puis l'entité s'en étant vite accommodée, « il » s'est levé.

J'avais la sensation qu'il ne s'agissait plus de mon corps. D'une part, il avait beaucoup grandi et élargi et, d'autre part, il était clair qu'il s'agissait d'une forme masculine et non féminine. Il se tenait droit, les épaules en arrière et les bras croisés sur la poitrine. Je ne regardais plus mon enveloppe corporelle, mais la sienne. Sa présence avait quelque chose d'électrique et de très impressionnant, mais j'ai surtout été frappée par la puissance et l'énergie qui émanaient de son être. Grand et robuste, torse nu, peau mate, cheveux bruns mi-longs, il possédait des yeux magnifiques et fascinants. Il a embrassé la pièce du regard.

Puis il a pris la parole d'une voix forte et vibrante d'énergie, et tout s'est éclairci.

« Je m'appelle Aigle Gris, a-t-il dit, et je suis Apache. A partir de maintenant, je serai le guide, le maître et le mentor de ton médium. Elle et moi travaillerons ensemble en harmonie spirituelle. Ton médium va beaucoup apprendre et progresser rapidement. Nous accomplirons de grandes choses. Ses premières tentatives ont épuisé ma petite fleur, ma rose. Elle a besoin d'eau, de nourriture et de soutien. C'est moi, son mentor et son guide spirituel, qui vais les lui donner. Et je les donnerai toujours. »

Dans la vie d'un médium, de nombreuses choses étranges et inexplicables se produisent. Je perdrais foi en moi-même et en mon guide s'il me fallait les nier dans le seul but d'être crédible. Mon nouveau guide venait de faire référence à « sa petite fleur, sa rose ». Il m'a fallu plusieurs minutes pour réaliser à qui cette remarque s'appliquait. Sa petite fleur ? Sa rose ?

Eh bien oui, j'étais sa petite fleur. Et Mick McGuire m'a sûrement regardée « ravaler » mes propos, car mon guide spirituel était bien un Indien américain, comme il me l'avait laissé entendre quelques mois plus tôt. Aigle Gris ne s'est pas arrêté là. Il parlait un bon anglais, juste teinté d'un accent indéfinissable. Sa voix, d'une qualité spéciale, était à la fois forte et douce. J'étais attirée par lui, obligée de l'écouter.

« Nous nous connaissons, elle et moi, pourtant elle ne se souvient pas de moi. Nous, du monde des esprits, avons attendu. Le moment est arrivé. Nous lui avons demandé un grand service. Elle le remplira correctement. »

Beaucoup d'autres choses ont été dites ce soir-là. Aigle Gris nous a expliqué sa présence et la nécessité des guides spirituels. Il nous a également raconté comment le danseur écossais avait été envoyé en éclaireur, afin de préparer le terrain pour le travail qui nous attendait.

Depuis cette première visite, mon guide s'est souvent appelé lui-même « jardinier ». A quelques reprises, il m'a gentiment réprimandée, lorsque j'ai envisagé de prendre des décisions à propos de personnes de mon entourage avec lesquelles je dois travailler. Deux ou trois ans plus tard, par exemple, alors que j'avais fondé une organisation de centres de soins et commencé à enseigner l'art de la guérison, une de mes classes d'étudiants m'a posé des problèmes. J'ai décidé que certains d'entre eux n'étaient pas taillés pour cette tâche et je me suis dit qu'il valait mieux leur demander de s'en aller, pour qu'ils ne perturbent pas mes autres élèves.

« C'est moi le jardinier, m'a alors rappelé Aigle Gris, gentiment mais fermement. C'est moi qui arracherai les mauvaises herbes. »

Quelques semaines se sont écoulées sans incident. Puis, en quelques jours, j'ai reçu des coups de téléphone ou des visites de plus de la moitié de mes étudiants. Tous m'ont appris qu'ils quittaient le groupe pour différentes raisons. Seule une poignée d'étudiants est restée, dont certains ne faisaient pas partie de ceux que j'aurais gardés. Mais Aigle Gris savait ce qu'il faisait. Tous s'en sont très bien sortis, ils ont évolué et acquis les connaissances spirituelles qui leur ont permis de devenir de bons thérapeutes.

Au début, j'étais intimidée par cet homme d'une vigueur sidérante, et je me demandais pourquoi il voulait travailler avec moi. Je n'étais après tout qu'une novice, une simple débutante, même s'il était indéniable que je possédais un certain talent.

Notre petit groupe de cinq personnes a continué à se rencontrer le mercredi. Mais une sixième, Aigle Gris, nous avait rejoints. J'étais la seule à le voir, cependant les autres sentaient sa présence et son pouvoir. Ils ne pouvaient pas faire autrement. L'air était chargé d'électricité et son énergie nous inspirait.

Paul affirmait qu'au cours de ses trente années d'exercice du spiritisme, il avait eu le privilège de rencontrer maints guides spirituels. Mais Aigle Gris était le plus impressionnant et le plus imposant de tous.

Nous avons entrepris, comme il l'avait annoncé, de travailler ensemble. Au début, j'ai été ou j'ai tout fait pour être l'étudiante idéale.

Samantha, qui approchait de ses 12 ans, était au courant de mon activité. Je faisais néanmoins attention à ne pas la surcharger d'informations, préférant attendre qu'elle me pose des questions lorsque la curiosité l'y poussait. Questions auxquelles je répondais toujours en toute honnêteté. Enfant, j'étais effrayée, je craignais les êtres du monde des esprits que je connais aujourd'hui. J'avais peur de l'inconnu, car je n'ai jamais eu personne à ma disposition pour m'éclairer. Ma fille grandissant et vivant les mêmes expériences que moi – car elle possédait aussi le don de « sentir », quoique à un degré bien moindre que moi –, j'ai été en mesure de l'aider à comprendre et à ne pas avoir peur.

Lorsqu'elle me le demandait, je lui parlais de mon développement et de mon travail en état de transe, je lui décrivais mes sensations et mes visions, mais je ne lui ai jamais permis d'assister à ce travail, car il l'aurait trop effrayée, surtout lorsque j'effectuais des sauvetages d'esprits.

On ne recourt au sauvetage d'esprits que dans les cas où une personne qui vient de mourir, en général de façon violente, refuse d'accepter son nouvel état. Aigle Gris m'a appris que certains médiums y consacrent tout leur temps et toute leur énergie. Au début de mon développement, il a estimé que ce travail me serait utile, tout comme il le serait à ceux du monde des esprits en quête d'aide. Pendant un certain temps, je me suis donc consacrée au sauvetage d'esprits lors de nos réunions du mercredi.

Ce travail, rarement nécessaire, peut s'avérer dangereux et épuisant pour le médium, sur les plans physique et mental. Celui-ci ne se contente pas de quitter son corps pour permettre à l'esprit de l'investir, mais il accepte que l'entité utilise sans la moindre restriction ses pensées et ses sentiments. Ceux qui œuvrent avec le médium doivent s'assurer que cela se passera dans les meilleures conditions. J'ai toujours bénéficié de la protection d'Aigle Gris, qui consiste, entre autres, à faire en sorte que je sois toujours entourée des personnes adéquates dans mon travail. Dans le cas du sauvetage d'esprits, ces personnes doivent absolument être sensées, équilibrées et capables de réagir à toutes les éventualités.

Le premier sauvetage d'esprit qu'Aigle Gris m'a fait accomplir est celui d'une femme qui, à l'aide de mon corps, a revécu sa mort. Toutes les âmes que j'ai contribué à sauver ont vécu leur mort une seconde fois. Cette expérience nous aide à comprendre et à accepter l'impossibilité de revenir sur un plan terrestre et la nécessité de poursuivre autrement le chemin. Cette femme était en plein désarroi, elle luttait contre les circonstances épouvantables et violentes de sa mort. A travers moi, en utilisant mon corps et mes cordes vocales, elle a revécu son accident, la frayeur qu'elle avait éprouvée au volant de sa voiture quand le camion s'était approché d'elle. Elle a revécu le choc subi à l'instant de sa mort, lorsqu'elle avait regardé l'endroit où gisait son corps et compris qu'elle venait d'être décapitée.

Lorsque ma bouche a émis un hurlement à glacer les sangs, nous avons compris que ce choc avait bloqué son esprit et lui avait fait nier sa situation, l'empêchant d'avancer dans sa nouvelle vie.

Mick et Paul lui ont parlé pendant environ une heure et l'ont encouragée à se confier à eux. Ils lui ont expliqué qu'elle devait aller de l'avant, qu'elle avait créé de toutes pièces l'endroit obscur où elle se trouvait. Peu à peu, elle s'est calmée et sa peur s'est estompée. Pendant ce temps, j'étais à côté de mon corps. J'écoutais tout, fascinée et compatissante, je comprenais la tension immense et la terreur éprouvées par cette femme lorsque sa tête avait été tranchée. J'ai senti qu'elle s'apaisait et qu'elle acceptait lentement le fait que c'était uniquement l'enveloppe corporelle qu'elle avait utilisée durant sa vie qui avait été détruite. *Elle* était restée entière.

De l'endroit privilégié d'où j'assistais à cette scène, j'ai pris conscience que des âmes, des êtres du monde des esprits se rassemblaient pour escorter cette femme chez elle. J'ai compris que notre travail, à moi, au petit groupe et à Aigle Gris, allait s'achever, qu'elle allait bientôt quitter « mon » corps et poursuivre son chemin en paix. Cette occasion qui lui avait été fournie de revivre sa mort et de parler à des êtres mortels ici-bas lui avait fait comprendre qu'il était temps d'aller de l'avant, et elle ne craignait plus de le faire. Elle avait bel et bien été sauvée de sa peur.

Nous avons également sauvé une femme qui avait été enterrée vivante. J'ignore tout à fait pourquoi et comment, et il ne m'a pas été donné de le savoir. Manifestement, nous n'avions pas besoin de connaître ces détails pour nous porter à son secours. J'ai appris, au fil des ans, à me détacher des contingences de vie des gens, car ces informations ne feraient que m'embrouiller l'esprit. Là encore, j'ai assisté avec fascination à l'investissement de mon corps par cette femme et à la manière dont elle a revécu sa mort. Mon corps s'est tortillé quand elle a essayé de s'extirper du cercueil dont elle était captive. J'ai revécu sa mort avec elle, au point qu'en la voyant lutter, une image de ses doigts brisés et ensanglantés m'est apparue. Comme tous ceux qu'Aigle Gris nous a amenés, elle a fini par s'apaiser et trouver la paix, et je l'ai vue quitter mon corps pour rejoindre les êtres chers qui l'attendaient et poursuivre son voyage.

Aigle Gris m'a enseigné que nous avons tous notre libre arbitre et que nous sommes responsables de ce que nous sommes, de notre développement et de ce que nous devenons. Au fil de notre vie, nous sont offertes de nombreuses occasions d'apprendre. Nous accomplissons un voyage de découverte. A nous de saisir ou non ces occasions. Nous choisissons consciemment notre chemin de vie. Lorsque nous entrons dans l'au-delà, où nous continuons notre vie, ces mêmes choix se présentent à nous. Ceux qui nous sont amenés pour être secourus ont choisi de rejeter le nouveau chemin qui les attendait lorsqu'ils ont franchi les portes de la mort.

Aigle Gris était un excellent maître, bon et patient, qui ne m'a jamais demandé davantage que je ne pouvais lui donner. Jamais condescendant, toujours bienveillant. Et ma confiance s'est épanouie. Pour la première fois de ma vie, j'étais gâtée, chouchoutée.

On me permettait de croire que j'étais quelqu'un de particulier, car je l'étais aux yeux d'Aigle Gris.

Lorsque le guérisseur m'avait parlé, pour la première fois, des guides spirituels, je m'étais demandé si mon père n'était pas le mien. Mais cela ne devait pas être. Pour me permettre de développer mes dons et mon potentiel au maximum, j'avais besoin d'un guide très évolué spirituellement, ce qui est le cas d'Aigle Gris. Lors de son passage sur terre, Aigle Gris était un chaman, un sage, un voyant, un maître et un guérisseur. Étant un guide spirituel du peuple apache, il était tout à fait qualifié pour être le mien.

Aigle Gris m'a enseigné beaucoup de choses. Sa sagesse, sa compréhension, son immense compassion, sa tolérance, son amour du prochain constituent de grandes sources d'inspiration. En qualité de chaman, il m'a enseigné, comme seul un chaman peut le faire à un autre chaman, le pouvoir du moi spirituel, la lumière de l'âme et la manière d'utiliser ce pouvoir. Nous avons effectué ensemble maints voyages, nous avons accompli des quêtes de visions, il m'a appris à me connaître et, dans une certaine mesure, à connaître mon avenir.

Les Apaches, des nomades, étaient les Indiens d'Amérique du Nord les plus indomptables et les plus redoutés. C'était une race de guerriers, et ils ont été les derniers à céder leurs terres et leurs droits à l'homme blanc. Ils se sont sauvagement battus pour conserver leurs biens, de telle sorte que le mot *apache* inspirait la terreur dans bien des cœurs. Certains diront qu'il aurait mieux valu pour mon image qu'au lieu de ce guerrier redoutable, mon mentor fût d'une autre race, qu'il appartînt à une autre culture, à un peuple plus doux et plus pacifique, car son rôle aurait été plus aisément acceptable. Mais ces considérations m'importent peu. Les incertitudes que nourrissent les autres à l'égard de mon guide spirituel me laissent de glace, car je ne connais que sa force et sa gentillesse. Je sais simplement que son enseignement touche mon cœur et me remplit de joie. Je suis moi aussi une guerrière ; je lutte pour ceux du monde des esprits. Nous nous tenons donc côte à côte, mon guide et moi, soudés l'un à l'autre, et je suis fière de l'avoir à mes côtés.

Aigle Gris me fait avancer sur le chemin de la connaissance. Jamais il ne se fâche devant mes échecs ; il continue à m'encourager, sans douter de moi. Il m'a appris que, dans la vie, l'important n'était pas ce que l'on accomplit, mais les efforts que l'on fait.

Lors de notre première rencontre, Aigle Gris a promis de donner à sa petite fleur de l'eau, de la nourriture et un soutien, et je peux vous affirmer, en toute sincérité, qu'il ne m'a jamais laissée tomber lorsque j'avais besoin de lui, et que je me sens parfaitement entourée et protégée par lui. J'ai la certitude qu'il restera à ma disposition toute ma vie, ici-bas et lorsqu'elle se poursuivra dans l'autre monde.

Je sais bien que tout cela a l'air d'un conte pour enfants. Mais mon cœur est empli d'amour pour cet homme, mon guide spirituel, Aigle Gris. Il est certain que nous ne nous quitterons jamais, que nous travaillerons toujours ensemble.

L'illusion

Au début de mon travail avec Aigle Gris, la curiosité m'a poussée à lui poser maintes questions, dont la plupart tournaient autour de ma faculté à communiquer avec le monde des esprits. S'agissait-il de dons innés ? Pour quelle raison étais-je née avec ces dons ? Comment et pourquoi Aigle Gris avait-il choisi de travailler avec moi ? Je lui ai demandé si je pouvais encore développer cette communication, comment je pouvais servir au mieux les esprits qui souhaitaient m'utiliser comme canal, et bien entendu comment « cela » fonctionnait. Par « cela », j'entendais le lien naturel et simple qui m'unit et me connecte à ces forces universelles extérieures.

Au fil du temps, j'ai obtenu des réponses à nombre de mes questions. Non sans mal, car Aigle Gris m'a enseigné que la quête de la vérité commence d'abord en soi. Mes questions en suspens ne recevront peut-être jamais de réponse, car cela dépend du temps et de l'énergie que je suis encore prête à consacrer à la découverte.

Nombre des personnes qui entrent en contact avec moi, mises au courant de mes dons et de la présence de mon guide spirituel, imaginent que je dispose d'une richesse de connaissances sous la main et que, lorsque j'ai un problème ou que je souhaite savoir quelque chose, il me suffit de poser la question à Aigle Gris, qui s'empresse d'y répondre, comme s'il était une espèce de gigantesque encyclopédie à mon seul usage. Mais les choses ne se passent pas du tout comme cela. Une partie de son rôle de guide consiste à m'enseigner à apprendre de moi-même, si bien que lorsque je lui pose une question, il me répond en général par : « Qu'en pensez-vous ? » Il peut m'aider à découvrir des réponses, et il ne s'en prive pas, comme tous les bons maîtres. Il est toujours prêt à m'écouter, m'encourager et m'orienter en douceur le long du chemin. Mais je ne suis pas infaillible et il m'est souvent arrivé d'aboutir à une conclusion, par le biais d'une petite expérience, et de m'apercevoir que j'avais réfléchi de manière trop étriquée, trop terrestre, pas assez souple et que je devais revoir mon raisonnement.

Bizarrement, quoique de nature curieuse, j'ai rarement posé des questions d'ordre personnel à Aigle Gris, sachant qu'il me parlerait de lui quand bon lui semblerait, si cela devait arriver un jour. J'ai découvert qu'il était une entité spirituelle extrêmement évoluée, très savante et bien informée. Définir sa place dans l'univers reviendrait néanmoins à essayer d'expliquer la structure de l'univers lui-même. Ma vision limitée ne me permet de saisir que des choses élémentaires. Je sais que la plus grande partie de la structure et de l'organisation de l'univers dépasse mon entendement et ne ressemble en rien à ce que j'ai expérimenté à ce jour dans notre monde terrestre. L'intelligence, l'attention aux détails, la précision des rouages de cette force immense et souvent invisible dont nous faisons partie m'émerveillent autant qu'elles me déconcertent.

J'ai également découvert que j'en savais fort peu sur le concept de temps. Mon travail m'a appris que, dans le monde des esprits, le temps est d'un autre ordre que celui que nous connaissons ici-bas.

Un de mes patients, Colin, se mourait d'un cancer. Il m'a demandé si Aigle Gris voulait bien nous décrire l'univers. J'en doutais fortement, mais je lui ai cependant posé la question. Mon incertitude l'a fait pouffer. « C'est facile, m'a-t-il répondu. Dites à Colin qu'il ressemble aux trous d'un fromage. » J'ai transmis le message, m'attendant à ce que cette réponse déconcerte Colin, mais il s'est contenté de hocher la tête et de me dire qu'elle venait confirmer ses propres idées. Moi aussi, j'ai souri, car je la comprenais également : des tunnels, des chemins, certains parallèles, d'autres se croisant, chacun en harmonie avec l'autre, chacun représentant une ouverture sur une nouvelle vie et de nouvelles connaissances, lumineuses, colorées et pleines de découvertes. Comme les trous d'un fromage, en apparence sans objet et pourtant organisés de façon nécessaire. Semblant mener nulle part et menant quelque part.

De nombreuses personnes s'expriment à propos de l'univers avec une grande autorité. Je ne suis pas de celles-là. Je suis consciente de ne connaître qu'une infime partie de l'organisation générale des choses. Lorsque mes sens sont bien affûtés, j'écoute avec émerveillement et respect Aigle Gris me parler de l'univers et de la place que nous (ceux de ce bas monde) y occupons. Lorsqu'il est prêt à m'enseigner quelque chose, j'entends ses paroles de sagesse, et pareils à deux âmes qui s'unissent, nos cœurs se touchent et la joie m'envahit. Il prononce toujours des paroles d'espoir qui m'apportent un grand réconfort. Cependant, je dois ajouter qu'elles ne m'absolvent pas de mes chagrins et de mes souffrances intimes, car je suis ici pour apprendre.

Bien que j'aie la chance d'être constamment en contact et en communication avec ceux du monde des esprits, cela ne me rend ni omnisciente ni « omnivoyante », et ce privilège ne me place pas au-dessus des épreuves de la vie. Ces âmes, de vraies personnes que je vois dans la rue, au supermarché, dans les restaurants, partout où je vais, appartiennent aussi à notre monde. Ce contact m'éclaire simplement sur le fait que la douleur, indépendamment de sa durée, est une chose fort brève que nous vaincrons un jour, d'une façon ou d'une autre. Dans mon travail de médium, lorsque j'arrive à réunir des êtres d'ici-bas et des êtres du monde des esprits, cette connaissance m'aide et je sais que je peux, en toute vérité, leur apporter l'espoir d'un avenir plus radieux.

Il m'arrive parfois de voir des choses moins positives dans l'avenir de quelqu'un. Souvent, on m'informe d'épreuves à venir, à propos desquelles je suis en mesure d'apporter de bons conseils (même si je dois préciser qu'aucun vrai médium ne révélera jamais les choses négatives qu'il ou elle voit). Dans ces cas-là, prévenir revient à armer à l'avance. La communication entre nous et ceux du monde des esprits est toujours profitable et constitue une grande source de connaissances ainsi qu'un grand réconfort.

On me demande souvent comment je vois ces personnes, ces fantômes de l'autre monde. Ce livre et les histoires que je vous raconte vous montreront que cela se passe de bien des façons. Mais ils ne ressemblent en rien aux fantômes évanescents et impalpables que se représentent la plupart des gens. En fait, mes nombreuses expériences m'amènent à croire que le monde des esprits est plus réel, plus solide, que celui dans lequel nous vivons. A la vérité, notre monde n'est qu'illusion. Tout ce qui nous apparaît comme solide n'est en fait constitué que d'une masse de molécules unies les unes aux autres. Cette impression de matière solide est complètement trompeuse. On a l'impression qu'un « fantôme » passe à travers les murs et on en conclut qu'il n'a pas de vraie substance. En réalité, nous savons aujourd'hui que c'est le mur qui n'est pas solide, qui n'a pas de substance. Se pourrait-il alors que le « fantôme » soit plus réel, plus solide, et qu'il soit capable de passer à travers le mur parce que c'est le mur qui est une illusion ? Mes expériences m'incitent à croire que c'est notre monde qui n'est qu'illusoire, ce monde que nous allons un jour quitter pour aller vers notre destin et vers la réalité.

On me demande aussi comment je fais pour supporter les esprits autour de moi en permanence. Je réponds simplement : vous qui ne voyez pas, comment faites-vous pour supporter votre aveuglement et votre vide ?

J'aimerais vous raconter maintenant une histoire de « fantômes » parmi tant d'autres, qui vous montrera combien le monde des esprits, de la réalité, peut aisément se fondre à notre vie quotidienne et en devenir partie prenante. On utilise en général le terme *fantôme* pour décrire l'apparition d'une personne ou d'un animal mort, d'un esprit désincarné. L'expression *esprit frappeur* s'applique à un fantôme bruyant et facétieux, et le terme *spectre* à un esprit insatisfait, qui hante et qui erre.

Cette histoire débute dans un petit village anglais isolé de la région de Brigg, dans le South Humberside. Elle se déroule dans un cottage du XVIe siècle appartenant à un jeune homme dont le frère et l'associé utilisent une pièce comme studio. Exerçant tous deux avec succès la profession de dessinateur publicitaire, ils viennent y travailler sans y habiter. Ce petit cottage assez pittoresque, avec ses poutres en chêne d'époque, a été rénové dans le style d'origine, après avoir connu, comme on l'imagine, bien des occupants. C'est l'aîné des frères, Richard, qui, conquis par la paix et la tranquillité qu'il lui inspirait, s'en est porté acquéreur. Après une vie londonienne agitée, il a trouvé là un havre et une source de repos.

Plusieurs mois s'écoulent. Tout se passe bien, en apparence tout au moins, pour les jeunes gens. Des petits détails intriguent les deux frères, mais ils ne s'en ouvrent à quiconque. Richard ne dit à personne qu'il a été réveillé à plusieurs reprises au milieu de la nuit par quelque chose ou quelqu'un… qui lui chatouillait les pieds. Une expérience étrange, d'autant qu'il est persuadé ne pas avoir rêvé. Il ne raconte pas davantage que, parfois, lorsqu'il se rend aux toilettes la nuit, il voit une ombre, celle d'un homme peut-être, traverser le palier. Chaque fois qu'une chose de ce genre lui arrive, il la rejette d'un haussement d'épaule. Son imagination doit travailler. Il ne croit pas aux fantômes.

Son frère cadet, de son côté, se garde bien de parler à Richard ou à son associé, Ralph, de la « présence » et de la sensation indicible, parfois si forte, d'être suivi par quelqu'un dans le cottage. C'est trop bête, il ne s'agit que d'un tour de son imagination. Tout le monde sait que les fantômes n'existent pas.

Ralph est le seul à ne rien vivre de déroutant. Si ses amis lui racontaient leurs expériences, il leur rirait au nez. Imaginer que le cottage est hanté est par trop ridicule. De toute façon, Ralph ne croit absolument ni aux fantômes, ni aux goules. Il n'est donc absolument pas préparé à sa première rencontre avec le monde des esprits – un monde invisible pour la plupart et considéré avec le plus grand scepticisme par un si grand nombre de personnes.

A la fin d'un après-midi de début mars 1989, Ralph achève de travailler sur une boîte à lumière spéciale utilisée dans le dessin industriel. Il jette un coup d'œil à sa montre, s'aperçoit qu'il est tard et qu'il a rendez-vous ce soir-là. « Je vais m'arrêter, se dit-il. Le temps de faire un petit tour aux toilettes et je ferme le studio. » Pour se rendre aux toilettes, Ralph doit traverser la cuisine, le salon et monter à l'étage. Rien d'une randonnée, sauf pour un homme désespéré. Et Ralph a désespérément besoin de se soulager ! Il traverse la cuisine en hâte et ouvre la porte du salon... qu'il reclaque sur-le-champ, paniqué. « Qu'est-ce que c'est que ça ? » demande-t-il tout haut. Puis, souriant de sa propre peur, il ajoute avec humour : « Espèce d'andouille, c'était sûrement les phares d'une voiture qui ont éclairé la fenêtre au passage. » Il ouvre donc à nouveau la porte du salon.

Un éclair de lumière bleue de forme ovale, jailli de nulle part, traverse la pièce dans sa direction. Interloqué, le jeune homme reste figé sur place, se demandant de quoi il s'agit. Puis autre chose attire son regard... La silhouette miniature d'un vieillard lui apparaît devant la cheminée. Le vieillard, auréolé d'une vive lumière bleue, le regarde dans les yeux. Il ne lui parle pas, se contente de le dévisager intensément, l'air très curieux.

Plusieurs minutes s'écoulent. Ralph a l'impression d'être emporté dans une distorsion du temps. Il se sent comme enraciné, et pourtant étrangement serein. Tout est calme, d'un calme mortel… On entend presque le silence. Puis le vieil homme disparaît subitement et Ralph a l'impression de le voir passer à travers le plafond. Ce mouvement brise le sortilège. Ralph, épouvanté, prend ses jambes à son cou et jure de ne plus jamais remettre les pieds dans le cottage. Plus tard, terrifié et encore tremblant, il raconte son aventure aux deux frères qui, à leur tour, lui confient leurs propres expériences mystérieuses.

Et maintenant ? Nous voici en présence de trois jeunes gens à la tête bien faite, dont aucun ne croit aux fantômes ni aux phénomènes paranormaux. Avant ces événements, la simple suggestion d'une vie après la mort les aurait fait éclater de rire. Aucun d'eux ne veut retourner au cottage. Aucun d'eux n'a envie d'affronter l'être mystérieux qui le hante.

C'est leur père qui finit par venir à la rescousse. Il se souvient, après avoir écouté le récit de leurs aventures, d'une rencontre qu'il a faite dans un café de Scunthorpe avec une dame. Elle prétendait être médium. Son épouse et lui ont été très impressionnés par ce qu'elle leur racontait. Elle avait l'air très ordinaire et réaliste, fort éloignée de l'image d'Épinal que l'on se fait d'un médium. Depuis lors, son épouse a souvent entendu parler des dons apparemment inouïs de cette femme. Peut-être l'avez-vous deviné : cette femme, c'était moi. Ils décident donc de m'appeler à l'aide.

Le père me raconte toute cette histoire au téléphone et j'accepte de venir rencontrer les trois jeunes gens au cottage. Ils ignorent encore qu'ils vont subir un choc beaucoup plus grand, mais d'une nature nettement plus agréable. Notre rencontre a duré quatre heures. J'ai commencé par leur expliquer ce qu'était un médium. Je leur ai dit que je croyais en une vie après la vie et qu'il était possible d'établir une communication entre les vivants et les prétendus morts. Leur scepticisme m'a fait sourire, mais je leur ai fait comprendre qu'ils étaient parfaitement en droit d'en douter. Pour quelle raison auraient-ils cru une parfaite inconnue qui leur racontait de telles inepties ? J'ai ajouté que j'avais pleinement conscience qu'ils avaient besoin de quelques références, de preuves à l'appui de mes propos. Bref, que je n'étais pas un charlatan.

Notre premier visiteur du monde des esprits, un homme, m'a raconté qu'il était le grand-père de Ralph et que sa main avait été écrasée dans sa jeunesse. Les informations qu'il m'a fournies sur lui et sur sa famille ont permis à Ralph de l'identifier sur-le-champ. Puis, les grands-parents des jeunes gens sont également venus nous parler. Par mon intermédiaire, ils leur ont prouvé qu'il y avait une vie après la mort. Richard et Ralph étaient pétrifiés. Ils se contentaient d'acquiescer devant la précision incroyable des éléments apportés. Peter, le plus jeune des trois, un garçon très sensible, a fondu en larmes quand il a compris, par les informations que je lui transmettais, que sa grand-mère qu'il adorait était non seulement vivante et en bonne santé, quoique dans un autre monde, mais qu'elle se trouvait à ses côtés dans le salon du cottage. Les trois jeunes gens ont été à la fois choqués, sidérés et remplis d'allégresse par ce qu'ils entendaient. Une étrangère leur fournissait de véritables preuves de la vie après la mort.

Mais venons-en à la véritable raison de ma présence à leurs côtés : je devais découvrir « l'identité » de l'être qui était apparu à Ralph avec une telle netteté. Et il me fallait aussi tenter d'apprendre la raison de cette visite. S'agissait-il d'un fantôme, d'un esprit frappeur, d'un spectre de la nuit ? J'en doutais fort, sachant que neuf fois sur dix, les visiteurs du monde des esprits ne sont que des gens ordinaires qui veulent faire connaître leur présence.

J'ai réussi à le localiser tout de suite, et il m'a bien volontiers parlé. C'était un vieil homme qui avait vécu dans le cottage. Les rénovations l'intéressaient et il avait voulu les regarder de près. Son intérêt s'était transformé en curiosité le jour où il était tombé sur Ralph, ou plutôt sur l'objet étrange posé sur son bureau. Cet objet émettait une lumière bleue familière qui l'avait attiré et l'avait incité à s'approcher davantage.

J'ai parlé un certain temps à ce vieil homme et lui ai expliqué qu'il avait fait très peur aux jeunes gens. « Si vous revenez en visite, ai-je dit tout haut, essayez de le faire plus discrètement. » Les trois jeunes gens ont alors répliqué à l'unisson : « Non, dites-lui qu'il peut venir nous voir quand bon lui semble. Maintenant que nous comprenons, nous trouvons ça formidable. »

Le plus drôle, dans cette histoire, c'est que lorsque ce vieil homme m'a décrit la boîte bizarre, il m'a expliqué qu'il s'était interrogé sur cette lumière bleue qui brillait dans la nuit, se demandant s'il s'agissait d'un fantôme ou d'une goule…

Cette histoire débouche sur bien d'autres questions que celles que nous nous posons déjà : des questions sur les mondes parallèles, sur la nature de la réalité, sur la solidité effective de ces deux mondes. Je pourrais vous raconter des centaines d'anecdotes, d'expériences du même genre. Il me suffit de vous donner ce conseil : lorsque quelqu'un vous raconte une histoire de fantômes, de maison hantée ou d'ombre dans un miroir, ne rejetez pas si vite ses propos et ne le prenez pas pour un fou... car il se peut tout à fait qu'il ait raison.

La femme étranglée

Tous les médiums sont sensibles. Plus ils le sont, plus ils « se branchent » facilement sur les esprits. Mick McGuire, mon ami guérisseur, m'a dit un jour que la sensibilité était le prix d'une bonne médiumnité. A l'époque, je n'ai pas véritablement saisi le sens de sa réflexion. Lorsque j'enseigne, que j'aide mes étudiants à développer leurs facultés de guérisseurs, j'essaie avant tout de leur apprendre à écouter leur moi intérieur. A avoir davantage conscience de leurs pensées et de leurs sentiments et à essayer, lorsqu'ils tendent vers l'au-delà, de « se brancher » sur les êtres du monde des esprits. Pour y parvenir, il leur faut s'ouvrir aux pensées et aux sentiments de ceux avec lesquels ils essaient d'établir le contact. De nombreux exercices sont à notre disposition pour affûter notre sensibilité. Dans un autre ouvrage, j'éclairerai mes lecteurs et leur expliquerai plus en détails le processus d'éveil spirituel.

Il s'agit avant tout de « sentir » son chemin. Très souvent, le médium qui établit pour la première fois une communication n'y parvient pas par le biais de la voix ou de la vue, mais en « percevant » la présence de quelqu'un. Vous devez donc aiguiser vos sens. La plupart d'entre nous sont capables de les développer ; il est clair que certains y parviennent mieux que d'autres.

Un médium naturel détient la faculté de se brancher, d'utiliser ses sens, sans même en avoir conscience. Lorsque j'ai entamé mon travail de médium, c'est ma capacité innée à me frayer par les sens un chemin dans le cœur et l'esprit de ceux qui ont « trépassé » qui m'a posé le plus de problèmes. J'ai eu du mal à apprendre à utiliser ce talent de manière professionnelle, au lieu de me laisser submerger par toutes ces émotions.

Il faut comprendre que le travail de médium est un processus à double sens. Prenons l'exemple du talkie-walkie : on parle dans l'appareil et quelqu'un nous reçoit. Il nous suffit ensuite de presser un bouton pour entendre cette personne nous parler. Imaginez à présent qu'au lieu de simplement entendre, vous « sentez » aussi toutes les émotions de la personne appartenant au monde des esprits à laquelle vous vous adressez, et qu'elle sent les vôtres aussi.

L'histoire suivante illustre précisément mon propos. Elle concerne Margaret, une de mes patientes, d'une trentaine d'années, qui souhaitait connaître le destin d'une tante morte dans des circonstances tragiques deux ans plus tôt. Tandis qu'elle me parlait, une voix ferme m'a annoncé distinctement à l'oreille : « Je suis Tante Maudie. » Le reste est venu si vite, avec une telle impression de réalité, que j'ai cru m'évanouir. J'ai senti deux grosses mains saisir mon cou et le serrer très fort. J'avais la sensation qu'on m'étranglait et que mes yeux sortaient de leurs orbites. Comme si cela ne suffisait pas, j'ai ensuite eu l'impression qu'on cognait ma tête à plusieurs reprises contre un mur.

C'était loin d'être la première fois que j'avais l'impression d'être « investie » par un esprit, mais là, j'ai paniqué. La peur m'a submergée. Par le biais de ces sensations, perceptions et impressions, Tante Maudie me faisait comprendre, à grand renfort de détails, comment elle était « morte ». Dans un coin de mon esprit, une petite voix me soufflait néanmoins de ne pas laisser la situation m'échapper : le devoir d'un médium consiste à fournir des preuves de la survie, pas à faire une peur effroyable à ses clients.

Aigle Gris s'est alors adressé à moi, d'une voix calme et ferme : « Maîtrisez-vous, maîtrisez-vous ». C'est son intervention qui m'a permis de reprendre le contrôle de la situation et de « crier » mentalement à Tante Maudie : « Arrêtez ! Arrêtez tout de suite ! Vous pouvez me parler sans tout ce cinéma. » La pauvre femme n'avait pas réalisé que je me serais volontiers dispensée de subir cette manière excessive de faire sentir sa présence et de raconter son histoire. J'ai réussi à la convaincre, au bout d'un moment, qu'il était beaucoup plus simple de me parler. Si elle éprouvait vraiment le besoin de décrire les circonstances de sa mort, elle pouvait le faire tranquillement, sans manifester un tel enthousiasme.

La chose convenue, Tante Maudie m'a raconté son histoire. Elle vivait depuis longtemps avec un homme qu'elle appelait son « mari » mais, depuis quelques années, leur relation s'était détériorée. Il avait perdu son emploi et, incapable de se sortir de sa nouvelle situation, il s'était mis à boire. Les choses s'étaient inévitablement enchaînées : plus Tante Maudie lui faisait de reproches, plus il buvait et plus elle insistait. Un véritable cercle vicieux. Un soir, le « mari » de Tante Maudie était rentré ivre mort. Vous imaginez la suite. Décidant que cette fois, les choses étaient allées trop loin, Tante Maudie lui avait hurlé de prendre la porte. Avant même d'avoir le temps de réaliser quoi que ce soit, elle avait senti deux mains lui serrer la gorge. Puis il lui avait cogné la tête à maintes reprises contre un mur. Épuisé, il avait fini par lâcher le corps inerte de Tante Maudie, qui s'était affaissé sur le sol. Elle était morte.

Il avait gagné leur chambre d'un pas trébuchant, s'était effondré sur le lit et avait sombré dans une espèce de coma éthylique. Au réveil, lorsqu'il avait trouvé le cadavre de Tante Maudie sur le plancher du salon, il en était resté éberlué, car il ne se souvenait plus de rien. Plus tard, il allait se rendre à la police, être jugé et condamné à la prison pour meurtre.

Tante Maudie était morte violemment mais, grâce à l'aide d'amis et de parents qu'elle avait rencontrés de « l'autre côté », elle avait accepté sa mort. Elle n'en voulait pas à son « mari ». En fait, elle m'a même dit qu'elle avait pitié de lui. Alors qu'elle avait trouvé un réconfort dans les bras aimants de ses proches, il était seul et sans amour, car sa famille s'était retournée contre lui.

Ce sont les cicatrices laissées par les bouleversements émotionnels qui ont le plus de mal à guérir.

Tante Maudie, ayant vécu cette épreuve terrifiante, aurait dû être très perturbée. Pourtant, elle s'est donné beaucoup de mal pour que je puisse faire comprendre à sa nièce, ma cliente, ce qu'elle ressentait. Le choc de sa mort, suivi de la révélation d'une nouvelle vie, l'avaient au début « complètement déboussolée », mais elle avait eu le temps de s'habituer à son nouvel état, avec l'aide précieuse de ses parents. « Je vous en prie, m'a-t-elle dit, dites à Margaret que je vais bien et que ma nouvelle vie me rend heureuse. »

De nombreuses personnes ne se contentent pas de chercher la preuve que leurs êtres chers ont survécu à la mort. Ils ont aussi besoin d'obtenir l'assurance qu'ils sont en bonne santé et heureux. J'en veux pour preuve la question que me posent presque tous ceux qui me demandent d'établir un contact : « Est-ce qu'il (ou elle) est heureux (se) ? »

Tante Maudie a donc fait savoir à Margaret qu'elle était comblée. Depuis lors, j'ai revu Margaret à deux ou trois reprises. Elle a trouvé une forme de paix et elle comprend un peu mieux la vie, de ce côté, et de « l'autre côté ». Elle m'a confié qu'en apprenant que sa tante pardonnait à son « mari » son acte monstrueux, elle avait réalisé que, dans la vie, les histoires ont toujours deux faces. Depuis, elle s'efforce d'être plus tolérante à l'égard des défauts des autres. Elle n'y parvient pas toujours, mais elle essaie.

Nous pouvons tous tirer une leçon de cette histoire. Rien n'est plus facile que de porter un jugement hâtif sur les autres et leurs actes et nous sommes tous coupables de ce travers. Peut-être devrions-nous laisser le soin à Dieu de juger, Lui faire confiance pour décider du bien et du mal. Nous devrions peut-être aussi apprendre à nous sentir comme Tante Maudie : comblés.

Dans son livre, *Seven Habits of Highly Effective People,* Stephen Covey résume cela très bien :

« Soyez une lumière, pas un juge.

« Soyez un modèle, pas un critique. »

Conversations et services

Plusieurs mois s'étaient écoulés depuis l'entrée d'Aigle Gris dans ma vie. Tout se passait bien pour Samantha à l'école. Je ne donnais jamais moins de trois consultations par semaine. Grâce au bouche à oreille, ma réputation grandissait et leur nombre ne cessait d'augmenter. J'avais toujours des problèmes d'argent, si bien que je continuais à pleurer et à me tracasser en privé, par crainte de ne pas m'en sortir. Mais en gros, j'étais satisfaite de ma vie.

C'est grâce à Mick McGuire que j'ai commencé à travailler avec l'église spirite de Stainforth. Il avait décidé que le moment était venu, que j'étais prête à « me tenir sur l'estrade », face au public. « Ne vous inquiétez pas, m'a-t-il déclaré en m'annonçant qu'on m'avait engagée. C'est une petite congrégation et il n'y aura pas beaucoup de monde. De plus, je serai à vos côtés. »

Je connaissais mal Stainforth, qui n'était pourtant situé qu'à une quinzaine de kilomètres de la ville où j'habitais. J'ignorais même que ce bourg possédait une église spirite, jusqu'au jour où Mick McGuire m'a lancé cette petite bombe. « Ne vous souciez de rien, a-t-il poursuivi. J'expliquerai notre philosophie et vous aurez juste à faire une démonstration de clairvoyance. »

Sachant qu'il me faudrait bien un jour me mouiller, j'ai accepté nerveusement, rassurée de savoir que ma première apparition publique ne se ferait que devant un public clairsemé. Le dimanche fatidique n'est que trop vite arrivé. A 16 heures, je suis montée prendre un bain, puis je suis allée dans ma chambre. Mon guide ne cessait de me rassurer. A force de me répéter qu'Aigle Gris m'accompagnerait et que tout se passerait bien, j'avais en partie réussi à m'en convaincre. J'étais donc plutôt satisfaite de la manière dont je tenais la situation en mains. Je maîtrisais les choses. En tout cas, je le pensais.

Mais lorsque je me suis regardée dans le miroir, j'ai suffoqué d'horreur. J'ai à peine reconnu le visage qui s'y reflétait. De grosses plaques rouges étaient apparues sur mes joues, si bien que mon nez avait l'air de travers. Mon cou et mes épaules s'étaient transformés en une gigantesque tache rose gonflée. Et j'ai vu se matérialiser sous mes yeux d'autres bosses et taches écarlates sur mon front. A partir des épaules, je n'étais plus qu'une épouvantable boursouflure rouge. J'étais désespérée. J'ai tout essayé, appliqué couche sur couche de crème et de fond de teint. Mais c'était peine perdue. Plus je m'efforçais de cacher les dégâts, plus ils empiraient. Et le temps filait.

J'ai fini par abandonner la bataille, je me suis levée, habillée en hâte, et je suis sortie sans même jeter un regard au miroir. Lorsque je suis montée dans ma voiture, j'avais tout d'un gros ballon écarlate. Pendant tout le trajet jusqu'à Stainforth, je n'ai cessé de marmonner – et de dire à Aigle Gris – qu'à défaut d'autre chose, je me ferais remarquer. Mick n'a eu qu'à poser les yeux sur mon visage pour éclater de rire. Ce qui n'a fait qu'empirer les choses. « Je m'attendais à ce que vous soyez nerveuse, a-t-il pouffé, mais pas à ce point ! » Il avait immédiatement deviné la raison de cette allergie.

La plupart des églises spirites fonctionnent avec un budget de misère. Les orateurs voyagent à travers le pays sans se faire payer. Ils se font simplement rembourser leurs frais de déplacement. Toutes celles pour lesquelles j'ai travaillé le font sur la base du bénévolat, et celle-là n'échappait pas à la règle. L'église spirite de Stainforth est un tout petit édifice ressemblant à une simple grange. On peut facilement passer à côté sans le voir, car il est placé en retrait de la route et n'offre aucune caractéristique particulière. Il faut en franchir le seuil et être touché par l'amour et la chaleur qui y règnent pour comprendre qu'il s'agit d'une église.

Lorsque nous y sommes entrés, la plupart des membres de la congrégation, une dizaine en tout, étaient déjà arrivés. Je tremblais de tous mes membres. Je n'aurais pas dû m'inquiéter, car tout s'est bien passé. Nous avons commencé par chanter un hymne, puis Mick a parlé de ses croyances et a expliqué à ce petit groupe de fidèles comment son travail de thérapeute lui avait permis de mieux comprendre ce que le Christ entendait par aimer son prochain comme soi-même. Je l'ai écouté avec beaucoup d'attention, oubliant de ce fait ma nervosité, jusqu'au moment où il m'a présentée au public. « Voici une personne unique douée d'un talent très spécial dont elle aimerait vous faire la démonstration », a-t-il annoncé.

Je me suis levée en essayant de dissimuler mes tremblements. J'ai scruté la salle, à la recherche de mon premier « communicant », cette personne du monde des esprits qui souhaiterait transmettre un message par mon intermédiaire à l'un des membres de notre « troupeau ». Je me suis vite mise à l'œuvre, établissant des contacts clairs et positifs avec plusieurs âmes en attente. Ma nervosité s'est évanouie au fur et à mesure que j'accomplissais la tâche pour laquelle j'étais née. Et l'allergie ? J'ai été obligée de la subir pendant trois ou quatre jours de plus.

Quelques jours plus tard, j'ai reçu un appel téléphonique du président du Club des Jeunes Fermiers de Hatfield. Il s'agit d'un autre petit village adossé à Stainforth. Les nouvelles voyagent vite.

— Êtes-vous bien Rosemary Altéa, la jeune femme qui dit la bonne aventure ? m'a-t-il demandé.

— Non, ai-je répondu. Je suis effectivement Rosemary Altéa, mais je suis médium.

— Ah bien, soit... (il a toussoté). Quelqu'un m'a raconté que vous faisiez ce « genre de choses » sans vous faire payer. Mon comité et moi nous demandions si vous accepteriez de venir donner une conférence à Hatfield.

— Bien sûr, me suis-je entendue dire.

Et nous avons pris date. J'ai voulu savoir combien de personnes seraient présentes et à quelle tranche d'âge elles appartiendraient. J'ai également tenu à m'assurer qu'il savait bien de quoi il retournait. Il m'a répondu que son club était composé de filles et de garçons dont les âges allaient de 15 à

30 ans. Pour ce qui était de leur nombre, je devais m'attendre à un public d'une vingtaine de personnes. A ce stade de ma vie, vingt personnes me paraissaient beaucoup. J'ai posé le téléphone, afin d'interroger Mick, qui venait d'arriver pour notre cercle du mercredi.

— Vous avez entendu ce que je viens de faire ? J'ai accepté de donner une conférence. Vous m'accompagnerez ?

— Bien sûr, m'a-t-il répondu gaiement. Bien sûr que je vous accompagnerai.

Lorsque je suis arrivée au centre communautaire où devait se tenir ma conférence, j'ai découvert avec stupéfaction que trente-cinq personnes au moins étaient venues y assister. De très jeunes gens, allant de la fin de l'adolescence à la trentaine maximum. J'ai également eu la surprise d'apprendre que j'avais été engagée comme « orateur mystère », ce qui signifiait que personne, hormis le comité, ne s'attendait à un médium.

J'ai jeté un coup d'œil à la feuille de papier sur laquelle j'avais difficilement griffonné mon discours et j'ai alors pris la mesure du vide des propos que j'avais préparés. J'ai chiffonné la feuille, me suis armée de courage, et je suis entrée en scène. Au début, j'étais très fébrile, mais l'audace m'est venue et je me suis calmée.

Pour essayer de faire comprendre à mon jeune public ce qu'était la médiumnité, je leur ai expliqué que ceux du monde des esprits ont différentes manières de communiquer avec nous. « Parfois, leur ai-je dit, je les vois aussi clairement que je vous vois. En d'autres occasions, je ne vois qu'une ombre, ou alors je vois quelqu'un distinctement, mais au loin. Et il arrive aussi, quand je ne vois pas quelqu'un, que je l'entende très nettement. » Je leur ai aussi dit que de nombreuses personnes qui ne sont pas médiums sont capables de percevoir la présence des esprits. Puis je leur ai demandé : « Combien d'entre vous ont senti la présence de quelqu'un derrière eux ? »

J'ai à peine eu le temps de terminer ma phrase qu'un brouhaha a empli la salle. Tous avaient pris ma question au pied de la lettre et riaient à l'idée de « sentir » quelqu'un près d'eux. J'ai piqué un fard qui n'a contribué qu'à augmenter leur hilarité, dont j'ai bien évidemment vite compris la raison. J'ai fixé ce groupe de gosses en apparence indisciplinés qui se gaussaient de mon malaise et de ma gêne, et j'ai aussi éclaté de rire. Aigle Gris ne s'en est pas non plus privé.

« As-tu déjà “senti” quelqu'un ? » me suis-je demandé tout haut en bégayant. S'apercevant que j'étais capable de plaisanter, ces jeunes se sont mis à applaudir. Quelques-uns m'ont ovationnée, mais ils applaudissaient tous, et quelques minutes ont été nécessaires pour que le calme se rétablisse et que je reprenne ma conférence. A partir de là, j'ai obtenu d'eux une attention sans faille. J'ai pu établir de nombreux contacts avec des parents et des êtres chers du monde des esprits, et nous avons tous passé un moment magnifique. Cette démonstration est l'une des meilleures que j'ai jamais effectuées, à cause du nombre de personnes de l'autre monde que j'ai pu atteindre et de la gentillesse des membres de ce groupe.

J'ai continué à donner des consultations privées. La liste de mes clients s'allongeait. Une douzaine de mois plus tard, j'ai reçu un autre appel de cette même association, qui me demandait si je voulais bien revenir leur faire une autre démonstration. Cette fois, je n'étais pas engagée comme « orateur mystère » et mon public n'était pas composé que de jeunes, mais de personnes appartenant à toutes les tranches d'âge. La nouvelle s'était manifestement propagée et je me suis retrouvée face à deux cents personnes environ, qui attendaient toutes avec curiosité de faire ma connaissance et de découvrir mon travail.

C'est cette démonstration qui semble avoir tout déclenché. Au cours des semaines suivantes, j'ai été inondée d'appels de groupes d'instituts féminins, d'écoles, d'églises. J'y ai gagné force et expérience. Aigle Gris, toujours présent, me guidait, me rassurait, m'encourageait à aller de l'avant.

Je n'ai pas non plus oublié la première école dans laquelle je me suis rendue. Une fois de plus, Mick McGuire avait accepté de m'accompagner pour me tenir la main. J'aurais dû avoir davantage confiance en moi, mais monter sur scène m'inspirait toujours une vive appréhension. Que se passerait-il si j'avais une absence ou si je ne disais pas ce qu'il fallait? Pire encore, que ferais-je si les esprits me désertaient? Chaque fois que je me retrouvais face à un public, large ou clairsemé, ces éventualités me traversaient l'esprit et me rendaient malade de nervosité.

Lorsque nous sommes entrés dans le parking de l'école, Mick m'a fait remarquer le grand nombre de voitures déjà garées, mais nous avons eu la chance de trouver une place. Dans ma naïveté, j'ai pensé que ces véhicules appartenaient aux personnes qui suivaient des cours du soir. Imaginez ma stupéfaction lorsque je suis entrée dans la salle : plus de trois cents personnes m'y attendaient patiemment ! L'affolement m'a submergée. Je me suis tournée vers Mick et lui ai marmonné : « Je ne peux pas entrer là-dedans, pas avec tous ces gens. Mick, je ne peux pas. »

Le visage fendu d'un sourire jusqu'aux oreilles, il s'est frotté les mains de satisfaction et m'a répondu : « Voyons, ne soyez pas sotte. C'est formidable, absolument formidable ! » Il m'a saisie par le bras et il a emprunté l'allée centrale pour me traîner jusqu'à l'estrade. Comme nous étions entrés par l'arrière de la salle, les personnes se sont retournées au fur et à mesure vers nous et je les ai vues se pousser du coude en se disant : « C'est elle, c'est elle, c'est Rosemary. »

Alors que ces réflexions ne faisaient qu'augmenter l'assurance de Mick, elles ne m'ont inspiré qu'une idée : prendre mes jambes à mon cou. Après ce qui m'a paru une éternité, nous avons atteint la scène. Je me souviens que je suis restée pétrifiée sur place, dos au public, et que j'ai regardé en l'air pour essayer de trouver Aigle Gris. « Aidez-moi, l'ai-je supplié. Faites en sorte que je n'aie pas à affronter tous ces gens. Faites-moi disparaître dans un trou. Faites quelque chose, n'importe quoi, mais ne m'obligez pas à me retourner. »

Aigle Gris n'a bien évidemment pas prêté attention à mes lâches suppliques, et je n'ai pas pu faire autrement que monter sur scène. De toute façon, si j'avais essayé de m'enfuir, Mick m'aurait vite contrainte à faire marche arrière.

Le président de l'Association des Parents et des Enseignants m'a gentiment présentée au public, qui m'a accueillie avec des applaudissements chaleureux et sincères. J'étais toutefois tellement intimidée par le nombre de personnes présentes que j'ai commencé avec les genoux qui s'entrechoquaient. Mon introduction n'a pas duré plus de dix minutes. Je leur ai expliqué ce que j'allais faire et leur ai dit que Mick était un guérisseur qui allait également leur parler de sa pratique.

Je m'étais tellement dépêchée que j'en étais presque incohérente. Ma voix s'est cassée et, comme mes nerfs menaçaient de craquer aussi, j'ai vite cédé la place à Mick. Au début, le public a paru troublé par la brièveté de mon intervention, puis il s'est calmé et a accordé toute son attention à Mick. Je me suis effondrée sur mon siège, enfin soulagée. La première partie était terminée, je bénéficiais d'un répit… mais de brève durée. Mick est un vrai moulin à paroles, mais il allait bien devoir conclure aussi. Et puis, c'était moi que ces gens étaient venus voir. Pour moi qu'ils avaient réservé leurs places.

« Mon Dieu, ai-je prié tout bas, Aigle Gris, ne m'abandonnez pas, je vous en prie… » Et c'est alors que j'ai vu mon guide, comme chaque fois que j'ai besoin de lui. Il se tenait fièrement au fond de la salle, un regard de sympathie et de compréhension posé sur moi, l'esquisse d'un sourire aux lèvres. « Restez tranquille, l'ai-je entendu me dire d'une voix claire et ferme. Soyez calme et écoutez. Ceux du monde des esprits veulent communiquer et ils ont besoin de vous. »

J'ai oublié Mick, j'ai oublié le public, j'ai oublié ma nervosité, car je cherchais à présent à entrer en contact avec les esprits qui essayaient de me joindre. Au bout de quelques secondes, j'ai pris conscience qu'un jeune homme se tenait à côté de moi sur la scène. Il était grand, avec un beau visage aux traits bien dessinés et un regard décidé. Il s'exprimait clairement, d'une voix aussi déterminée que son regard, pour s'assurer que j'entendrais bien ce qu'il avait à dire.

— Je m'appelle Alan. Je suis mort dans un accident de voiture il y a un an et je voudrais transmettre un message à ma femme.

— Pouvez-vous me diriger vers elle ? lui ai-je demandé mentalement, et il m'a désigné une femme assise au milieu de la salle.

— C'est sa sœur, m'a-t-il appris. Je vous en prie, voulez-vous m'aider ? Je dois faire savoir à ma femme que je vais bien. Sa voix s'est un peu enrouée, mais il a poursuivi. Et aux enfants aussi, à mes deux bébés.

J'ai écouté Alan m'exprimer ses pensées et ses sentiments avec la plus vive attention. Il me faut peut-être vous expliquer encore une fois que lorsque j'entre en communication avec des esprits, aucun signe extérieur ne permet de le savoir. Il m'arrive souvent de les voir et de les entendre dans des situations de la vie quotidienne, par exemple au restaurant, dans un bar ou en promenade. Mes « visions », comme vous pourriez les appeler, sont fréquentes. De la même manière, je vois Aigle Gris chaque matin au réveil et quand il me rend visite pendant la journée. Il lui arrive même de m'aider à effectuer mes tâches quotidiennes lorsque je le lui demande. Je lui pose des questions du genre « Est-ce que j'ai assez salé le ragoût ? Combien de temps dois-je laisser cuire le rôti ? Est-ce que c'est assez sucré ? ». La présence de mon guide dans ma cuisine m'enchante.

Lorsque je suis seule, je communique souvent à voix haute, mais il m'est tout aussi naturel de parler aux esprits par transmission de pensée. C'est ainsi que cela s'est passé ce jour-là avec Alan, ma sensibilité me permettant de « sentir » ses émotions aussi profondément que s'il s'agissait des miennes. Je l'entendais et je le voyais aussi clairement que s'il s'était encore trouvé sur cette terre, si bien que mon public n'avait aucunement conscience, à ce stade, qu'il se passait quelque chose « sortant de l'ordinaire ».

Mick a parlé encore pendant un quart d'heure, mais je ne lui ai guère prêté attention, tant j'étais branchée sur Alan. A de nombreuses reprises, pendant que j'attendais, il m'a répété « Je suis Alan, je suis Alan », comme s'il voulait s'assurer que je l'entendais toujours. « Alan. Dites simplement que c'est Alan. »

Mick a fini par conclure son intervention et par me rendre le micro. Quand je me suis levée, mes jambes ont de nouveau flageolé et je suis restée un instant figée sur place. Une main ferme et rassurante m'a alors prise par le coude (seuls ceux d'entre vous qui ont vraiment fait l'expérience d'un contact physique avec quelqu'un de l'autre monde comprendront cette sensation), et on m'a doucement poussée face au public qui m'attendait avec impatience. Aigle Gris était à mes côtés !

J'ai de nouveau entendu la voix d'Alan et j'ai regardé dans la direction d'où elle venait, derrière une jeune femme blonde. Sûre de moi, j'ai désigné cette femme et j'ai commencé à transmettre le message le plus clairement possible. « Il y a un jeune homme debout derrière vous, lui ai-je dit, qui a été tué dans un accident de voiture. Il me dit s'appeler Alan. » Alors que j'allais poursuivre, la pauvre femme a poussé un hurlement affreux et a éclaté en sanglots.

Tous les membres du public ont tendu l'oreille ; certains se tordaient même le cou pour essayer de voir ce qui se passait. En dehors des sanglots de la femme, on aurait entendu une mouche voler. Tout le monde retenait son souffle et il régnait une ambiance électrique. J'ai attendu quelques secondes pour faire une autre tentative pour transmettre le message d'Alan à sa belle-sœur, mais elle était trop bouleversée. J'ai alors entendu la voix de Mick dans mon dos. « Passez à quelqu'un d'autre, Rosemary, me disait-il, et revenez à elle plus tard, quand elle se sera calmée. » J'ai trouvé son conseil avisé, et j'ai voulu traverser la salle.

Mais Aigle Gris et Alan ne voyaient pas les choses du même œil.

Lorsqu'un médium travaille ou qu'il effectue, comme cela était le cas, une démonstration, c'est son guide qui le dirige. Le médium ne peut décider de lui-même ni où ni vers qui il doit aller. Il ne peut pas non plus choisir le message qu'il va transmettre. La suggestion de Mick, en apparence sensée, ne pouvait tout simplement pas être mise en pratique. « Même si cela vous paraît traumatisant et bouleversant, vous devez continuer à transmettre ce message, m'a dit mon guide. Ne vous inquiétez pas, tout va bien se passer. »

Aigle Gris devant savoir que la famille d'Alan avait besoin de recevoir un message de lui et qu'il en résulterait une grande joie et non du mal, je me suis sentie rassurée. J'ai donc fait marche arrière. « Pardonnez-moi, ai-je dit, mais on m'affirme que je dois refaire une tentative. Si vous préférez que je n'en fasse rien, dites-le-moi, mais si vous acceptez, nous pourrons continuer. » Toujours en pleurs, la jeune femme m'a regardée et m'a dit d'un ton désespéré : « Je vous en prie, je vous en prie, ne vous arrêtez pas. Je suis bouleversée, mais c'est très important pour moi, il faut que vous continuiez. »

Je me suis donc exécutée. Alan m'a raconté que sa femme lui reprochait souvent de conduire trop vite. Elle lui disait : « Tu finiras un jour par te tuer. Que nous adviendra-t-il alors, à moi et aux enfants ? » « C'est exactement ce qui s'est passé, m'a-t-il raconté. J'ai pris un virage sur les chapeaux de roues, et me voici ! » Il m'a ensuite fait part de la culpabilité qu'il ressentait d'avoir laissé son épouse se débrouiller seule avec deux enfants en bas âge – ils avaient moins de 4 ans. Il voulait surtout que sa femme sache qu'il avait survécu à la mort, qu'il était près d'elle, et qu'il ferait tout ce qui était en son pouvoir pour les aider, elle et leurs enfants. Son dernier message leur était d'ailleurs destiné. « Je vous en prie, dites-leur que je ne suis pas mort, que je serai là pour les guider. Je vous en supplie, dites à mes bébés que leur papa les aime. »

Le reste de la soirée s'est déroulé rapidement et sans accroc. J'ai pu transmettre de nombreux messages de l'au-delà à des membres du public. Certaines des réponses ont été lentes à venir, car situer la personne morte qui souhaite transmettre un message n'est pas toujours évident. Parfois, il s'agit d'une grand-mère dont nous avons entendu parler mais que nous n'avons pas connue parce qu'elle est morte avant notre naissance, ou alors du fils d'un voisin ou d'un ami, sans aucun lien avec nous, mais qui voit en nous un moyen de faire savoir à sa famille qu'il a survécu à la mort et qu'il va bien. Il arrive même que nous n'ayons jamais entendu parler de la personne qui essaie de nous joindre du monde des esprits. C'est alors elle qui nous fait savoir qu'elle nous connaît par le biais des informations qu'elle nous transmet. Puis elle nous demande de rentrer chez nous et de vérifier son identité auprès de notre famille. Et puis il y a ceux, comme Alan, que l'on reconnaît de suite.

Cette démonstration a été un grand succès, le public a superbement réagi et des dizaines de personnes sont ensuite venues me voir. Certaines m'ont fait part de leur satisfaction d'avoir assisté à la soirée, d'autres m'ont demandé mon numéro de téléphone. Une ou deux ont voulu me toucher, effleurer mon bras ou tenir ma main. Ce soir-là, avec l'aide d'Aigle Gris et de mes amis esprits, j'ai réussi à inspirer beaucoup de monde et nous avons apporté espoir et réconfort là où ils étaient absents.

Depuis lors, j'ai donné des dizaines de démonstrations, en Angleterre et à l'étranger. Même s'il m'arrive parfois d'être encore nerveuse, j'ai appris après toutes ces années que ceux du monde des esprits me demandent simplement de donner le meilleur de moi-même et que cela suffit. A présent, aucun membre de mon public ne peut deviner que mes genoux tremblent sous ma jupe.

Si je donne ces démonstrations, ce n'est pas dans le but, comme le supposeraient la plupart des gens, de prouver qu'il existe une vie après la mort. Ni pour apporter des preuves de la survie. Je commence souvent par affirmer que celui qui vient me voir dans l'espoir d'obtenir une preuve définitive de la réalité de mes convictions risque de repartir fort déçu. Il m'est absolument impossible de fournir ce genre de preuve au cours du bref laps de temps qui m'est imparti pour effectuer ces démonstrations. Ce qui n'est pas impossible, en revanche, c'est d'apporter à mon public suffisamment d'éléments pour lui permettre de réfléchir. Mon seul espoir, c'est qu'il reparte avec matière à réflexion, lui permettant d'entamer un voyage de découverte en direction d'un nouvel éveil et de prendre conscience que la vie et la mort sont autre chose que ce qu'il croyait, et que les desseins de Dieu sont beaucoup plus complexes que nous, simples mortels, ne les concevons.

En fait, je me contente de semer des petites graines, de bonnes graines. De labourer le champ et d'éparpiller ces graines sur le sol, puis de prier pour qu'avec l'aide de Dieu, elles soient arrosées et nourries. Ce que j'espère, c'est que les personnes qui sont venues m'écouter rentrent chez elles en se demandant : « Est-ce possible ? Se pourrait-il qu'elle ait raison ? N'y a-t-il pas une part de vérité dans ce qu'elle raconte ? » Et, à partir de ces questions, il se peut que quelques-uns éprouvent le besoin d'aller plus loin.

« Demandez, et cela vous sera donné. Cherchez, et vous trouverez. »

Les enfants de Dieu

Depuis le début des temps, les médiums, les voyants, les « ultra-sensitifs » parlent de « l'aura », ce champ d'énergie qui entoure, non seulement les êtres humains, mais tout ce qui vit sur terre, créatures, plantes et arbres. De nombreux savants et sceptiques ont manifesté du dédain à l'égard de ceux qui prétendaient voir ce champ d'énergie et se sont ouvertement moqués d'eux. Jusqu'au jour où un couple russe, Valentina et Simon Kirlean, a inventé un appareil capable de photographier « l'aura ». Cette méthode est connue sous le nom de photographie Kirlean. Les Kirlean, qui avaient entamé leurs travaux en 1939, ont dû attendre jusque 1960, lorsque le gouvernement russe a pu leur allouer des fonds, pour perfectionner leur invention.

Cette « aura », ou champ d'énergie, apparaît au-dessus et au-delà de la surface de la peau et peut envelopper le corps humain sur une distance de plusieurs mètres. Elle est composée de nombreuses couches, couleurs, formes et dessins. Ses caractéristiques varient selon l'état mental, physique et spirituel ou intérieur d'une personne. En résumé, l'aura est le reflet de l'être.

Nous avons ensuite le corps éthérique. De mêmes taille et forme que le corps physique mais différent de lui, le corps éthérique (ou de l'esprit) ne peut pas être détruit. Il est plus réel et plus solide. Il est celui que nous utilisons, nous les voyageurs astraux, ainsi que les nombreuses personnes qui ont vécu des expériences de « sorties du corps », au cours desquelles elles regardent leur corps physique d'en haut, tout en gardant une forme corporelle – cette forme étant le corps éthérique. A notre mort, c'est le corps éthérique que nous utilisons. C'est lui qui nous transporte d'ici-bas au monde des esprits.

Nous perdons beaucoup de monde : parent, époux, grand-père, ami, oncle, sœur... Mais à mes yeux, sans doute parce que j'ai une fille, la perte la plus difficile à supporter est celle d'un enfant.

« Quelle vie gâchée ! » me dit-on bien souvent. J'acquiesce, tout en sachant que mon interlocuteur fait fausse route. Car j'ai souvent communiqué avec des enfants du monde des esprits qui sont « morts » bébés, « morts » avant terme ou « morts » à la naissance. J'ai parlé à des adultes, hommes et femmes, « morts » également dans leur enfance mais qui ont survécu, poursuivi leur vie, continué à grandir et à apprendre, et qui vivent heureux et comblés. Dans le monde des esprits, que nous ne pouvons qu'imaginer pour la plupart d'entre nous, notre vie continue. Les enfants rient et jouent, grandissent et apprennent. Dans l'au-delà, nos connaissances s'élargissent et nous nous éveillons au besoin de développement de l'âme. Un travail nous y attend si nous le désirons et de nombreux habitants du monde des esprits m'ont confié qu'ils mènent une existence active, remplie et passionnante.

Combien de fois ai-je entendu prononcer ce vieil adage : « Laissez les morts reposer en paix. » Il sous-entend une inactivité absolue dans « l'après-vie », dont nous avons du mal à concevoir la réalité. Mes conversations avec d'innombrables âmes indiquent l'inverse : la poursuite de la vie signifie la poursuite du vécu... dans le plein sens du terme. Et c'est exactement ce que nous faisons.

Les animaux aussi survivent à la mort. A ceux d'entre vous qui les aiment ou qui ont vécu avec une ou plusieurs petites créatures de Dieu et ont éprouvé la plus vive affection pour elles, je peux affirmer que j'en ai souvent vu dans l'autre monde. Cela me fait penser à une consultation inoubliable que j'ai donnée à une dame. Elle était venue me voir car elle désirait entrer en contact avec son mari, mort, si mes souvenirs ne me font pas défaut, d'une crise cardiaque. J'ai entamé ma quête, demandant à Aigle Gris de me guider, et j'ai rapidement établi le contact avec lui. Mais ce que j'ai vu m'a sidérée. « Je suis ici », ai-je entendu. J'ai regardé dans la direction de la voix et j'ai éclaté de rire. Ma pauvre cliente, incapable de cacher sa nervosité et son émotion à la perspective d'avoir des nouvelles de son époux défunt, a dû se demander ce qui me prenait. Je me suis vite expliquée, dans l'espoir qu'elle comprendrait.

— Je vois un monsieur, mais il porte une oie sous chaque bras. Il me dit qu'il ne pouvait pas venir sans elles.

— Dieu merci. Je suis tellement heureuse qu'ils soient tous en sécurité !

Par la suite, elle m'a raconté que ces oies étaient leurs animaux de compagnie. « Nous les considérions comme des enfants. Mon mari se promenait souvent en les portant dans ses bras. »

Cet ouvrage contient beaucoup d'histoires vraies, que je vous raconte comme je le ferais si nous étions assis dans votre salon. La place me manque cependant pour vous expliquer leur exact déroulement. Ce livre ne serait néanmoins pas complet sans deux ou trois transcriptions de contacts établis avec le monde des esprits, qui vous permettront de mieux comprendre ma méthode de travail. Je vais tout d'abord vous raconter le cas d'une femme totalement sceptique.

Nous l'appellerons Lucile. Elle avait la cinquantaine. A peine assise, elle a commencé par me déclarer :

— Autant vous le dire tout de suite, je ne crois absolument pas à toutes ces sornettes.

— Personne ne vous force, Lucile, lui ai-je répondu, sans me laisser démonter. Je peux très bien me passer d'une consultation. Ça ne me gêne pas du tout.

— Non, non, maintenant que je suis ici, je veux bien faire un essai. Mais sachez-le : je suis juste venue parce que j'avais envie de m'amuser un peu.

Et nous avons commencé.

— Un homme se tient juste derrière votre chaise. Grand et mince. Je le vois clairement. Il dit s'appeler John. Il a entre 50 et 55 ans.

— Je ne connais aucun John.

— (Je regarde Aigle Gris.) On me montre le signe des Gémeaux. Vous êtes Gémeaux ?

— Non.

— Cet homme, John, me montre encore le signe des Gémeaux. Vous êtes la jumelle de quelqu'un ?

— Non.

— John hoche la tête. « Si, si, affirme-t-il. Je suis son jumeau. Je suis mort quelques jours après ma naissance. »

— (A présent blême et tremblante, manifestement en état de choc.) Comment est-ce que vous le savez ?

— C'est vrai ? Vous êtes jumelle ?

— Oui, mais, mais il est mort. J'avais un frère. Il est mort quand nous avions quatre jours. Mes parents l'avaient appelé John.

— Il hoche la tête, il dit : « Oui, oui, c'est moi, John, ton frère. »

— Mais comment ? Vous venez de dire que c'est un homme.

— John explique comment, pendant qu'il grandissait en même temps que vous dans le monde des esprits, il a veillé sur vous, joué avec vous. Pleuré et ri avec vous, partagé votre vie comme il l'aurait fait s'il n'était pas mort.

— Je n'y crois pas... je ne peux pas croire que c'est vrai.

— John me dit que, petite fille, vous aviez des cheveux blonds bouclés.

— C'est vrai.

— Il me dit que vous êtes mariée. Vous avez des filles ? (Je vérifie auprès d'Aigle Gris.) Il me parle de deux filles.

— C'est vrai. Je suis mariée et j'ai deux filles.

— John me dit que vous avez récemment déménagé.

— Oui, c'est incroyable. C'est vrai.

— John parle de l'ancienne maison et me dit : « Demandez-lui des nouvelles de Charlie. » Vous connaissez quelqu'un du nom de Charlie ?

— Non, ce nom ne me dit rien.

— Je vois et j'entends John très clairement. Il insiste, il pouffe et il répète d'un ton péremptoire, « Demandez-lui des nouvelles de Charlie... dites-lui que je suis Charlie. »

— Oh, mon Dieu, il a dit qu'il était Charlie ?

— Oui. Ça signifie quelque chose pour vous ?

— Dans l'ancienne maison, nous plaisantions. Mes filles étaient adolescentes. Très souvent, quand nous entrions dans la salle de bains le matin, nous trouvions les serviettes par terre, dans la baignoire ou même dans les toilettes. Mes filles étaient convaincues que nous avions un esprit frappeur. Elles l'adoraient, elles disaient qu'il les amusait. Elles l'avaient surnommé Charlie.

— Votre histoire fait rire votre frère. Il me dit avec fierté : « Je suis Charlie. C'était moi qui lançais les serviettes et qui changeais les objets de place. J'essayais de me faire remarquer. » Il dit : « Dites à vos filles que leur oncle John les a regardées grandir, comme vous. » Il dit : « Dites-leur que je suis leur ange gardien, que je veillerai sur elle et que je les protégerai toujours. »

— (Elle pleure.) C'est merveilleux, incroyable. Il est parti ? Ne le laissez pas partir. Je peux lui poser une question ?

— (Riant.) Ne vous inquiétez pas, il est toujours là. Je le vois encore. Il est aussi excité que vous. Qu'est-ce que vous voulez lui demander ?

— Je ne sais pas. Est-ce qu'il me voit ? Comment est-il ? Est-ce qu'il me ressemble ? Qu'est-ce qu'il pense des filles ?

— Oui, John dit qu'il vous voit. Il rit, il me dit de vous dire que vous êtes belle. Il a posé la main sur votre épaule pendant que je vous parle et il vous chuchote à l'oreille... « Les filles sont belles, elles sont si belles. »

— Je ne sais pas quoi dire. Je suis sans voix.

— John me demande de vous dire qu'il vous aime et qu'il sera toujours près de vous. « Dis à ta mère, à notre mère, qu'elle reverra son fils un jour, quand elle me rejoindra. »

— Il a dit ça ? C'est merveilleux.

— (Je regarde de nouveau Aigle Gris pour m'assurer que j'entends bien.) John aimerait vous parler encore des filles. L'une doit poursuivre ses études, si je comprends bien. Il me parle d'examens.

— Oui, c'est exact. Ma fille cadette va bientôt passer ses examens. Ça va aller ?

— Votre frère vous dit de ne pas vous inquiéter. Elle s'en sortira bien. C'est une fille intelligente.

— C'est vrai.

— John me dit que l'autre est très instable. « Elle doit être patiente, elle doit apprendre la patience. » C'est ce qu'il dit.

— Il a raison ! (Elle rit.) Je n'arrête pas de le lui répéter.

— John dit : « Dis-leur que je suis vivant, que je suis vivant et que je suis heureux. »

Cette histoire ne s'est pas arrêtée là. John avait bien d'autres choses à dire à sa sœur. Lucile est revenue me voir à de nombreuses reprises, elle a amené ses filles, au grand ravissement de John. Les années passant, les jumeaux apprennent à se connaître de mieux en mieux, les filles à connaître et à aimer leur oncle John et tous acquièrent davantage de force. Lucile sait que, quand son tour viendra de mourir, John lui tendra la main pour l'aider à accomplir le voyage. Quant aux filles, malgré le chagrin que leur inspirera la perte de leur mère, elles auront le réconfort de savoir qu'elle n'est pas seule.

*

La séance suivante, transcrite à partir d'un enregistrement au magnétophone, montre la facilité et la décontraction avec lesquelles ceux du monde des esprits sont capables de communiquer. Il s'agit de la seconde consultation d'un couple marié, G. étant la femme et M., l'homme. Elle commence lorsque le contact avec le père de M. est établi.

R. : Pour commencer, j'ai cet homme charmant avec moi. Je dois dire (il me demande de dire) qu'il est très beau. Il a des yeux superbes… Il me semble, M., que ce message est tout autant destiné à votre mère qu'à n'importe qui d'autre. Il se tient à ma droite, juste à côté de votre chaise. Il m'adresse un large sourire, il me dit qu'il est beau à nouveau. Je sais qu'il s'agit de votre père. Je l'ai déjà vu. Je l'ai vu l'autre soir au restaurant (G. et M. sont propriétaires d'un restaurant). Il était cuisinier chef ?

M. : Exact.

R. : Il dit qu'il a inventé des plats.

M. : Exact. Je peux poser une question ?

R. : Répondez juste par oui ou par non. Pas de questions pour le moment. Je vous promets que vous pourrez en poser tout à l'heure.

Je lui ai demandé s'il allait me fournir une preuve pour son fils. Il exhibe une montre. Une montre en or. Avec une chaîne. Une montre sortant de l'ordinaire. Il me dit qu'elle est très spéciale. J'ignore ce qu'il entend par là. Un rapport avec une poche... on la met dans sa poche. Je ne comprends pas bien ce qu'il entend par là. Il dit qu'il y tient particulièrement. Il y a quelque chose sur la montre, un cliquet, je crois, qui se soulève ou qui s'ouvre.

M. : C'est vrai.

R. : Il tient la montre dans la main et il dit... « C'est moi. » J'ai l'impression qu'il n'aurait pas existé sans cette montre. Il parle aussi d'une bague. Une bague placée en sécurité dans un tiroir. Votre mère la conserve. Pendant que je vous parle, il pose la main sur votre bras. Il dit : « Je suis avec toi. » Il est très ému et me dit : « C'est mon fils. » Il décrit sa poitrine, ses poumons, sa respiration, il a eu des problèmes pendant un certain temps dans cette région avant de mourir, il dit qu'ils le fragilisaient beaucoup. Il dit que malgré tout, il a continué.

M. : C'est vrai.

R. : Il dit qu'il ne voulait pas abandonner et qu'il s'est battu comme un beau diable.

M. : C'est vrai.

R. : Il dit : « C'est mon fils. Je ne voulais pas te quitter, je ne voulais pas te quitter. » Il s'agrippe à votre bras, il n'arrête pas de répéter « C'est mon fils. Dites-lui que je ne voulais pas le quitter ».

M. : Je comprends.

R. : Il est vraiment bouleversé, il dit que ça le met dans tous ses états de vous parler et maintenant, il veut avant tout parler à votre mère (pause) et à votre sœur.

M. : Oui.

R. : (Je me tourne vers G.) Je vois aussi une dame qui se tient debout derrière votre chaise. Elle me dit qu'elle est votre mère. Je lui ai déjà parlé. Sa main est posée sur votre épaule… une seconde… il y a beaucoup de monde. Il y a une toute petite dame à côté de votre mère. Vraiment petite. Les cheveux grisonnants. Je ne l'entends pas du tout. Pour l'instant, elle se contente de regarder. Elle a la tête drapée de dentelle noire. A présent, je l'entends dire : « Je suis de l'ancien pays. »

G. : Je sais peut-être de qui il s'agit.

R. : Je dois revenir à votre père. Il attend depuis longtemps pour vous parler et il est un peu impatient.

M. : D'accord, d'accord, formidable.

R. : Votre père me dit que vous craigniez beaucoup de faire ça et que ce matin même, vous avez failli renoncer.

M. : (Il rit.) C'est vrai.

R. : Il me dit que vous êtes un peu nerveux à cause de ce que vous risquez d'entendre. Il pose la main sur votre bras, il dit : « Ne t'inquiète pas, tout va bien se passer. » Maintenant, il s'adresse de nouveau à votre mère. J'ai l'impression, à l'entendre décrire votre mère comme une femme pleine de vivacité, active, menant une vie accomplie, qu'il éprouve pour elle des émotions, une affection, un amour extrêmement forts, hors du commun. Il parle de ses larmes et de sa douleur depuis son décès, de sa lutte pour ne pas s'éteindre. Dites-lui qu'il est souvent à ses côtés la nuit quand elle pleure et qu'il voit sa douleur. Elle le voit, elle sait qu'elle le voit.

M. : Je lui en ferai part.

R. : Il dit : « Nous sommes inséparables. » Il a un grand sourire : « Elle m'a "organisé". »

G. et M. : (Ils rient.) C'est tout à fait vrai.

R. : C'est un homme très émotif. Par moments, j'ai du mal à entendre ce qu'il dit. « Dites-lui qu'elle est la meilleure des femmes et la meilleure des mères. Dites-lui que je l'aime. »

M. : (Ému lui aussi.) Je lui dirai.

R. : Votre père parle d'un nouveau projet. (Je sais que la mère de M. est écrivain.) Il parle d'un nouveau contrat qui vient d'être signé. Vous comprenez ?

M. : Parfaitement.

R. : Votre père dit : « Celui-ci sera encore meilleur que le précédent. »

M. : Bien. J'espère qu'il ne se trompe pas.

Le père de M. a abordé bien d'autres sujets, que je n'ai pas la place de relater ici. Truffés de détails personnels. Voici comment la séance s'est terminée :

R. : J'entends très clairement votre mère. (A l'attention de G.) Elle me donne le nom Patti.

G. : Il s'agit de ma sœur, Patricia.

R. : Votre mère crie : « Dites-lui heureux anniversaire, heureux anniversaire ! »

G. : C'est vrai, ma sœur vient de le fêter.

R. : Votre mère dit : « Nos enfants sont le plus grand cadeau que Dieu nous fait. Ils sont notre trésor. Transmettez-leur mon amour. » Puis : « A notre mort, ce présent ne nous est pas repris. Nous vous voyons encore. Nous vous entourons d'amour. » Elle parle de votre oreille. D'un problème auditif que vous avez eu ?

G. : Oui, j'ai toujours eu un problème d'audition, depuis l'enfance.

R. : Votre mère dit qu'elle va vous envoyer la guérison. (Pause.) M., j'entends de nouveau votre père. (Ce dernier me décrit alors en détails l'endroit et les bâtiments où il a implanté sa première entreprise.)

G. : Incroyable. Tout est vrai.

R. : (Comme toujours, je vérifie auprès d'Aigle Gris, qui me confirme que je dois continuer.) Votre père parle de l'entreprise et de vos projets d'agrandissement. Vous comprenez ce qu'il veut dire ?

M. : Parfaitement.

R. : (Beaucoup de conseils sont donnés.) « Elle va s'agrandir avec succès, dit-il. Je surveillerai. » Il me récite maintenant un conte. Dites-moi si vous comprenez. « Il y a environ trois ans, un grand méchant loup est venu et il a soufflé sur vos briques et votre mortier pour essayer de les faire écrouler. » Vous comprenez ?

G. et M. : (Ils rient.) Oui !

R. : Il ahanait et il soufflait, mais il n'a pas réussi à faire écrouler la maison.

G. et M. : (Profusion de rires et de hochements de tête.) Oui, oh oui !

R. : Le loup a encore essayé. La maison ne s'est pas effondrée mais elle a été un peu ébranlée.

M. : C'est sûr !

R. : Vous avez examiné les murs et trouvé des fissures. Vous avez commencé à rationaliser. Votre père dit que c'était nécessaire et que vous devez continuer.

M. : Je comprends.

R. : (Beaucoup d'autres choses sont dites à propos de l'entreprise.) Puis… « Je suis au courant des projets. Ne vous inquiétez pas, tout va bien se passer. D'autres agrandissements suivront. » (Il détaille.)

M. : C'est vrai. Je comprends tout.

La conversation est loin de s'arrêter là. Le père de M. parle des enfants de M. et de G., il fournit de nombreux détails précis sur leurs vies. Tous ses propos sont compris.

R. : M., votre père souhaite vous transmettre un message particulier. Le voici : « Marcher sur le chemin de Dieu, c'est marcher main dans la main vers la lumière dont on a la certitude. Cette lumière représente la bonté, la vérité et l'amour. » Il hoche la tête, il me dit que vous n'avez pas besoin qu'on vous l'enseigne, car vous avez emprunté ce chemin depuis longtemps. Il dit que vous êtes des personnes généreuses. Sincèrement, du fond du cœur, vivez pleinement votre vie et n'ayez aucun regret. Car vous n'avez pas à en avoir. Pendant que je vous parle, M., il s'est placé derrière vous pour enlacer vos épaules. Sa tête est toute proche de la vôtre, il vous étreint, comme au bon vieux temps, dit-il. G., votre mère vous tient, elle caresse votre visage. Ils pleurent, mais votre père, M., s'empresse de préciser que ce sont des larmes de joie. La joie d'être réunis et de comprendre que nous ne mourrons pas. « N'ayez jamais peur de ça (mourir), dit-il. Vos appréhensions n'ont aucun fondement. Ne craignez jamais de me perdre, car je serai toujours près de vous. » Puis : « Je t'accompagnerai au match de football ce soir. » « Je ne peux rien promettre (il rit), mais peut-être que lui (il désigne Aigle Gris) le peut. » Il continue : « Soyez reconnaissants pour l'amour, la joie et la lumière. Ils sont à vous et nous les partageons avec vous. Je t'aime, M. Sois fort, sache que je serai toujours près de toi. »

Cette conversation avec M. et G. a duré un peu plus d'une heure trente. Comme lors de la plupart de mes contacts avec ceux du monde des esprits, un nombre incroyable de détails a été transmis. Des faits triviaux parfois, en apparence sans importance, d'autres de nature bien plus profonde. Tous étaient néanmoins destinés à montrer que nous continuons à être impliqués, même après la mort, et dans la mesure où nous le voulons, avec ceux que nous avons laissés derrière nous.

*

En voici une autre :

R. : Je sens un jeune homme très près de vous. D'une vingtaine d'années. Il me dit qu'il est mort subitement quand il était bébé.

Rita : J'ai perdu mon fils quand il avait quatre mois.

R. : Il dit qu'il n'arrivait pas à respirer. Mort subite du nourrisson, je pense. On n'a pas très bien su ce qui s'était passé.

Rita : C'est vrai. C'était la mort subite du nourrisson.

R. : Je vois l'initiale C.

Rita. : Il s'appelle Christopher.

R : J'entends Christopher dire : « C'est ma mère. »

Rita : (Elle pleure.) Il va bien ? Il est heureux ?

R. : Il a très envie de vous parler. De vous faire savoir qu'il est près de vous et qu'il a survécu à la mort.

Rita : Je sais qu'il est souvent avec moi. Pas un jour ne passe sans que je pense à lui.

R. : Je lui ai demandé de nous donner, s'il le peut, d'autres détails sur lui-même ou sur vous. J'entends le nom Alan. Vous connaissez quelqu'un qui s'appelle comme ça ?

Rita : Mon mari, le père de Christopher.

R. : Votre fils me parle de fleurs. Des fleurs jaunes. De vraies fleurs, des fleurs en soie ?

Rita : (Elle hoche la tête avec le sourire.) Oui, oui, je comprends.

R. : Il me montre une espèce de barboteuse de bébé. Jaune. Et un petit jouet mou. Je crois qu'il s'agit d'un lapin. Non... attendez... je vois de nouveau la barboteuse. Un lapin est cousu dessus. La barboteuse est jaune. Ça vous dit quelque chose ?

Rita : Il vous décrit la barboteuse dans laquelle il a été enterré. Il y avait un lapin cousu sur le devant. Nous avions mis des fleurs jaunes dans son cercueil et, tous les ans, le jour de son anniversaire, je vais déposer des fleurs jaunes sur sa tombe.

R. : « Dites-lui que je la vois », me dit Christopher. Il me montre une photo dans un cadre d'argent. Elle a l'air posée sur une espèce de commode. A côté, je vois des fleurs jaunes dans un vase. Il me dit qu'elles sont en soie. « Elles sont nouvelles, dit-il, elles sont nouvelles. »

Rita : Oh, Rosemary, alors il voit vraiment ? Je les ai achetées il y a quelques mois et je les ai mises dans un vase, à côté d'une photo de lui bébé.

R. : Christopher souhaite que je vous dise qu'il a grandi, qu'il est aujourd'hui un homme. Qu'il vous rend visite souvent, à vous et à son papa. Il parle de « son » tiroir. Il me décrit comment vous vous asseyez souvent sur le lit, comment vous ouvrez « son » tiroir et en sortez « ses » affaires pour les regarder. Il me dit que vous pleurez beaucoup de l'avoir perdu.

Rita : Il me voit ? Vraiment ?

R. : Dans le tiroir, le tiroir de Christopher, il y a des vêtements de bébé enveloppés, me dit-il, dans du plastique.

Rita : C'est vrai.

R. : Et une enveloppe pleine de cartes. D'après ce qu'il me dit, j'ai l'impression qu'il s'agit de cartes de baptême. Il décrit toutes sortes d'autres objets rangés dans le tiroir.

Rita : (Entre le rire et les larmes.) Il me voit vraiment ! Il est vraiment là. Oh, Rosemary, c'est sidérant, merveilleux.

R. : (Je souris gentiment.) Votre fils veut que vous sachiez qu'il n'est pas mort, qu'il a grandi, qu'il est heureux et qu'un jour, vous et son père allez le revoir.

Rita : Rosemary, je ne sais pas quoi dire. Merci, merci, je ne sais pas quoi dire. (Elle pleure.)

R. : Je suis juste contente que votre fils ait réussi à vous contacter. Il attendait depuis très longtemps. Je le vois et je l'entends clairement. Il souhaite vous transmettre un dernier message.

Rita : Oh, oui ! Oh, s'il vous plaît.

R. : « Je t'aime, maman. » Je l'entends distinctement. Il répète : « Je t'aime, maman, je suis toujours avec toi. Dis à papa que je ne suis pas mort. Ne pleure plus. Dis-lui que je suis vivant. »

J'avais fait la connaissance de Rita en rendant visite à Mark. Elle était l'une de ses infirmières. Je l'avais déjà rencontrée à son chevet, mais c'était la première fois qu'elle me posait des questions sur la guérison. C'est lorsqu'elle a commencé à m'interroger sur mon travail que je l'ai vu. Il attendait l'occasion, sachant que je l'aiderais si j'en avais la possibilité. Je savais que cette infirmière n'était pas là par hasard, qu'il avait également prévu cette rencontre.

Vingt-deux ans, c'est une longue attente pour un fils qui veut parler à sa mère. Quant à moi, j'ai eu le privilège de dire à l'infirmière : « Rita, votre fils est vivant et il est toujours près de vous. »

*

Elle et son mari avaient pris rendez-vous. Elle m'appelait pour savoir si nous pouvions changer de date. J'ai failli dire non, mais quelque chose dans sa voix a retenu mon attention.

— Je n'ai pas de place ce jour-là. Vous avez une raison particulière ?

— Oui, a-t-elle répondu en sanglotant. C'est l'anniversaire de mon fils.

— Dans ce cas, ai-je répondu aussi gentiment que possible, on va s'arranger. Il faudra que vous veniez en fin de journée, si c'est possible, et je vous verrai tous les deux.

Nous étions le 21 juin. Ce couple, âgé d'environ 35 ans, était maintenant assis face à moi, anxieux de me voir entamer la séance. Je ne me souviens plus de leurs noms, juste de leur histoire.

R. : J'ai un garçonnet qui souhaite communiquer. Petit, cheveux bruns. Un peu timide. J'espère qu'il va me parler. « Ze m'appelle Robert. Z'ai 6 ans aujourd'hui. » (Son zézaiement me fait sourire.) « C'est mon anniversaire. »

Elle : (Elle pleure.) Oui, il s'appelle Robert et c'est l'anniversaire de ses 6 ans aujourd'hui.

Lui : (Inquiet.) Il va bien ?

R. : S'il vous plaît, ne posez pas de questions. Pas encore. Je veux que Robert me parle. (Je demande à Robert de me dire comment il est mort, s'il le peut. Je l'encourage doucement et patiemment à me parler.) « Z'étais sur ma bicyclette, une voiture a pris le virage à toute vitesse et elle m'a heurté. Z'ai eu mal à la tête, mais zuste un peu et ze suis arrivé ici. »

Eux : C'est vrai. C'est comme ça qu'il est mort.

R. : Robert dit : « Ils n'arrêtent pas de pleurer, et ça me fait pleurer aussi. »

Elle : Oh non, je vous en prie, nous ne voulons pas qu'il pleure.

R. : Ne vous inquiétez pas, il ne pleure pas tout le temps. Mais vous lui manquez aussi, vous savez. « Z'ai 6 ans, c'est mon anniversaire. »

Eux : C'est vrai.

R. : (Pendant que je travaille, je vois Aigle Gris à côté de l'enfant. Il l'aide et l'encourage à me parler. Je continue à transmettre ses messages.) Il me dit qu'il avait juste 4 ans quand il est mort. C'est vrai ?

Eux : Oui, il jouait devant la maison. En toute sécurité. Une voiture a abordé le virage trop vite, elle a heurté le bord du trottoir et rebondi dessus. Robert a été tué sur le coup.

R. : Il me parle maintenant de son frère et de sa sœur.

Eux : C'est vrai. Nous avons deux autres enfants.

R. : Robert me dit que vous avez donné une petite fête d'anniversaire aujourd'hui. Il est tout excité. Il me dit que vous lui avez confectionné un gâteau. Je lui ai demandé s'il y avait des bougies sur le gâteau. Il hoche la tête, je le vois clairement. Il me montre six doigts.

Elle : (Elle pleure.) Mon bébé a vu son gâteau. (Elle se tourne vers son mari qui pleure aussi.) C'est merveilleux, je n'arrive pas à le croire.

La séance a continué. Aigle Gris a aidé Robert à communiquer. L'enfant a parlé de maintes choses à ses parents. La précision des détails que Robert a donnés sur son accident, sa fête d'anniversaire et le reste les ont convaincus, comme moi, de sa survie. Ils continueront à célébrer son anniversaire mais aujourd'hui, malgré leur chagrin, ils auront la joie de savoir qu'il fait toujours partie d'eux, de leur vie, qu'il grandit, heureux et comblé puisqu'il a à présent l'assurance qu'ils savent qu'il est vivant.

*

Je me suis rendue à Hong-Kong à plusieurs reprises et j'ai de nombreux clients en Extrême-Orient, dont une dame charmante, Celia. Durant l'un de mes séjours là-bas, elle est venue me consulter avec son mari, Bruce, et j'ai pu me brancher sur de nombreux membres de leur famille, qui leur ont parlé. La grand-mère de Bruce s'est montrée particulièrement présente. A travers elle, ils ont reçu un message profond et émouvant qu'ils ne devaient pas comprendre tout de suite. Un message qui allait leur être d'un grand secours quand la tragédie s'est abattue sur eux.

Un an à peu près s'est écoulé. De retour en Angleterre, j'ai reçu un coup de fil un dimanche matin. C'était Celia.

C. : Rosemary ?

R. : Oui. Qui est à l'appareil ?

C. : Celia. Vous ne vous souvenez probablement pas de moi. Je sais que vous rencontrez énormément de monde.

R. : Bien sûr que si, je me souviens de vous. Qu'est-ce que je peux faire pour vous ? (Malgré son calme apparent, je sens dans sa voix qu'elle doit faire un gros effort pour me parler. Quelque chose ne va pas, je le sais immédiatement.)

C. : Rosemary, il y a eu un accident. Mon fils. Hier. Il a glissé et il est tombé dans la rivière. Nous avons eu de très grosses pluies. Toutes les rivières sont en crue. Le courant était très violent. On ne l'a pas retrouvé. Je sais qu'il est mort.

(Je sens Aigle Gris s'approcher de moi. Je parle à Celia pour essayer de la calmer et son fils m'apparaît.

Il me dit « Je m'appelle Michael » et je me demande comment annoncer à Celia ce que je vois. Elle interrompt mes pensées.)

C. : J'ignore si vous pouvez m'aider, Rosemary, mais j'ai besoin de savoir s'il est en sécurité. Je sais qu'il est mort. Je le sens. Je sais que je vous demande beaucoup, mais pouvez-vous demander à quelqu'un là-haut si mon fils est en sécurité ?

R. : (Je l'entends me dire « Dites-lui que je suis en sécurité, s'il vous plaît, il faut qu'elle sache que je suis en sécurité. ») Il s'appelle Michael ?

C. : Oui, oh oui ! Il est en sécurité ?

R. : Je sens un jeune garçon, Celia. D'environ 11 ans. Je le vois assez nettement. Il me dit qu'il s'appelle Michael.

C. : Oh, Dieu merci ! Il va bien, il va bien.

R. : Il me dit qu'il a été emporté par le courant.

C. : Oui.

R. : C'est déconcertant. Il me parle de la cascade. Il me dit qu'il a été emporté jusqu'à la cascade. Ça vous dit quelque chose ?

C. : Oui, oui, la rivière mène à une grande cascade qui tombe directement dans la mer.

R. : Michael me parle. Il veut que vous sachiez qu'il n'est pas allé dans la mer. (Michael me montre quelque chose, l'image se déroule sous mes yeux comme un film vidéo.) Au début, je ne vois pas une rivière, plutôt un petit cours d'eau.

C. : Oui, c'est ça.

R. : Je vois Michael glisser sur la rive. Elle est friable et elle cède. Je vois son corps emporté en aval et à présent... je vois une grosse chute d'eau. (Celia sanglote, je lui demande si elle souhaite que j'arrête.)

C. : Non, oh non. Je vous en prie, Rosemary, j'ai besoin de tout entendre.

R. : Michael décrit ce qui s'est passé quand il est arrivé au bord de la cascade. Je vois son corps basculer par-dessus. Mais attendez... Oh, c'est merveilleux. Il me dit : « Dites-lui, dites à maman... » Je vois son corps passer par-dessus la cascade. Je vois Michael quitter son corps. On dirait qu'il s'envole. Il me dit : « J'ai volé comme un oiseau, de plus en plus haut. Des anges sont venus me chercher. Ils m'ont fait survoler la cascade, comme un oiseau. C'était lumineux. Une lumière éclatante. Ils m'ont emmené dans cette lumière, en sécurité. Maman, tu m'entends ? Je vais bien. »

C. : Dieu merci, Dieu merci ! Oh, Rosemary, merci. Vous ne pouvez pas imaginer à quel point vous m'avez aidée.

Quelques jours plus tard, Celia m'a rappelée. Elle avait écouté un enregistrement de sa consultation avec moi à Hong-Kong, avant la mort de Michael, au cours de laquelle la grand-mère de son mari leur avait transmis un message.

« La grand-mère de mon mari nous avait parlé de Dieu et des différentes manières dont il lui arrive de nous aider dans la vie. Mais à l'époque, nous n'avions pas compris une des choses qu'elle nous avait dites. Je suis sûre qu'elle voulait que nous la comprenions aujourd'hui. C'était : "Il arrive que Dieu nous demande un sacrifice sacré, comme Il en a demandé un au Christ. Un sacrifice qui nous sera très pénible, tant il nous causera de chagrin. Mais n'oubliez pas ce que je vous dis. Lorsque Dieu nous demande ce genre de sacrifice, Il a une raison de le faire. Nous ne la connaîtrons peut-être jamais. Mais Dieu la connaît. Et lorsqu'Il nous demande ce sacrifice, Il nous donne les instruments pour y faire face, la force de survivre." Vous ne pouvez pas savoir ce que je ressens en écoutant ça, Rosemary. Je n'arrête pas de repasser la bande. Elle m'apporte un grand réconfort. Je sais à présent que Michael devait mourir. Pourquoi, je l'ignore, mais je sais qu'il est près de Dieu, qu'il est mon sacrifice sacré, tellement douloureux. Je sais qu'il se trouve là où il doit être. Je lui parle tous les jours. Je le sens près de moi. Je sais qu'il va bien. »

*

Sur cette terre, de nombreux motifs poussent les gens à être « bons » ou « mauvais ». Le choix de certains d'entre nous n'est dicté que par une question de goût. D'autres optent pour la « bonté » parce qu'ils ont l'impression qu'elle leur vaudra des « bons points », que Dieu nous surveille et compte le score. Il y en a pour qui être « mauvais » est une manière de défier un Dieu qu'ils perçoivent comme juge souverain. D'autres encore diront : « Pour quelle raison serais-je "bon" pour Dieu, alors que je ne crois pas en Lui ? » Mais la vie ne consiste pas à être bon ou mauvais ni à gagner des points. La vie consiste à apprendre, à découvrir l'âme et ses besoins. « Bien » et « mal » se résument alors à prendre le bon tournant sur le chemin de cette découverte. La vie ne consiste pas à se gagner une place au paradis. L'âme se satisfait d'avoir la poursuite de son existence assurée, de se voir renforcée.

Ce livre contient nombre d'histoires de survies après la mort. Chacune raconte un voyage, une découverte capitale au terme de laquelle nous épousons la lumière. Mais accomplissons-nous tous ce voyage vers la lumière ? Dieu nous accepte-t-Il tous, y compris ceux qui ont accompli de mauvaises actions ? Si je m'en tiens à mes convictions et à mes expériences, la réponse est *oui*. Je ne pense pas que quiconque souhaitant embrasser la lumière soit jamais repoussé.

Évidemment, ce choix se présente à chacun de nous, y compris à ceux que nous qualifions de « mauvais ». Une personne mauvaise qui tente d'aller vers la lumière cherche en effet le pardon, le chemin de la vérité. Dans le cas inverse, elle ne verrait pas la lumière. Lorsqu'elle opte pour la lumière, les blessures et les maux qu'elle a infligés aux autres ne sont rien comparés aux siens. Car celui qui se tient dans la lumière est obligé de voir, de reconnaître le dessèchement de son âme… la mesquinerie de son esprit.

Certains croient que ceux qui se suicident vont dans les ténèbres. Je ne suis pas d'accord. Les suicidés qui ont besoin de cette lumière s'en verront montrer la voie. Les ténèbres ne sont qu'en eux. D'après mon expérience, même ceux dont l'esprit est totalement embrouillé ici-bas seront conduits par les anges, les messagers de Dieu, vers la lumière. Lorsque je parle à ces malheureux qui étaient tellement embourbés, ils me décrivent souvent leur nouvel environnement, leur apprentissage et leur développement, qui n'est pas toujours facile. Je me suis entretenue avec beaucoup d'êtres du monde des esprits qui, avant de mourir, ne croyaient pas en une autre vie. Pour eux, la mort signifiait avant tout l'extinction de la vie. Chaque fois, ils me font part de leur surprise et de leur ravissement d'avoir découvert la survie après la mort.

N'importe qui peut aller dans un endroit bon, s'il choisit de le faire. Aucune porte ne reste fermée. Il n'y a pas de barrières, sauf celles que nous choisissons d'ériger nous-mêmes. Pas de jugement céleste, uniquement les jugements que nous devons nous-mêmes effectuer, face au genre d'existence que nous avons vécue et au genre de personne que nous sommes. Chaque âme se juge elle-même. Une âme qui le souhaite peut refuser la lumière et, fermant les yeux pour ne pas voir le monde, s'enfermer dans ses propres ténèbres. Comme enveloppée d'un suaire, elle errera dans des passages obscurs et des lieux cauchemardesques, hantée par ses propres pensées, égarée et solitaire. Mais les ombres de l'âme n'appartiennent qu'à elle et n'existent que parce que l'âme a fait ce choix.

Et comment est-ce que je vois, moi, le médium? De toutes les composantes de mon être. Parfois comme si je me tenais à distance. Parfois de si près que je peux facilement toucher les personnes en tendant le bras.

Et qu'est-ce que je vois, moi, le médium? Je vois des personnes, pas des esprits. Car lorsque nous quittons le plan terrestre, nous emmenons avec nous le corps éthérique, de la même forme et de la même taille que le corps physique. Le corps éthérique, indestructible, devient le véhicule qui nous permet de poursuivre notre voyage.

Et comment est-ce que je fais pour percevoir, moi, le médium? En développant ma sensibilité. En me

« branchant ». Je projette mes pensées vers l'extérieur. Elles sont reçues. Ceux du monde des esprits répondent et m'envoient les leurs. Nous communiquons.

Et comment est-ce que je sens, moi, le médium ? Je les sens s'approcher de moi. Je perçois... je sens... leurs émotions. Les pensées vont et viennent, comme la marée. C'est un processus à double sens. Leurs pensées me touchent. C'est comme si je ne faisais plus qu'une avec elles.

Et comment est-ce que je touche, moi, le médium ? Je parle à mon guide. Aigle Gris pose la main sur mon épaule. Je sens une véritable pression. Sa main caresse ma joue. Je la sens. Je pose ma main sur la sienne. Je le touche. J'observe de quelle façon, lors d'une communication, un être du monde des esprits touche, pose une main sur une épaule, caresse les cheveux ou la joue de quelqu'un, essuie des larmes. Je regarde ceux du monde des esprits étreindre de la sorte mes clients. Je les vois les toucher.

Et comment est-ce que j'entends, moi, le médium ? Parfois, exactement comme j'entendrais une personne « vivante ». D'autres fois, je perçois, à travers ma peau. Des ondes sonores semblent filtrer à travers.

Et mes émotions, à moi, le médium ? Et ce que je ressens ? Mes émotions bouillonnent et fermentent. Ma sensibilité m'empêche de rester passive et neutre. Je sens la tristesse et la douleur, et un chagrin d'une insondable profondeur. Mais je suis heureuse et je ris beaucoup. Il m'est impossible de ne pas rire, car je ressens toujours une joie indicible.

Je dialogue avec une infinité d'êtres du monde des esprits, appartenant à différentes races. Contrairement à ce qui se passe ici-bas, il n'existe pas entre eux de problèmes de langues, de barrières de communication. Mon travail est extrêmement varié. J'ai collaboré avec la police, avec des prêtres et des ministres du culte, avec des riches et des pauvres, avec des personnes célèbres et de parfaits inconnus. Mais en réalité, tous sont connus. Ils sont tous connus, parce que Dieu voit tout. Il voit les vivants.

Et ce que j'accomplis m'apporte une joie immense, à moi, le médium. Car je comprends, véritablement, qu'il nous connaît tous. Que nous sommes tous les « enfants de Dieu ».

3

RECUEIL DE CAS

Mon travail de médium me fait comprendre qu'en bien des cas, ce sont les menus détails qui nous apportent le plus de preuves de la vie après la mort. Je parle de ces éléments différenciant la vie d'une personne de celle de son voisin, qui fournissent une preuve éclatante de la survie aux amis et aux êtres chers.

Les dix histoires qui composent ce recueil de cas sont des exemples de la manière – parfois complexe, parfois simple, mais toujours d'une intelligence extrême – dont ceux du monde des esprits nous montrent qu'ils sont *vivants.*

Lorsque j'ai entamé mon travail de médium, j'ai cherché toutes les raisons susceptibles de mettre en question la spiritualité. Je n'ai jamais douté de l'existence de Dieu, ni de celle d'un autre monde. Un monde dont, je le savais, je ferais un jour partie. Mais j'ai douté de moi et de ma faculté d'entrer en contact avec ceux qui étaient déjà passés dans cet autre monde. En toute honnêteté, je ne puis certifier qu'au début de mon développement, je n'ai jamais envisagé la possibilité de lire les pensées. Car je le faisais !

Dans notre quête de la vérité sur la vie après la mort, ou la vie après la vie, nous devons établir le distinguo entre le réel et l'irréel. Nous devons être capables de discerner les informations justes de celles qui ne le sont pas.

Ces histoires ne laissent planer aucun doute.

« Bébés Guimauves »

M. Dearest attendait patiemment le début de sa consultation. Quelques secondes ont suffi pour que m'apparaisse un homme du monde des esprits d'une soixantaine d'années, qui mesurait environ 1,90 mètre et qui était doté d'un léger embonpoint. Il m'a dit qu'il s'appelait Alfred et qu'il était le père de M. Dearest. Avec l'aide d'Aigle Gris, il m'a appris qu'il était mort d'une crise cardiaque. Le caractère subit de son décès s'expliquait par les problèmes cardiaques dont il souffrait depuis plusieurs années. Comme M. Dearest était très proche de son père, cette information l'a mis en joie. Mais alors que je trouvais que tout se déroulait bien, Alfred m'a chargée d'un message tellement bizarre pour son fils que j'ai cru avoir mal entendu.

J'ai demandé à Alfred de me le répéter, ce qu'il a fait en riant. J'ai regardé Aigle Gris, puis me suis écriée :

— Alfred, je ne peux pas dire ça, votre fils va me prendre pour une zinzin !

— Pas du tout. Répétez-lui simplement ce que je vous ai dit.

J'ai de nouveau regardé Aigle Gris. D'un hochement de tête et d'un sourire, il m'a confirmé que j'avais bien entendu. Je suis revenue à Alfred. « Vous êtes sûr ? » Il a ri. « Dites-lui, un point c'est tout. » Je me suis donc exécutée. M. Dearest a écouté attentivement le message : « Bébés Guimauves. » Il a failli tomber de sa chaise de stupéfaction. Le message de son père ne pouvait être plus simple, plus clair... ni plus efficace.

A la fin de la séance, M. Dearest m'a expliqué la signification de cette expression. Dans son enfance, son père, Alfred, l'emmenait partout avec lui. Il avait toujours dans sa poche un paquet de « Bébés Guimauves ». Alfred les adorait. En grandissant, mon patient s'était aussi pris de passion pour ces bonbons, si bien qu'à partir de l'adolescence, il ne se déplaçait jamais sans en avoir un paquet sur lui. « Regardez », m'a dit M. Dearest en sortant un paquet de bonbons de sa poche. Et il m'a offert un « Bébé Guimauve » !

Martha

De nombreuses histoires pourraient vous montrer qu'un médium ne lit pas les pensées, mais qu'il utilise une communication télépathique du même ordre, qui lui sert à établir une passerelle entre notre monde et celui des esprits. J'en relaterai une seule, qui concerne un jeune homme approchant de la trentaine que j'appellerai Colin.

Colin était venu me voir car il désirait entrer en contact avec sa petite amie, morte tragiquement dans un accident de voiture à l'âge de 23 ans. Colin et elle avaient l'intention de se marier. Il n'était pas sûr de croire en la vie après la mort, mais il avait le sentiment qu'il ne trouverait pas le repos tant qu'il n'aurait pas offert à sa petite amie une occasion de communiquer avec lui... dans la mesure, bien entendu, où elle avait survécu. Colin s'était dit que « si » la survie après la mort existait, il en obtiendrait la preuve à sa manière.

Les choses ne se sont néanmoins pas du tout passées comme il l'espérait ou comme il l'avait envisagé. A dire vrai, je ne pense pas qu'il ait jamais pensé que la preuve qu'il cherchait pouvait lui être fournie d'une toute autre façon.

Ma visiteuse a fait son apparition, sans se faire prier et sans la moindre hésitation. C'était une dame séduisante, vêtue d'une longue robe grise et d'un chapeau de paille entouré d'un ruban noir. Elle portait un petit livre à la main. Elle s'est adressée à moi d'une voix claire : « Je m'appelle Martha et je suis une parente de la mère de Colin. » Comme j'entendais tout nettement, j'ai tout de suite transmis ce message à Colin.

Imaginez ma surprise lorsqu'il m'a répondu d'une voix incrédule : « Je ne connais aucune personne correspondant à votre description. En fait, j'ai l'absolue certitude qu'il n'y a jamais eu la moindre Martha dans notre famille. Et encore moins une femme portant une longue robe grise et un canotier. » Je suis revenue à Martha, qui s'est contentée d'accueillir les commentaires de Colin d'un sourire entendu et patient. « Répétez-lui mon message, m'a-t-elle dit, et ne vous inquiétez pas s'il ne comprend pas. Il doit apprendre. » J'ai donc fait ce qu'elle me demandait, mais Colin m'a soutenu que si une telle femme avait fait partie de sa famille, il l'aurait su.

L'apparition de Martha le décevait manifestement beaucoup, car il s'était mis dans la tête que s'il devait entrer en contact avec quelqu'un de l'autre monde, ce serait avec sa fiancée. Colin était à présent persuadé que j'étais un charlatan, et j'ai eu beaucoup de mal à lui faire comprendre que nous ne connaissons pas toujours les êtres du monde des esprits qui viennent nous parler. Peu à peu, ses certitudes et son étonnement se sont transformés en stupéfaction, au fur et à mesure que je lui faisais part des autres messages. Martha s'est montrée particulièrement claire à propos de la mère de Colin et de sa famille. Les preuves qu'elle fournissait étaient si frappantes qu'il a dû se rendre à l'évidence : elle connaissait bien sa famille.

Nous en sommes venus à parler du métier de Colin. En pouffant, Martha m'a dit : « Dites-lui que je le trouve très élégant en uniforme. » Avant que j'aie le temps de répéter son message, elle m'a montré une photographie de Colin en uniforme de la Marine, coiffé d'un chapeau bizarre. Pauvre Colin ! Tous ces renseignements l'ont abasourdi. Il comprenait tout ce que lui disait Martha. Les détails étaient si justes qu'il ne pouvait les nier. Il a voulu savoir comment cela fonctionnait, comment moi, une inconnue, je pouvais lui fournir des informations si précises sur lui et sur ses proches.

A la fin de la consultation, il a éteint le magnétophone et c'est seulement là qu'il m'a confié, presque en larmes, qu'il n'était venu me consulter que pour entrer en contact avec sa petite amie. Je n'ai pu lui donner qu'une réponse : ce n'était pas moi, le médium, qui décidais de mes interlocuteurs. J'ai aussi essayé de lui faire comprendre qu'il avait obtenu la preuve qu'il recherchait.

Il s'est un peu fâché et m'a répliqué fermement qu'il était mieux placé que moi pour savoir qu'il avait davantage besoin de communiquer avec sa petite amie qu'avec une femme dont il n'avait jamais entendu parler, de l'existence de laquelle il doutait d'ailleurs. Je n'étais pas très à l'aise non plus lorsqu'il m'a quittée, car je le sentais blessé et déçu. « Serais-je passée à côté d'un détail qui aurait néanmoins de l'importance ? » ai-je demandé à Aigle Gris. Il m'a affirmé le contraire et m'a assurée que tout se terminerait pour le mieux, mais je n'étais toujours pas satisfaite. J'aurais dû avoir davantage confiance.

Quelques heures après le départ de Colin, mon téléphone a sonné. C'était lui. « Rosemary, il faut absolument que je vous voie. C'est très important. » Après m'avoir quittée, il s'était rendu chez ses parents et leur avait fait écouter l'enregistrement de la séance. Sa mère, tremblante d'émotion, était montée à l'étage quatre à quatre. Quelques instants plus tard, elle était redescendue avec un vieil album de photos. Le cœur battant la chamade, Colin l'avait regardée feuilleter l'album. L'air triomphant, elle lui avait montré un cliché. Colin avait à peine osé le regarder. La vieille photographie jaunie représentait une femme souriante, petite et bien en chair, vêtue d'une longue robe grise et d'un canotier de paille entouré d'un ruban noir. Les larmes aux yeux, la mère de Colin lui avait dit : « C'est ma grand-mère, Colin. Elle est morte avant ta naissance et c'est vrai, elle s'appelait Martha. »

Si Colin avait obtenu des preuves de la manière dont sa petite amie était morte et de sa survie, je suis sûre qu'il aurait éprouvé une immense joie. Malheureusement, le Thomas incrédule qu'il était aurait pu conclure que cette autre preuve qui lui était fournie n'était rien d'autre qu'une transmission de pensée. Son arrière-grand-mère, Martha, avait fait une apparition inopinée, décidée à prouver, de manière indubitable, qu'il existe une vie après la vie.

Elizabeth

L'histoire de Colin vous incite peut-être à penser que tous ceux qui souhaitent établir un contact par le biais d'un médium y parviennent aussi facilement que l'a fait son arrière-grand-mère. C'est souvent le cas. Mais d'autres ont à lutter énormément, comme le montre l'histoire suivante.

Nous étions en 1982. Désormais seule, je me battais pour survivre. Mon mari m'avait laissée démunie financièrement, couverte de dettes qui s'élevaient à plusieurs milliers de livres et avec une maison que je n'avais pas les moyens d'entretenir. Je comptais mes gains au shilling près. J'avais désespérément besoin d'argent liquide. Il est agréable de penser que la richesse spirituelle est la chose qui compte le plus dans la vie, mais cela n'est malheureusement pas le cas. Nous vivons dans un monde matérialiste dans lequel il nous faut, bon an mal an, gagner de l'argent pour payer nos factures, nous nourrir, nous vêtir.

Mick, au courant de ma désastreuse situation financière, a trouvé un moyen pour remplir un peu mes poches. Il a convié un groupe de dix personnes à ce qu'il appelait une « réunion de clairvoyance ». Il ne m'en a fait part qu'après l'avoir organisée. J'ai commencé par refuser d'y participer. Mais lorsqu'il m'a appris que je recevrais un petit cachet… j'étais fichue. J'avais besoin de cet argent.

Cette « réception » s'est tenue dans la maison d'Elizabeth. J'étais une vraie boule de nerfs. La perspective de travailler ainsi, de ne disposer que d'un quart d'heure pour chaque personne, ne me plaisait pas du tout. Mick m'avait accompagnée. Il a suggéré que nous prononcions une prière avant de commencer. Nous nous sommes pris par la main. Pendant que Mick priait, tout le monde a baissé la tête – à une exception près : moi. J'ai profité de ce moment de recueillement pour étudier celles qui allaient peut-être devenir mes clientes.

C'est alors que j'ai eu une vision : des guirlandes de minuscules boutons de rose sont apparues tout autour de la pièce, accrochées aux murs en longs anneaux. Ce n'était pas la première fois qu'Aigle Gris m'apportait ce genre de soutien et d'encouragement. Je me souviens par exemple d'une occasion où j'étais fort malheureuse du décès de l'une de mes patientes, Margaret, morte d'un cancer. Je regrettais de ne pas avoir fait davantage de choses pour elle, tout en ignorant ce que j'aurais pu faire. Alors que j'y songeais un jour, j'ai pris conscience d'une lumière éclatante qui brillait sur ma gauche. En regardant dans cette direction, un tableau enchanteur m'était apparu : des myriades de pensées, ces fleurs adorables, dont les pétales portent des petits traits qui les font ressembler à des visages. Elles ployaient sous la brise et j'avais l'impression qu'elles me souriaient gaiement. J'avais été tout de suite rassurée, comprenant sur-le-champ que mon guide m'avait envoyé cette vision afin de me faire savoir que Margaret était heureuse et vivante. En effet, les pensées étaient ses fleurs préférées.

Revenons à l'apparition de ces boutons de roses. Là encore, je me suis tout de suite sentie rassurée et apaisée. Aigle Gris avait trouvé une bien jolie manière de me faire savoir qu'il m'accompagnait. Je n'ai jamais imaginé que ce cadeau fleuri pouvait m'avoir été offert dans un autre but. En dépit des appréhensions et des doutes que m'inspirait cette soirée, elle s'est bien déroulée. Une à une, les dames se sont présentées pour leurs consultations, qui ont toutes été couronnées de succès.

J'ai toujours grand plaisir à établir ce genre de liens. Je ne me lasse pas d'écouter les preuves que me fournissent ceux du monde des esprits, non seulement de la vie après la mort, mais de leur intérêt pour ceux qu'ils ont laissés derrière eux. Soutien et conseils sont apportés dans bien des domaines, même les plus triviaux. Ces avis, souvent perspicaces, s'appliquent aussi bien à la profession, à la santé, aux enfants, qu'à l'éducation ou aux affaires de cœur. Ils sont d'autant plus précieux qu'ils nous viennent d'êtres beaucoup plus lucides que nous autres, trop souvent aveuglés par nos émotions. Ceux de l'autre monde sont également capables de voir plus loin que nous, ce qui leur permet de nous aider et de nous orienter à propos de l'avenir. Une partie de mon plaisir provient du fait que je suis en mesure de remettre des êtres sur le bon chemin ou que je vois poindre la lumière dans leur esprit, lorsqu'ils réalisent qu'aucun de nous n'est seul et totalement démuni. Même lorsque les perspectives d'avenir sont sombres, ceux du monde des esprits peuvent nous venir en aide en nous faisant comprendre que les choses finiront par s'éclaircir.

La dernière de mes consultations, ce soir-là, concernait mon hôtesse, Elizabeth. Sentant sa nervosité, je me suis mise rapidement à l'œuvre. Aigle Gris m'avait déjà appris tout ce que j'avais besoin de savoir sur elle. Comme toujours, j'avais commencé par m'entretenir avec lui. Sans même poser les yeux sur Elizabeth, je lui ai donc demandé : « Qu'est-ce que c'est que ces bêtises à propos des rats ? » Je ne crois pas avoir jamais vu expression plus stupéfaite que la sienne. J'ai répété : « Les rats. Vous faites des cauchemars absolument épouvantables dans lesquels il y a des rats, non ? » Interloquée, Elizabeth a acquiescé de la tête. De grosses larmes ont commencé à couler sur ses joues. Je lui ai tapoté la main. « Vous voulez bien que j'essaie de vous aider ? » Elle a de nouveau acquiescé, mais en ajoutant dans un murmure :

— Mais comment faites-vous ? Comment pouvez-vous être au courant de mes rêves ?

— Un médium est quelqu'un qui est tout simplement capable de parler aux morts, lui ai-je expliqué. Je suis au courant de vos rêves parce que mon guide, Aigle Gris, me parle de vous depuis que vous êtes entrée dans la pièce. On va continuer pour voir si je peux découvrir la signification de vos cauchemars.

Quelques jours plus tard, Elizabeth m'a appelée et nous avons pris rendez-vous.

— J'aimerais une véritable consultation, m'a-t-elle dit. La dernière fois, votre guide m'a parlé. Je souhaite que vous entriez en contact avec ma mère.

J'ai besoin de savoir, d'abord si elle a survécu à la mort, et ensuite si elle va bien.

— Je ne peux pas vous garantir que je serai en mesure d'établir le contact avec elle, ni qu'elle voudra me parler. En revanche, je vous assure que je vais essayer. Le reste est de son ressort.

Les choses étant claires, Elizabeth est venue au rendez-vous. J'ai réussi à établir plusieurs communications, mais pas celle avec sa mère, qui lui importait tant. Elizabeth était déçue. Décidée à faire une autre tentative, elle a pris un autre rendez-vous. Quatre consultations, quatre essais et quatre déceptions plus tard, je n'étais toujours pas arrivée à établir un lien avec la personne qu'Elizabeth avait besoin d'entendre. « Ça ne va pas, ai-je soupiré à contrecœur, car j'avais du mal à accepter mon échec. Je crains fort de ne pas arriver à établir la bonne longueur d'ondes. Il vaudrait peut-être mieux que vous consultiez un autre médium. Il est possible que votre mère parvienne plus facilement à communiquer par le biais de quelqu'un d'autre. »

En larmes, Elizabeth a hoché la tête et a tenté de me dire que cela n'avait pas d'importance. Sans doute essayait-elle de s'en convaincre par la même occasion. J'ai préparé un thé et nous sommes restées un moment silencieuses. Puis, j'ai essayé de l'égayer. « Voyons, ce n'est pas la fin du monde. Comment va Kathie ? Parlez-moi un peu d'elle. » Kathie était sa fille handicapée. Son visage s'est tout de suite éclairé. Elle m'a raconté que Kathie venait d'être admise dans une école spécialisée et qu'elle s'en sortait très bien. Je l'écoutais tout en sirotant mon thé. Subitement, j'ai pris conscience qu'une femme souriante écoutait aussi Elizabeth en acquiesçant de la tête. Elle se tenait à côté de sa chaise. Je l'ai entendue dire : « Bonjour, je m'appelle Doris Rose. Je suis la mère d'Elizabeth. Ça fait des siècles que j'essaie de vous contacter. »

Sans réfléchir, j'ai coupé la parole à Elizabeth pour lui répéter ce que je venais d'entendre. La tasse de thé qu'elle tenait dans sa main lui a échappé et son visage s'est illuminé. Hochant la tête, elle a bégayé : « C'est ça, c'est ça, c'est le prénom de ma mère ! Mon nom de jeune fille est Rose, Elizabeth Rose, et ma mère s'appelait Doris Rose. »

Doris Rose nous a raconté bien des choses qui ont permis à sa fille d'avoir la preuve de la survie après la mort. Elle nous a parlé de son cancer et de la bataille qu'elle avait menée contre lui, de l'espoir passager qu'elle avait nourri de l'avoir vaincu, de sa rechute et de sa mort rapide. Doris a décrit comment, au moment de sa mort, Elizabeth, assise sur son lit, lui avait tenu la main. Elle a précisé que le dernier geste de sa fille avait été de lui essuyer le visage pour sécher ses larmes.

Lorsque je lui ai demandé pourquoi il m'avait fallu tellement de temps et un si grand nombre de tentatives pour établir le contact avec elle, elle m'a expliqué que sa nervosité avait constitué un obstacle. « Chaque fois, m'a-t-elle dit, j'avais la frousse et je me rétractais. J'espère que vous me le pardonnez et que vous voulez bien m'en excuser. » Cela allait de soi. Doris m'a alors raconté qu'elle était là la première fois que sa fille m'avait demandé de prendre contact avec elle. « Mon nom de famille est Rose et ma fleur préférée est la rose. Elizabeth sait que j'adore surtout les boutons de roses, comme ceux que vous avez vus lorsque vous étiez chez elle. Aigle Gris avait mis des guirlandes tout autour de la pièce pour moi, et j'espérais que vous alliez en parler à Elizabeth. » Les guirlandes de fleurs que j'avais vues chez sa fille ! Ce tableau splendide, dont je n'avais malheureusement pas compris la signification. Un petit détail, en apparence sans conséquence. J'étais passée à côté. Je n'avais pas vu Doris Rose.

Dieu merci, Doris et sa fille avaient persévéré. Dieu merci, elles n'avaient pas abandonné leurs tentatives. « Si vous lui en aviez fait part, je suis persuadée que ma fille en aurait saisi la signification et aurait compris que j'étais là, a poursuivi Doris. Vous devriez peut-être lui dire que je serai toujours là quand elle aura besoin de moi. Toujours. »

La première fois qu'ils prennent contact avec un médium, la plupart des gens sont nerveux, voire effrayés. Ils ne savent à quoi s'attendre, ils ont peur de l'inconnu. Peur partagée par de nombreux êtres du monde des esprits. Et si je n'arrive pas à les entendre ? Et si j'interprète mal ce qu'ils me disent ? Cette peur est comparable à celle que l'on ressent quand on passe un examen.

Heureusement, Doris Rose a vaincu sa fébrilité, sa crainte de ne pas être entendue. Merci aussi aux nombreuses personnes du monde des esprits qui l'ont aidée, et d'autres comme elle, à franchir la barrière et à établir le contact.

Suicides

La peur est un phénomène intangible, une émotion illusoire et insidieuse capable d'occasionner dégâts et destruction si on la laisse se développer. Nous avons pour la plupart plus ou moins peur de la mort : n'est-elle pas considérée comme le grand « inconnu » ? Cela n'empêche pas nombre d'entre nous d'avoir également peur de la vie, de l'échec, de la compétition avec nos semblables, peur aussi d'effectuer le pas qui nous fera prendre le virage et affronter « l'inconnu ».

Au cours de mon existence, j'ai traversé des périodes où j'avais peur de vivre et peur de mourir, et c'est ma connaissance du monde des esprits et des rouages de l'univers qui me donne l'audace d'exister, le courage d'être moi-même avec sérénité, la capacité d'aller de l'avant, à la rencontre des nombreux défis que la vie nous apporte.

Les anciens, les grands-pères, les Indiens d'Amérique croyaient que chaque individu détient en lui le pouvoir de l'univers et qu'il peut choisir d'en faire ce qu'il veut. Comme leurs homologues d'autres cultures, ils avaient une compréhension du monde des esprits et de tout ce que l'univers englobe. Cette connaissance leur permettait de vivre une existence éclairée, de la prendre, tout comme la mort, telle qu'elle leur venait, avec joie et fierté. Il y a dans *Hanta Yo !*, le livre de Rube Beebe Hill sur les Indiens d'Amérique, une expression qui résume parfaitement mon propos : « Une spiritualité normale et constante. »

L'un des objectifs de mon travail de médium consiste à instruire ceux d'entre vous qui aimeraient apprendre, de la même manière que j'ai reçu cet enseignement, à vous faire davantage comprendre que la vie est une grande aventure, un processus d'apprentissage, qui nous aide à grandir si nous la prenons à bras le corps. Ce développement peut nous permettre de découvrir notre moi spirituel et de savoir exactement qui nous sommes. Nous devons tous franchir la porte de la mort. C'est ce moi spirituel qui, s'étant dépouillé du corps physique, nous permet de poursuivre notre vie, tout en continuant à grandir et à apprendre.

J'ai la chance d'être née avec une conscience innée du monde des esprits. Je vis sur le plan terrestre, mais je fais partie de l'univers, et le savoir m'a permis à de nombreuses reprises d'affronter mes peurs et de les résoudre. Cela a rendu ma vie plus pleine et plus satisfaisante. J'admets volontiers qu'il m'est impossible d'affirmer que je serai capable de franchir la porte en hâte au moment de ma mort car, aujourd'hui encore, la perspective de laisser derrière moi mes amis et ma famille, et surtout ma fille, m'attriste. Je suis certaine que le voyage qui m'attend me procurera une appréhension, mais je sais aussi qu'un instant me suffira pour voir la lumière qui m'indiquera la voie à suivre. Je sais également qu'ici-bas, j'avance sur une route qui peut être éclairée si je prends la peine de bien regarder. Cette certitude efface ma peur de vivre.

Malheureusement, ceux dont je vais vous raconter les histoires ne le comprenaient pas. Ils n'étaient pas éveillés aux joies de la vie, au don si précieux qu'est la vie. Aveuglément, le cœur empli de crainte, ils ont donc cheminé sur cette terre dans les ténèbres et la solitude. Ces personnes ont choisi d'anéantir leur propre vie. Il n'est pas facile de parler du suicide, puisqu'il s'agit d'une mort que l'on se donne soi-même. Une personne utilise son libre arbitre pour décider de mettre fin à ses jours. Mais en vérité, et les auteurs de cet acte le découvrent trop tard, la vie continue. Certains, appartenant au monde religieux et juridique, estiment que le suicide est un crime abominable. Je sais qu'une partie de mes lecteurs partage cette opinion. Affirmer qu'il s'agit ou non d'un crime revient à être juge et jury. Je laisserai donc le soin à Dieu de juger et me contenterai de raconter ces histoires, qui sont toutes véridiques. Simplement, je changerai les noms de ces personnes, afin de ne pas infliger de souffrances supplémentaires aux familles concernées.

*

La dame qui était venue me consulter était assise face à moi et attendait le début de la séance. Elle avait l'air d'avoir une trentaine d'années, mais j'ai découvert par la suite qu'elle en avait dix de plus. En dépit du chagrin lisible sur son visage et de son regard empli de désarroi, elle restait très séduisante. Il était clair qu'elle était désespérée.

Deux semaines auparavant, l'une de ses amies m'avait appelée pour me supplier de lui accorder immédiatement un rendez-vous. J'avais commencé par lui répondre : « Je suis navrée, mais j'ai une liste d'attente d'au moins six mois. » Aigle Gris m'avait alors soufflé une autre réponse : « Il y a urgence, m'avait-il dit. Vous ne pouvez pas lui trouver une petite place ? » J'avais donc feuilleté mon agenda de plus près et trouvé un après-midi libre : le premier depuis des semaines !

La dame en question (nous l'appellerons Mme Jones) était donc venue en compagnie de son amie. Pas besoin d'être médium pour comprendre que quelqu'un est bouleversé, même si cette personne essaie bravement de le cacher. Je m'en suis donc aperçue dès que je l'ai fait entrer dans mon bureau.

Parfois, le travail de médium est très éprouvant. Il m'arrive donc, lorsque je me sens lasse, de demander à Aigle Gris, avant une consultation, s'il ne pourrait pas faire en sorte qu'elle se passe facilement. S'il m'aide toujours et s'il m'est impossible de parvenir à rien sans son soutien, il ne possède pas de baguette magique. En aurait-il une qu'il ne s'en servirait pas. Il est impossible de « forcer » quelqu'un qui est passé de l'autre côté à communiquer. Il ne peut le faire que de son propre gré. Je n'ai encore jamais vu personne capable de « faire lever les morts » et je n'aurai jamais recours au moindre subterfuge pour forcer un esprit à communiquer avec moi. Tout ce que peut faire un médium, c'est espérer, attendre et être patient.

J'ai rarement réussi à établir facilement le contact avec un suicidé. Ceux qui se sont supprimés à qui j'ai parlé ont une chose en commun : une immense répugnance à accomplir le premier pas nécessaire pour établir la communication. Une répugnance issue de la peur. Peur d'être rejeté par ceux qu'ils aiment, qu'ils ont laissés derrière eux et qui doivent affronter la souffrance de vivre.

Ce jour-là, quelques minutes m'ont suffi pour prendre conscience d'une forte présence dans la pièce. Mais je n'ai réussi ni à voir ni à entendre quoi que ce soit me permettant d'établir le contact. J'ai attendu patiemment, sans cesser de répéter : « Où êtes-vous ? Pouvez-vous me parler ? » En vain.

Ceux qui se sont suicidés ont souvent besoin d'être dorlotés et encouragés. Je m'efforce donc toujours de leur manifester mon intérêt et mon affection. Mon truc consiste à ne jamais perdre patience, à rester aimable, afin d'obtenir peu à peu la confiance de la personne du monde des esprits, dans l'attente de communiquer. Je ne dois jamais oublier non plus que la nervosité de celui ou celle qui est venu me consulter risque d'empirer.

Mme Jones ne faisait pas exception à la règle. Les minutes passant, son agitation n'a cessé de croître. Je lui ai tapoté gentiment la main en lui adressant un sourire de réconfort. « Patience, lui ai-je dit. Essayez de vous détendre et faites-moi confiance. » Nous n'étions pourtant pas au bout de notre attente et c'est seulement une demi-heure plus tard – une éternité pour Mme Jones – que je l'ai vu. C'était un jeune homme très mince, pas très grand, dont j'ai estimé l'âge à environ 18 ans. En fait, il en avait 20. Au début, il était d'une extrême nervosité, craignant d'être rejeté et de gâcher la consultation. Je lui ai fait comprendre que nous n'étions pas pressés, qu'il disposait d'autant de temps qu'il lui serait nécessaire. Lentement, prudemment, avec l'aide d'Aigle Gris, j'ai réussi à instaurer un vrai contact entre nous. Le lien s'est renforcé et j'ai enfin entendu sa voix. Faible au début, elle s'est éclaircie au fur et à mesure qu'il prenait confiance.

« Je m'appelle Ricky », m'a-t-il dit. Il a désigné ma cliente : « C'est ma mère. » Il a alors éclaté en sanglots, soulagé d'avoir enfin pu franchir la barrière séparant nos deux mondes. Quand il s'est calmé, il a pu s'exprimer. Peu à peu, il a vaincu sa répugnance et je me suis aperçue que c'était quelqu'un de direct, doté d'une forte personnalité.

La plupart de ceux qui établissent le contact pour la première fois par l'intermédiaire d'un médium éprouvent le besoin d'évoquer leurs dernières expériences sur terre. Des souvenirs qui, bien entendu, comprennent le pourquoi et le comment de leur trépas. Ricky était comme les autres, et il m'a vite donné tous les détails.

Lorsque je communique avec eux, c'est comme si je me trouvais devant un gros poste de télévision. Comme dans un film amateur, ils me transmettent les informations par le biais de paroles et d'images. Tandis que je prends minutieusement note de ma « vision », du film que je regarde, l'esprit avec lequel je communique m'en fait son propre récit. Parfois, je vois une image, une « photo » de lui jeune. Parfois j'entends plusieurs voix. De nombreuses personnes, membres de sa famille ou amis, veulent se faire entendre. Ou alors une seule voix intervient. C'était le cas avec Ricky.

Il a commencé par me décrire un appentis de jardin qui se dressait depuis des années sur le terrain de sa maison de famille. La maison elle-même, ancienne, était construite en briques. A la manière dont Ricky l'évoquait, j'ai compris que, comme sa mère, il adorait cette bâtisse. Il m'a parlé des arbres qui l'entouraient et m'a dit qu'en hiver, le vent qui sifflait et grinçait dans leurs branches en faisait un endroit qui donnait le frisson.

Les personnes qui se sont suicidées ont souvent du mal à expliquer comment elles s'y sont prises, car elles ignorent encore, la plupart du temps, la raison de leur geste. Le suicide ne résout rien, même lorsque l'on est malade, car les problèmes que nous rencontrons dans notre vie quotidienne sont des obstacles que nous devons franchir. Quoi que nous fassions, qui que nous soyons, que nous nous trouvions de ce côté ou de l'autre, ces problèmes se dresseront devant nous. C'est notre manière de les affronter, notre état d'esprit, qui détermine la taille de ces obstacles ou leur caractère plus ou moins insurmontable. La mort ne nous change pas et Aigle Gris m'affirme que nos problèmes nous accompagnent.

Nous devrions tous essayer de réfléchir de façon positive. Notre vie sur terre a un but : apprendre, faire le plus de découvertes possible sur la véritable nature de notre esprit et sur l'importance de notre moi spirituel. Ricky aurait dû le réaliser et comprendre que sa bataille serait d'autant plus difficile qu'il avait infligé une peine terrible à sa famille par son acte. Au fur et à mesure, je transmettais à sa mère tout ce que Ricky me disait. Elle écoutait, en pleurs. Elle hochait la tête sans rien dire pour m'indiquer qu'elle me comprenait, mais son chagrin l'empêchait de réagir davantage. J'ai écouté tranquillement Ricky me décrire sa maison. Je lui ai fait savoir qu'il pouvait me dire et faire ce qu'il voulait, même si cela impliquait de répéter dix fois les choses pour s'assurer que nous avions compris.

Chaque fois que ce jeune homme mentionnait l'appentis de jardin, il s'agitait et je me suis vite doutée que cet endroit avait joué un rôle dans sa mort. J'ai ramené en douceur ses pensées à l'appentis, dans l'espoir qu'il m'en dirait davantage, ce qu'il a fini par faire. Il a procédé au récit de la journée – sa dernière de ce côté – où il avait décidé de passer à l'acte. Depuis des années, il se heurtait à son père. Il leur suffisait de se regarder pour s'agresser mutuellement. Le jour en question, son père et lui s'étaient pris de bec, comme à l'accoutumée. A la suite de quoi, pour une raison que lui seul connaissait, Ricky avait pris la carabine de chasse de son père et était allé dans l'appentis de jardin. Après être resté assis à contempler les poutres du toit et à écouter le vent siffler dans les arbres, il avait porté l'arme à sa tempe et appuyé sur la gâchette. On n'avait découvert son corps que des heures plus tard. La police avait fait une enquête, car sa mort paraissait louche.

Son décès avait causé un chagrin insoutenable à sa famille, qui ne s'était pas apaisé. Ils étaient torturés par un affreux sentiment de culpabilité, que rien ne pourra jamais alléger. Celui qui n'a pas connu pareille tragédie aura sans doute du mal à imaginer l'atmosphère pesante qui régnait dans mon petit bureau. J'avais répété, presque mot pour mot, le récit que m'avait fait Ricky, dont la mère sanglotait à présent éperdument. Une mère a beaucoup de mal à affronter le fait que son propre fils fût malheureux au point d'en arriver à se supprimer. Mme Jones ne parvenait pas à comprendre pourquoi, et je crois qu'elle ne le comprendra jamais. Son fils était incapable de l'aider, car il ne comprenait pas non plus les raisons de son geste.

Mon travail consistait maintenant à aider ce jeune homme à prouver à sa mère qu'il avait survécu et que, malgré tout, il allait bien. « Bon, lui ai-je dit, sachant qu'il était branché sur chacune de mes pensées, qu'il les comprenait et pouvait y répondre, parlez-moi de vous, de vos goûts, des choses dont vous vous souvenez de votre passage sur terre. » J'ai vite appris que Ricky s'intéressait beaucoup à la mode. Les vêtements avaient beaucoup d'importance à ses yeux. C'est la paire de chaussures qu'il avait achetée une semaine avant sa mort et qu'il m'a décrite avec précision qui a fourni à sa mère la preuve indubitable qu'il était encore en vie. Des chaussures très particulières, en raison de leur couleur très pâle, que Ricky trouvait splendides. Ce détail a éclairé le visage de Mme Jones, jusque-là douloureux, d'un sourire larmoyant. Très vite, elle s'est mise à rire de la description que faisait Ricky de ses excentricités. Détendu, beaucoup plus confiant, Ricky a alors pu me confier beaucoup de choses sur lui et sa famille.

Il ne m'a pas dit que son suicide était une erreur. J'ai perçu ses remords, l'inquiétude que lui inspirait sa famille, et j'ai compris que son évolution, le développement de son âme, allaient être entravés tant qu'il n'accepterait pas son geste. Mais je sais aussi que nombreux sont ceux, dans le monde des esprits, désireux de l'aider à vaincre ses difficultés et que, lorsqu'il sera prêt à recevoir leur aide, il lui suffira de la leur demander.

J'aimerais bien conclure cette histoire par une note d'optimisme, mais c'est malheureusement impossible. Mme Jones est souvent revenue me consulter. Elle sait que son fils est vivant, mais la tristesse ne l'a pas quittée. Elle et son mari vivent dans l'obscurité car la lumière s'est éteinte dans leurs vies. De temps en temps, cette lumière est cependant ranimée, lorsqu'ils se souviennent du fils qu'ils aimaient, qu'ils ont perdu mais qui vit toujours ailleurs. Ce sont des détails triviaux, apparemment sans importance, qui ont montré à Mme Jones que son fils est toujours vivant. Sa lumière brille toujours dans un autre monde et elle sait qu'un jour, elle le retrouvera.

Affronter la mort

Comme Ricky, Peter avait mis fin à ses jours. En lui parlant, j'ai compris qu'il portait un intérêt sordide à la mort. Chaque fois que l'occasion lui en était offerte, il essayait d'en discuter avec ses amis et sa famille, car il voulait savoir ce que cela faisait de mourir. Mais il obtenait toujours la même réaction : personne ne voulait aborder ce sujet. Tout le monde le faisait taire. On le trouvait bizarre, on refusait de l'écouter et on lui disait que ses préoccupations étaient malsaines.

Un jour, peu après la mort de Peter, ses parents ont décidé de trier ses affaires et de ranger sa chambre, dans l'espoir de trouver un indice, une explication, une raison à son geste. Ce qu'ils ont découvert les a stupéfiés. Ses étagères, ses armoires étaient bourrées de livres et de magazines se rapportant tous au même sujet : la mort. Ils en ont trouvé jusque sous son lit. Sa curiosité s'était transformée en une obsession qui l'avait conduit à se supprimer.

Cela s'était passé un soir. Tous les membres de sa famille étant montés se coucher, la voie était libre. Peter avait scellé toutes les fenêtres et la porte du salon à l'aide de papier collant. Puis, il avait placé des coussins par terre devant la cheminée afin d'être à l'aise. Après s'être assuré que le robinet de la chaudière à gaz était ouvert au maximum et la chaudière éteinte, il s'était allongé sur les coussins et s'était tout simplement endormi.

Au fur et à mesure que cette consultation avançait, il m'est apparu de plus en plus évident que c'était par simple curiosité que Peter s'était suicidé, emporté par ce besoin de savoir, de découvrir d'une manière ou d'une autre ce qu'était la mort. Plus il lisait sur le sujet, plus les questions sans réponse se multipliaient. Aucun membre de son entourage n'avait été en mesure de l'aider ; en fait, Peter avait même eu l'impression que personne ne voulait l'éclairer. Il était donc parvenu à la conclusion que, pour satisfaire sa curiosité, il lui fallait trouver seul la réponse. Malheureusement, mes conversations avec ce jeune homme aux idées embrouillées m'ont fait comprendre qu'il regrettait clairement son geste.

Si nous étions capables de parler plus librement, sans la craindre, de la seule chose qui soit absolument inévitable, ce jeune homme, et d'autres qui lui ressemblent, n'auraient peut-être pas développé cet intérêt morbide. Sa curiosité, parfaitement normale et saine, aurait peut-être été satisfaite. Au cours de notre vie, il nous arrive à tous d'avoir des discussions à propos des splendeurs de la nature, de nous émerveiller de la manière qu'ont toutes les choses vivantes de se reproduire et de se multiplier.

Mais personne ne nous prépare à la mort et ne semble prêt à discuter des « faits de la mort ».

En Angleterre, la loi impose que la naissance et les méthodes de contraception soient au programme des écoles. Ces thèmes sont largement débattus en famille et nous encourageons le plus souvent nos enfants à nous interroger à leur propos. En cas de panne, quand nous ne savons comment répondre à certaines des questions les plus fouillées de nos rejetons, nous avons toujours la possibilité de nous adresser à un tiers pour nous en sortir. Comment se fait-il donc que la simple mention de la mort, l'événement le plus naturel, le seul moment inévitable par lequel nous passerons tous, effraie tellement la plupart d'entre nous ? J'ai rencontré des personnes prêtes à l'évoquer à mi-voix, mais surtout pas devant leurs enfants, d'autres qui refusent purement et simplement d'en parler. Rares sont celles capables de discuter de la mort et du fait de mourir comme d'un événement naturel, surtout lorsqu'il s'agit de leur propre décès ou de celui de leurs proches.

L'un des principaux reproches des mourants, de ceux qui doivent endurer la souffrance, à la fois physique et mentale, d'une longue maladie, est ce refus de leur famille, des êtres qui leur sont les plus proches, d'aborder avec eux ce sujet. Certains de mes patients m'ont raconté le profond embarras que leur inspire l'attitude de leurs amis, qui en arrivent à les éviter. Un malade m'a dit qu'il avait l'impression d'être un pestiféré quand il marchait dans la rue, parce que les gens qui le connaissaient changeaient de trottoir ou se cachaient dans les portes cochères. « La mort n'est pas contagieuse, s'est-il plaint. Mais j'ai l'impression que la plupart de mes amis pensent le contraire et qu'ils évitent même de prononcer ce mot. »

Pourtant, chaque fois que j'ai l'occasion d'être en contact avec des malades en phase terminale, ils me posent la même question : « Qu'est-ce que la mort ? » Je ne peux alors leur faire part que de mes propres convictions. La « mort » n'est que la transition d'un monde à l'autre. Chacun à notre manière, nous avons peur de l'inconnu mais ceux qui sont sur le point de « mourir » se retrouvent contraints, par la force des circonstances, à affronter leur peur. Et ils ont besoin d'exprimer leurs sentiments. Viennent ensuite les membres de la famille de ces mourants qui, chaque soir, prient Dieu tout bas pour Lui faire part, et uniquement à Lui, des craintes abominables qui les tourmentent. N'ont-ils pas besoin d'en parler aussi ?

J'ai moi-même fait partie de ces gens-là à l'âge de 20 ans, car j'étais tombée gravement malade. A ce stade de ma vie, j'ignorais tout d'Aigle Gris et du monde des esprits, je n'avais jamais sérieusement songé à la mort ou à la vie après la mort, et je n'avais perdu aucun de mes proches. Subitement, il m'a fallu regarder en face la proximité constante de la mort. J'avais subi une très importante opération chirurgicale sans pratiquement en avoir conscience, car j'étais en trop piteux état pour voir ce qui se déroulait autour de moi. Je vivais à l'époque à Market Harborough, une petite bourgade située à environ deux heures de Londres. J'étais mariée depuis six mois. Un soir en rentrant du jardin, mon mari m'a trouvée en train de hurler de souffrance dans les toilettes.

Il a réussi, non sans mal, à me soulever et à me transporter dans notre chambre où il m'a allongée sur le lit. Après la visite du médecin, je suis restée dans un état semi-comateux, tant j'étais droguée, pendant presque une semaine. Une infirmière venait me faire des piqûres et m'administrer mes médicaments trois fois par jour. Vers la fin de la semaine, il s'est avéré que mon état empirait et, lorsque le médecin est revenu le dimanche soir, il a constaté que ma fièvre avait grimpé jusqu'à 41°. Le lundi à l'aube, on m'a transportée en urgence à l'hôpital Kettering General où, en dépit de l'heure matinale, le chirurgien m'attendait. Cet éminent praticien, un excellent médecin, a pris ma vie en charge durant les dix-huit mois suivants.

On m'a fait passer toutes sortes d'examens pendant environ une semaine, dont la plupart étaient, c'est le moins que je puisse dire, extrêmement déplaisants. Je suis restée quatre jours dans le coma après ma première opération. Je n'avais aucune conscience de la présence des médecins et des infirmières dévoués qui se relayaient à mon chevet. Je suis revenue à moi le cinquième jour. Le docteur Phillips, assis sur mon lit, me tenait la main. Il a essayé de m'expliquer ma maladie et son intervention. Les examens avaient révélé un problème au rein gauche, mais la nature de ce problème ne s'était précisée qu'au cours de l'intervention. Mon rein, souffrant d'une malformation congénitale, ne pouvait pas fonctionner normalement. Le canal reliant le rein à la rate s'était abîmé et ne servait plus à rien. Plusieurs calculs, qui s'étaient formés dans le rein, avaient essayé de passer dans la rate par ce canal inutilisable, provoquant ces souffrances insupportables. Mon chirurgien m'a expliqué qu'il avait tenté de réparer le rein. Il avait remplacé le canal abîmé par un tuyau de plastique. A l'entendre, il s'agissait d'une opération compliquée et délicate, mais qu'il espérait avoir réussie. Comme j'étais très jeune et gravement malade, je n'ai véritablement réalisé ce qui m'arrivait que plus tard, lorsque j'ai repris pleinement conscience et que j'ai été capable de réfléchir.

La peur est un drôle de phénomène, souvent indéfinissable, qui peut s'emparer de nous aux moments les plus inattendus. Pendant douze mois, j'ai vraiment su, dans ma propre chair, ce que cela signifiait d'avoir peur de la mort.

Je devais subir un traitement postopératoire qui m'obligeait à effectuer deux ou trois fois par semaine, parfois davantage, le trajet de quinze kilomètres entre Market Harborough et Kettering pour me rendre à l'hôpital. Ces allées et venues ont duré plusieurs mois. Un jour, le docteur Phillips m'a annoncé que j'étais victime d'une grave infection qu'ils n'arrivaient pas à enrayer, sans doute provoquée par le temps que j'avais passé sur la table d'opération. Il a ajouté qu'il fallait absolument m'opérer de nouveau pour éviter sa propagation.

J'étais là, assise dans son bureau, encore affaiblie par ma première opération et le traitement que je subissais. Je les regardais, lui et son assistant, dessiner des petits graphiques censés m'expliquer comment ils allaient procéder. Il m'a dit qu'il voulait m'enlever le rein gauche avant que l'infection atteigne le rein droit et qu'il fallait agir vite. Je l'écoutais m'expliquer les risques de cette intervention dans une espèce de brume, avec la sensation de ne pas être vraiment là. En résumé, il était dangereux de garder le rein. Nous n'avions pas le choix, et j'ai été de nouveau hospitalisée. J'ai affiché un visage courageux, si bien que mon attitude positive a fait croire à mon mari et à mes amis que je m'en sortirais. Intérieurement, je tremblais comme une feuille car je savais que je risquais fort de rencontrer bientôt mon Créateur ; je priais en silence, intensément, pour Lui demander son aide.

Le jour où on m'a descendue en salle d'opérations pour la deuxième fois, ma détermination s'est écroulée. Allongée sur mon lit, j'attendais d'être emportée sur un chariot, entourée par trois infirmiers. Comme on m'avait déjà administré des calmants, j'aurais dû être détendue, voire endormie. Le médecin s'est approché de moi avec une aiguille et j'ai compris que le moment était venu. Tout se serait bien passé sans l'un de ces gentils infirmiers, qui a choisi ce moment précis pour se pencher vers moi et me chuchoter à l'oreille : « Ne vous inquiétez pas, mon cœur, si vous voyez un flacon de sang au-dessus de votre tête à votre réveil. Ce sera juste parce que vous avez besoin d'être transfusée. » Je sais bien aujourd'hui que la gentillesse seule dictait ses paroles. Cet homme voulait juste m'aider, me rassurer, me préparer à ce qui m'attendait. Mais son intervention a eu un effet ahurissant.

J'ai poussé un cri affreux et j'ai essayé de sauter du lit. Mais les hommes en blouse blanche m'ont clouée au matelas. Je n'oublierai jamais la lutte qui s'est ensuivie. Je me suis battue comme une lionne. Je donnais des coups de pieds, je hurlais, j'agitais les bras dans tous les sens pour essayer de me libérer. La peur grandissait en moi comme une espèce de chose vivante, d'animal sauvage ; elle se propageait dans tout mon corps et dans mon esprit. Elle consumait toutes mes idées et tous mes sens, et me procurait une force surhumaine. A force de mordre, de donner des coups de pieds et de poings, je suis presque parvenue à me lever, mais il a bien fallu que je m'arrête un éclair de seconde pour reprendre mon souffle. Le médecin n'a pas raté cette opportunité : il s'est hâté d'enfoncer l'aiguille dans ma main et je me suis endormie.

Je n'ai pas besoin de préciser que j'ai survécu à l'opération, même si j'ai mis longtemps à guérir complètement. Des années plus tard, cette expérience me donnait encore des cauchemars. Je me réveillais en sursaut, le corps trempé de sueur, et la peur de la mort, provoquée par ces souvenirs d'une extrême précision, dressait la tête comme un serpent maléfique.

Un très vieil adage dit une chose très juste : « Un problème partagé est un problème à moitié résolu. » Je regrette de ne pas avoir su, à l'époque, que faire bonne figure n'est pas toujours une bonne chose. Je regrette de ne pas avoir compris que mon mari et ma famille avaient aussi peur que moi, car je suis sûre que j'aurais été en mesure d'affronter cette épreuve beaucoup mieux que je ne l'ai fait. L'effort exigé pour faire preuve de courage, non seulement pour soi, mais pour les autres, est démesuré, mais il se peut qu'un problème partagé soit un problème à moitié résolu.

S'il s'avère, au départ, difficile de parler ouvertement et librement des faits concernant la vie et la mort, cela n'est pas impossible lorsque l'on réfléchit correctement. Le bon sens et le réalisme nous dictent d'encourager nos enfants à poser des questions, de manière à pouvoir aborder ouvertement leur curiosité. Sans parler du fait que cela peut sauver leur vie. Beaucoup de jeunes, comme Peter, sont curieux de la mort et effrayés par la vie, et ils sont incapables de faire part de leurs sensations et de leurs pensées à quelqu'un. Le suicide leur paraît être la seule alternative. Incapables de résister à la tentation, ils essaient de se supprimer.

La prochaine fois que l'un de vos enfants vous demande : « Qu'est-ce qui se passe quand on meurt ? », ne faites pas comme si vous n'aviez rien entendu. Et n'ayez pas peur de lui dire que vous n'en avez aucune idée. Ils sont capables d'entendre cela, alors qu'ils ne supportent pas d'être ignorés. Dialoguez avec eux, mais surtout, laissez-les vous interroger.

Si nous pouvions tous nous écouter les uns les autres, je suis persuadée que nombre d'entre nous seraient soulagés de découvrir que nous sommes nombreux à partager les mêmes pensées, sentiments et peurs. Peter, par mon intermédiaire, a eu la possibilité de montrer à ses parents qu'il avait survécu à la mort. Quel dommage qu'il n'ait pas trouvé plus tôt un moyen de communiquer – alors qu'il était encore sur terre !

Accident de car

Lorsqu'une personne décide de mettre fin à ses jours, c'est bien entendu une tragédie. Mais elle a opéré un choix, le choix conscient de mourir. Ce qui est arrivé à Mme Smith dans l'histoire suivante reflète le choix de Dieu, lorsque la tragédie s'abat en plein bonheur, quand la vie est la plus douce.

Le car, plein de passagers ravis de leurs vacances, roule depuis plusieurs jours. Leur voyage est ponctué de petites étapes qui leur permettent de profiter de splendides panoramas et de faire une halte chaque soir dans un lieu différent. L'accompagnateur ne manque jamais de leur désigner au passage les sites intéressants et de leur commenter l'histoire des villes et des villages qu'ils traversent. Par cette journée ensoleillée, une atmosphère gaie règne à bord. Pas un seul des vacanciers ne soupçonne que sa vie est sur le point d'être brisée – pour certains à jamais.

Comment pourraient-ils deviner qu'avant la fin de cette journée fatidique, certains sentiront la main glaciale de la mort sur eux ? Et que d'autres seront grièvement blessés ? Pour commencer, les voyageurs entendent une explosion bruyante. Mais il est déjà trop tard pour faire quoi que ce soit. Dans un hurlement de freins, le car s'est mis à tanguer. Un de ses pneus vient d'éclater. Les passagers sont projetés dans l'allée centrale et sur les sièges. On entend des cris assourdissants, des corps meurtris volent dans les airs et atterrissent sur d'autres corps ensanglantés et brisés. Bilan de ce dramatique accident : plusieurs morts et blessés graves.

M. et Mme Smith avaient opté pour une visite guidée en autocar, car c'était à leurs yeux la meilleure manière de voyager à l'étranger. La moins onéreuse aussi. Ils formaient un couple heureux. Leur fils unique, à présent adolescent, était en âge de rester à la maison avec des parents. Comme ils n'avaient pas pris de vacances en tête à tête depuis plusieurs années, ils les attendaient avec grande impatience.

Le car finit par s'immobiliser, les hurlements par se taire. On n'entend plus que gémissements et pleurs. Des visages hébétés contemplent le chaos environnant, sans parvenir à saisir toute la portée de ce carnage. M. Smith, les idées complètement embrouillées, réussit à se relever. Il pense tout de suite à sa femme et se met à la chercher frénétiquement. Il se retourne vers l'endroit où ils étaient assis, main dans la main. Ils ignoraient qu'ils étaient en train de partager leurs derniers instants ensemble. Mary Smith est étalée sur le plancher du car, la nuque brisée. Elle a dû être projetée là et tomber sur la tête quand le car s'est retourné. Elle est morte sur le coup, sans souffrir, alors que son mari va souffrir jusqu'à la fin de sa vie de l'avoir perdue dans des circonstances si atroces.

Mary Smith s'est fait connaître dès que j'ai commencé mon travail, et je l'ai vue et entendue très clairement. Très soignée, c'était une femme de taille moyenne, avec des cheveux blonds et un sourire chaleureux. C'est elle qui m'a décrit les circonstances de l'accident et le chaos qui régnait à bord du car. Je lui ai demandé si elle souhaitait me dire autre chose. Sans hésiter, elle m'a répondu : « L'enterrement, j'aimerais vous parler de l'enterrement. » Et j'ai eu la stupéfaction de la voir pouffer de rire. « Demandez-lui, m'a-t-elle dit en désignant son mari, demandez-lui de vous parler de l'enterrement. Oh là là, le choc qu'il a eu, la frayeur ! » Elle a continué à rire lorsque je lui ai demandé : « Mais Mary, pourquoi ne m'expliquez-vous pas, ne me racontez-vous pas, ce que vous entendez par là ? »

Elle a hoché la tête sans céder : « Posez-lui juste la question, il saura de quoi je parle. »

Je me trouvais face à un dilemme, car je pouvais difficilement dire à ce pauvre M. Smith : « Votre femme rit à corps perdu à cause de son enterrement. » Impossible de transmettre cela, à ce pauvre homme, brisé et désespéré, alors qu'il attendait des paroles d'amour et de réconfort. Mais Mary ne s'est pas laissé démonter. « Dites-lui que je ris, et parlez-lui de la tête qu'il a fait, une tête incroyable, quand il a soulevé le couvercle du cercueil. Je vous en prie, a-t-elle ajouté, je sais bien que ça a l'air macabre, mais il comprendra, vous verrez. »

Avec d'infinies précautions, j'ai donc répété mot pour mot ce que Mary Smith m'avait dit, concluant par : « Je crains que votre femme n'ait un curieux sens de l'humour, parce qu'elle n'arrête pas de pouffer à propos du cercueil. » A mon immense soulagement, et pour la première fois depuis qu'il était entré dans mon bureau, M. Smith m'a adressé un sourire. « C'est bien elle, c'est ma Mary ! s'est-il écrié. Vous pouvez lui faire confiance pour trouver que c'était drôle. Elle a raison, vous savez, j'ai eu un sacré choc ! Mes cheveux se sont certainement dressés sur ma tête. Je m'étonne même qu'ils n'aient pas blanchi sur-le-champ. » Souriante, Mary acquiesçait de la tête aux commentaires de son mari. Puis elle m'a raconté le fin mot de l'histoire.

Elle n'était pas seule à avoir perdu la vie ce jour-là dans le car. Étant donné les circonstances de l'accident, il avait fallu plusieurs jours aux autorités pour rapatrier les corps. M. Smith, comme les autres survivants, était tout de suite rentré en avion, ce qui signifiait qu'il avait été contraint de partir sans le corps de sa femme. Corps qui avait été remis à la famille le jour des funérailles. M. Smith et son fils, unis dans leur chagrin, avaient vu arriver le cercueil. Le père avait pris son fils par l'épaule pour le soutenir et lui avait demandé s'il souhaitait voir le visage de sa mère une dernière fois. Incapable de parler, le garçon avait répondu oui de la tête et tous deux avaient soulevé le couvercle. Bouleversés, le mari et le fils de Mary avaient regardé avec tendresse l'intérieur du cercueil et ils s'étaient pétrifiés. Car la personne qui y était étendue, l'air de dormir paisiblement, était une inconnue. Une parfaite inconnue ! On n'avait pas rendu le bon corps à M. Smith.

Mary m'a ensuite raconté qu'après sa stupéfaction initiale, son mari s'était mis dans une rage folle. « Il ne cessait de répéter : "Où est ma Mary ? Qu'est-ce qu'ils ont fait de ma Mary ?" Quant à moi, j'étais là, à ses côtés, et j'essayais par tous les moyens de l'atteindre, de les atteindre tous les deux. Mais mon mari et mon fils étaient tellement désemparés que, malgré tous mes efforts, je n'y suis pas arrivée. » Mary était particulièrement fière de son fils, qu'elle espérait voir porter l'uniforme. « Dites à Paul que je suis ravie, c'est une merveilleuse nouvelle », m'a-t-elle déclaré.

Cette information a manifestement sidéré M. Smith.

— Mais il n'a fait sa demande qu'il y a quelques semaines ! s'est-il écrié. Il espère entrer dans la police.

— Eh bien, vous pouvez lui dire que sa mère approuve son choix.

Depuis lors, M. Smith est revenu me consulter en plusieurs occasions. La dernière en date s'est formidablement bien passée. Comme à l'accoutumée, Mary est facilement entrée en contact avec moi et a commencé par me dire : « Dites-lui que je la trouve charmante. Je n'aurais pas pu choisir mieux moi-même. » Nul besoin d'être médium, n'est-ce pas, pour comprendre ce qu'elle entendait par là ? M. Smith avait rencontré une femme adorable dont il pensait le plus grand bien. Il espérait passer la fin de sa vie avec elle, mais il lui restait un obstacle, une dernière barrière à franchir : il voulait d'abord obtenir l'accord de son épouse décédée. Il désirait entendre, de la propre bouche de Mary, ce qu'elle pensait de sa nouvelle compagne.

Non seulement Mary en était ravie, mais elle m'a dit qu'elle avait la sensation d'être délestée d'un énorme fardeau. « Je me faisais beaucoup de souci pour lui. Je n'avais qu'un seul désir : qu'il trouve une femme qu'il pourrait aimer, et qui l'aimerait et s'occuperait bien de lui. Eh bien, c'est chose faite ! Ça lui a pris beaucoup de temps, mais il a réussi et je suis absolument enchantée. Je vous en prie, dites-lui d'être heureux, comme je le suis moi. »

La vie de M. Smith avait été brisée, mais il a pu, petit à petit, repartir de zéro et la reconstruire. Il m'a confié que, sans les preuves de la survie de sa femme que je lui avais fournies, il n'aurait pas pu supporter sa perte. Il en avait tiré la force de survivre. J'avais réussi à lui montrer que la mort, en dépit de son caractère tragique, n'est pas définitive, qu'il ne s'agit pas d'une fin, mais simplement d'une transition d'un monde à l'autre.

Au cours de sa première consultation, M. Smith a vécu chagrin et rires à la fois. Je sais qu'il n'oubliera jamais les détails de sa première communication avec sa femme par l'intermédiaire d'un médium, car elle lui a apporté force, réconfort et joie. Quant à moi, j'entends encore clairement le message que Mary lui a transmis à propos de la confusion des cercueils. « J'étais près de lui, m'a-t-elle dit, pendant qu'il criait : "Mary, où es-tu ?", j'ai tout essayé pour me faire entendre de lui, pour lui faire comprendre. Je ne cessais de leur répéter, à lui et à mon fils : "Je suis ici, je suis ici, juste à côté de vous." Je me moquais que ce corps ne soit pas le mien. Après tout, un corps n'est qu'une enveloppe vide... J'essayais de leur faire comprendre que je n'étais pas davantage dans un autre cercueil que dans celui-là, que mon enveloppe charnelle ne me servait plus à rien et que peu importait ce qui lui était arrivé. Tout ce qui compte, insistait Mary, c'est que vous sachiez que je suis près de vous et que je le serai toujours. »

La petite fille et le tigre

Cette histoire a débuté par le coup de téléphone d'une dame qui souhaitait une consultation. « Vous êtes médium, si j'ai bien compris ? » m'a-t-elle lancé d'un ton plutôt agressif. Sans me laisser le temps de répondre, elle m'a demandé un rendez-vous pour elle et une de ses amies parce qu'elle avait perdu sa fille et souhaitait entrer en contact avec elle. Le fait que je sois médium ne me rend pas systématiquement gentille ou plus tolérante que le commun des mortels, même si je fais des efforts pour ne pas sortir de mes gonds.

Mais cet appel ne m'a pas beaucoup plu. Cette femme m'agaçait. J'ai donc griffonné un point d'interrogation à côté de son nom en notant le rendez-vous dans mon agenda, chose que je fais lorsque quelqu'un m'inspire un doute.

Je me suis empressée d'oublier cette première impression jusqu'à la semaine précédant la consultation, quand j'ai consulté mon emploi du temps. Au début, ce point d'interrogation m'a laissée perplexe, puis j'ai eu l'impression d'entendre de nouveau la voix de cette femme me dire qu'elle avait perdu sa fille. Au téléphone, on peut difficilement deviner l'âge de son interlocuteur. Je n'avais donc pas davantage idée de celui de ma future cliente que de celui de sa fille décédée, qui pouvait tout aussi bien être une adolescente qu'une jeune femme de 20 ans, voire une femme d'âge mur. Je savais que ma cliente avait perdu son enfant mais, en dehors de cela, je travaillais en aveugle.

Le matin de sa consultation, je me suis réveillée tôt. Il était environ 6 heures et ma première pensée a été : « Oh non, c'est aujourd'hui que cette femme vient me voir ! » Je l'ai chassée d'un haussement d'épaules et me suis retournée dans mon lit, dans l'espoir de sommeiller encore un peu. C'est alors que quelque chose a attiré mon attention. Je me suis allongée sur le dos pour essayer de voir plus clairement ce dont il s'agissait. Une petite fille est entrée dans mon champ de vision. Ce genre de visites d'êtres du monde des esprits n'avait rien d'inhabituel, mais cette enfant était particulièrement mignonne. Agée de 4 ans environ, avec un petit corps dodu, des boucles blondes et des joues rondes toutes roses, elle était adorable, ravissante. Ses grands yeux couleur bleuet étaient assortis à sa robe. Elle serrait un nounours dans une main, tout petit, tout râpé. J'ai tout de suite été conquise.

Elle m'a adressé un sourire timide et m'a fait un petit signe enfantin de ses doigts potelés.

— Bonjour jeune fille, qu'est-ce que tu fais ici ? lui ai-je gentiment demandé.

— Ma maman vient te voir aujourd'hui, a-t-elle chuchoté.

— C'est bien vrai ? Alors tu vas être gentille et tu me parleras quand elle sera ici ?

La petite fille a acquiescé et a pouffé de rire, sans cesser de remuer ses petits doigts. Je lui ai de nouveau souri et je lui ai demandé : « Tu vas essayer, hein, ma chérie ? »

J'ai pris son hochement de tête pour un oui. Mais lorsque je lui ai demandé son nom, elle s'est contentée de m'adresser un sourire fondant. J'ai fait une autre tentative sans rien obtenir. Comme je ne voulais pas la pousser dans ses retranchements, j'ai essayé par un autre biais : « Est-ce que tu as quelque chose à dire à ta maman, ou est-ce que tu veux me dire quelque chose avant que ta maman arrive tout à l'heure ? » Elle a de nouveau hoché la tête, ses grands yeux couleur bleuet fixés sur moi, et elle a murmuré : « Parle du tigre à ma maman. » J'ai insisté, pleine d'espoir : « Le tigre ? Tu veux m'en parler ? » Mais elle a simplement répété : « Parle du tigre à ma maman. » Elle a remué encore une fois ses petits doigts et a disparu aussi vite qu'elle était apparue. Satisfaite, je me suis retournée dans mon lit et ai pu encore dormir pendant environ une heure.

Mes deux clientes sont arrivées à 10 h 30. J'ai tout de suite compris, en les faisant entrer dans mon bureau, laquelle des deux m'avait téléphoné. Elle s'exprimait avec le même ton péremptoire. La trentaine, très séduisante, longs cheveux noirs, elle ne ressemblait en rien à la petite fille qui m'était apparue. Son amie était calme, à dire vrai très réservée, et elle avait les cheveux blonds. Du coup, je ne savais plus très bien laquelle avait perdu son enfant. Dès que je me suis assise, j'ai vu la petite fille. Elle sautillait d'excitation et me désignait la jeune femme brune : « C'est ma maman ! C'est ma maman ! »

J'ai fait appel à l'énergie mentale qui me permet de communiquer avec ceux de l'au-delà et, après avoir interrogé Aigle Gris du regard pour en avoir la confirmation, je me suis lancée. « D'accord, ma chérie, ai-je répondu gaiement. Attends une seconde. » J'ai donc procédé à la description de la petite fille blonde qui attendait à présent patiemment. « C'est elle, c'est elle, a haleté sa mère. C'est ma Mandy. » De son sac à main, elle a sorti une photographie qu'elle m'a tendue. Ce cliché ne faisait pas justice à l'enfant qui se tenait sous mes yeux, mais c'était bien elle. « Très bien, Mandy, lui ai-je dit avec un sourire d'encouragement. Qu'est-ce que tu veux dire à ta maman ? » Elle a fait la moue, comme si elle pensait que j'avais déjà oublié, et elle m'a réprimandée : « Tu l'as pas dit à maman. Faut que tu parles du tigre à maman. » J'ai donc raconté à la mère de Mandy que sa fille m'était apparue le matin et qu'elle m'avait demandé de lui parler du « tigre ». Déconcertée, ma cliente a hoché la tête. « Je suis désolée, mais je ne comprends pas ce qu'elle veut dire. » Je me suis retournée vers Mandy.

— Ma puce, tu peux me parler un peu du tigre pour que maman puisse comprendre ?

— Parle du tigre à maman, a-t-elle répété pour la énième fois.

Je suis capable de faire preuve d'une patience infinie avec les enfants et, dans le cas de Mandy, j'en ai eu bien besoin, car c'est une petite fille très têtue. Comme elle avait décidé que sa mère savait de quoi il s'agissait, elle a refusé de m'en dire davantage, en dépit de mon insistance. Quant à sa mère, chacune de mes questions la déconcertait un peu plus. « Mandy a peut-être un tigre en peluche ? Ou alors, elle aimait bien aller voir les tigres au zoo ? » A court d'idées, j'ai fini par m'adresser à Aigle Gris, ce que j'aurais dû faire beaucoup plus tôt. « C'est facile », m'a-t-il répondu en riant. Et il m'a montré un gros matou tigré. Le genre de chat qu'un petit enfant pouvait confondre avec un tigre. « Dites à la mère de Mandy ce que vous voyez, m'a conseillé mon guide, et demandez-lui si elle en a vu un ce matin vers 6 h 30. »

Au début, j'ai bien cru que la mère de Mandy allait s'évanouir quand je lui ai transmis cette information. Puis, les larmes ont commencé à couler lentement sur ses joues et, d'une voix à peine plus forte qu'un murmure, elle m'a dit : « Ma Mandy est vraiment vivante. Elle peut me voir. Je me suis levée très tôt ce matin, parce que j'avais beaucoup à faire, accompagner mes fils à l'école et le reste. Le laitier venait de passer quand je suis descendue. Je suis donc sortie prendre les bouteilles de lait. Sur le pas de la porte, un chat a jailli sous mes pieds. Il est sorti de nulle part et j'ai failli tomber. Un gros matou roux tigré. Et c'est vrai, Mandy a raison... il ressemblait à un petit tigre. » Mandy, à présent très contente d'elle-même et du fait que sa mère, en définitive, connaissait son tigre, ne s'est pas gênée pour me raconter plein d'autres choses.

Ses deux frères constituaient son sujet de conversation favori. Il était clair qu'elle les adorait et qu'ils étaient de joyeux petits lurons. L'aîné ne cessait de s'attirer les ennuis et Mandy s'est fait une joie de me raconter ses exploits. A cause de son âge tendre, j'avais parfois du mal à la comprendre. Par instants, on aurait dit un bébé et, une seconde plus tard, une adulte. Néanmoins, je n'ai pas hésité une seconde à propos de l'une de ses déclarations. Elle continuait de me décrire ses frères et me racontait comment ils dessinaient et faisaient des coloriages, assis par terre. « Et ils ont des bonbons, et Andrew a toujours la bouche noire et la langue noire. » Puis, d'une voix de conspiratrice : « Il adore la réglisse, tu comprends, c'est son bonbon préféré. » La maman de Mandy a ri et confirmé.

Cependant, je n'avais toujours pas découvert comment Mandy était passée dans l'autre monde. Je ne voulais pas la bouleverser en lui posant directement la question. C'est Aigle Gris, sachant que la mère de Mandy avait besoin de ces informations, qui m'a fourni tous les détails sur les circonstances de sa mort. L'accident avait eu lieu par une chaude journée d'été. Mandy jouait sur le trottoir, non loin de la maison. Sa mère ne cessait de lui répéter de ne pas s'aventurer dans la rue, mais ce jour-là, elle avait cédé à la tentation. En entendant le klaxon familier de la voiture du glacier qui arrivait dans le virage, elle avait oublié les avertissements de sa mère. Folle de joie, elle avait crié d'une petite voix ravie « Les glaces ! » et elle s'était précipitée sur la chaussée. Le chauffeur n'avait aucune chance de l'éviter et Mandy avait été tuée sur le coup.

Sa mère m'a tout confirmé. En sanglots, elle m'a confié le sentiment de culpabilité qui l'habitait et les reproches qu'elle se faisait depuis le décès de sa fille. Elle m'a aussi raconté comment elle était allée de médium en médium pour obtenir des preuves de la survie de Mandy.

— Jusqu'à aujourd'hui, je n'ai pas connu un instant de repos, m'a-t-elle avoué, et je me suis heurtée à un nombre incroyable de murs dans ma quête de la vérité.

— Qu'est-ce qui vous a convaincue ce matin que Mandy est toujours vivante ? lui ai-je alors demandé.

— Le tigre, m'a-t-elle répondu sans la moindre hésitation.

Elle peut désormais se reposer, sachant que sa fille est vivante et en sécurité.

Quant à moi, je suis surtout satisfaite du bonheur de Mandy. Elle a retrouvé sa famille… et ils le savent.

Mary

Jusqu'à présent, toutes les histoires de ce recueil de cas prouvent la volonté de ceux du monde des esprits, leur besoin de communiquer et leur persévérance. Le récit suivant témoigne de l'absolue détermination d'une femme à entrer en contact avec l'époux et les enfants qu'elle avait dû quitter si tristement. Elle m'est apparue lors d'une consultation avec une cliente dénommée Doreen Abrams. Je connaissais bien Doreen, puisque c'était la troisième fois qu'elle me rendait visite.

Regardant comme toujours Aigle Gris, j'ai commencé par : « Il y a une dame debout près de moi. Je ne la vois pas très clairement, mais je l'entends parfaitement bien. Elle me dit s'appeler Mary et être morte, très récemment, d'un cancer. » Doreen a hoché la tête. « Non, ça ne me dit absolument rien. »

Mais j'en ai eu la confirmation, très claire, très précise.

« Je m'appelle Mary, je suis morte d'un cancer. Je suis sa voisine, la voisine de Doreen. Dites-lui que je la regarde depuis deux jours par-dessus la clôture qui sépare nos deux jardins.

« Mais c'est impossible, s'est étonnée Doreen, abasourdie, quand je lui ai transmis ce message. Il ne peut pas s'agir de cette Mary-là. Elle n'est morte qu'il y a trois jours. Ça ne peut pas être elle, hein, Rosemary ? Elle ne peut pas l'avoir fait si vite… »

Doreen entendait évidemment par là que Mary ne pouvait pas avoir réussi si vite à la contacter par l'intermédiaire d'un médium. Pour une raison mystérieuse, elle imaginait, comme la plupart des néophytes, qu'il faut au moins six mois, sinon davantage, aux personnes décédées pour établir un lien. Mary venait de lui prouver le contraire. Des années sont nécessaires à certains pour y parvenir, le plus souvent par l'intermédiaire d'un médium. D'autres y réussissent au bout de quelques heures, et quelques-uns, pour des raisons qui leur sont propres, n'y parviennent jamais.

Pour commencer, la pauvre Doreen a eu beaucoup de mal à accepter que sa voisine, dont les funérailles auraient lieu le lendemain, ait été capable de la contacter si vite. Mais sa stupéfaction n'allait pas s'arrêter là. Mary a fait allusion à ses deux filles, Joan, 13 ans, et Rachel, 10 ans, car elle était terriblement inquiète de les voir plonger dans un tel chagrin. A un certain moment, j'ai demandé à Doreen :

« Qui est Martin? Mary me parle de Martin et j'ai l'impression que c'est quelqu'un qu'elle aime de tout son cœur. » Martin était le mari de Mary.

« Transmettez mon affection à Mike, dites-lui que je vais bien et que je suis heureuse », a ajouté Mary.

Mike était le frère de Martin, et ils étaient très proches.

Au cours de cette consultation, plusieurs contacts ont été établis avec des membres de la famille de Doreen. Son père et son frère se sont manifestés très nettement, mais Mary n'a cessé de les interrompre, tant elle voulait désespérément convaincre sa famille qu'elle avait survécu à la mort. Au bout d'un moment, j'ai été dans l'obligation de dire à Doreen que Mary nous interrompait sans arrêt. « Ça ne marche pas, je n'arrive pas à la calmer. Est-ce que vous voulez bien la laisser s'exprimer davantage? »

Ma demande peut sembler étonnante, dans la mesure où Doreen était venue me voir dans l'espoir d'entrer en contact avec *sa* famille et que sa voisine prenait le dessus, interdisant à quiconque de prononcer plus de quelques mots avant de s'immiscer dans la conversation. Doreen était une femme généreuse et bonne. Elle a tout de suite compris. « Si c'était moi, je ferais comme elle. Je voudrais absolument convaincre ma famille que je suis bien passée de l'autre côté et leur dire que je vais bien. »

A partir de là, Mary a donc occupé tout le terrain. Elle s'est répandue sur sa famille en me décrivant comment ils réagissaient à sa perte. « Ils ne s'en sortent pas très bien. Si Doreen veut bien faire écouter l'enregistrement à Martin, lui et la famille seront soulagés, j'en suis persuadée. » Doreen enregistrait toutes ses consultations avec moi, et cette fois ne faisait pas exception à la règle. Mais lorsque je lui ai suggéré de faire écouter la bande à son voisin, elle a hoché la tête. « Non, je ne crois pas que je puisse faire ça. Je ne le connais pas assez bien », m'a-t-elle déclaré. Mary ne s'est pas laissée démonter. Elle a simplement changé de sujet, pour me raconter que, quelque temps avant sa mort, son mari avait procédé à des améliorations dans la cuisine. « Il a installé de nouveaux placards, m'a-t-elle dit, et changé le revêtement de sol. C'est très réussi, j'étais ravie du résultat final. Mais dites à Martin qu'il a besoin d'une huche à pain. C'est un détail important. La cuisine ne sera terminée que quand il en aura mis une. »

Après la consultation, Doreen et moi avons encore bavardé un peu. Elle m'a demandé ce que je ferais de l'enregistrement, à sa place. Je lui ai répondu que l'expérience me prouvait que, lorsque quelqu'un du monde des esprits fait ce genre de demande, il n'agit pas à la légère. « Je suis persuadée que Mary ne vous demanderait jamais de faire ou de dire une chose susceptible de bouleverser sa famille. N'oubliez pas, Doreen, que Mary connaît

Martin beaucoup mieux que vous. Je peux simplement vous dire que c'est important pour elle. Cela dit, si vous ne voulez pas vous impliquer ou si vous sentez que vous ne devez pas le faire, ne vous laissez influencer ni par elle, ni par moi. »

Ce jour-là, Doreen était pensive lorsqu'elle m'a quittée. Sur le pas de la porte, elle m'a déclaré : « Je vais y réfléchir. Je vais écouter la bande en rentrant et je prendrai ma décision ensuite. » Un peu plus tard dans la journée, elle m'a téléphoné, enthousiaste. Elle m'a expliqué qu'après avoir écouté l'enregistrement, elle avait pris son courage à deux mains, sans savoir pourquoi. Elle avait saisi son magnétophone et avait franchi la clôture pour aller frapper à la porte de son voisin.

Martin, un homme grand et mince d'environ 35 ans, l'avait fait gentiment entrer dans son salon. Elle s'était assise sur le bord d'un siège, sans bien savoir par où commencer. Ayant remarqué les regards de curiosité que Martin lançait au magnétophone, elle s'était lancée. « Sans doute vous interrogez-vous sur l'objet de ma visite, Martin, et sur la raison pour laquelle j'ai apporté ce magnétophone. Eh bien, voilà pourquoi… » Elle lui avait ensuite transmis les messages de Mary et lui avait suggéré d'écouter la bande. Le visage neutre, Martin avait hoché la tête. « J'imagine que ça ne peut pas me faire de mal ? » A l'instant même où Doreen allait mettre l'appareil en marche, Mike, le frère de Martin, était entré dans la pièce. Martin lui avait expliqué de quoi il retournait et lui avait demandé d'écouter l'enregistrement avec lui.

Pendant deux heures, les deux frères n'avaient pas bronché. La pièce n'était remplie que par la voix d'une inconnue qui parlait de choses que les amis de la famille de Martin eux-mêmes ignoraient. De temps à autre, Doreen leur jetait un regard furtif, dans l'espoir d'obtenir une indication sur leur réaction. Mais tous les deux gardaient un visage totalement inexpressif. Ils écoutèrent jusqu'au dernier message de Mary : « Doreen, je vous en prie, dites à Martin et aux filles que je les aime. Dites-leur que je vais bien et que j'ai survécu. »

A la fin de l'enregistrement, les deux hommes avaient continué à observer le silence pendant plusieurs minutes. Très gênée, Doreen avait repris son magnétophone et s'apprêtait à partir. Au moment où elle se levait, Martin avait semblé revenir à lui. Il s'était levé d'un bond, s'était approché d'elle et l'avait contrainte à se rasseoir en la prenant gentiment par les épaules. « Je ne sais ni que vous dire ni comment vous remercier pour le cadeau que vous venez de me faire », lui avait-il dit. Puis, il s'était répandu en paroles de gratitude et de remerciements.

Il avait raconté à Doreen qu'il avait tout compris, même le passage sur la huche à pain. C'était le seul objet qui manquait à la collection d'ustensiles de cuisine de Mary. Une des dernières choses dont Mary avait parlé à son mari avant de mourir. Il avait confié à Doreen la profondeur de son désespoir avant d'avoir écouté l'enregistrement. Il ne savait pas comment il parviendrait à surmonter les funérailles de sa femme et à avoir la force de soutenir ses enfants. « Vous savez, Doreen, Mary croyait à la vie après la mort. Nous en avons souvent parlé. Elle m'a promis, juste avant de mourir, que s'il existait un moyen de communiquer avec moi, de me faire savoir qu'elle allait bien, elle le ferait. Et je l'ai crue. Je ne m'attendais simplement pas à ce qu'elle le fasse si vite. C'est merveilleux. A présent que je sais que mes filles et moi ne l'avons pas perdue, j'ai la force d'affronter la journée de demain. »

Quelques jours après l'enterrement de Mary, Doreen a reçu une visite de Val, la femme de Mike, qui avait elle aussi écouté l'enregistrement. Elles ont pris le thé ensemble et évoqué les implications que cet enregistrement avait eues sur toute la famille. « Vous ne pouvez pas imaginer le soulagement qu'il nous a procuré, a confié Val à Doreen, ni comment il nous a permis de mieux supporter son décès. A tel point – elle a émis un petit rire – que toutes les personnes qui ont assisté à l'enterrement ont dû se poser des questions. Ils ont dû trouver très étrange qu'en cette occasion si triste et si solennelle, toute la famille, à commencer par Martin, ait eu le sourire aux lèvres ! »

Louise

Tout comme l'histoire de Mary, celle de Louise prouve le besoin, non seulement de ses parents, mais le sien, d'établir le lien permettant de prouver la survie après la mort. Elle a commencé par un coup frappé à la porte de notre maison, suivi de la voix de Samantha. « Entrez, a-t-elle dit. Maman est à vous dans une minute. » « Zut ! ai-je pensé. C'est eux qui sont en avance, ou moi qui suis en retard ? »

J'ai jeté un coup d'œil à mon réveille-matin et ai constaté avec consternation que j'étais suspendue au téléphone depuis plus de deux heures. C'était l'une de ces matinées où, malgré tous mes efforts, je ne parvenais pas à m'organiser. Je recevais des dizaines d'appels de personnes désirant un rendez-vous, des conseils, une guérison à distance, et j'étais bien obligée de leur accorder toute mon attention. Ce qui n'avait rien de simple, car j'essayais en même temps de me préparer à mon travail.

Tandis que je m'activais dans ma chambre, une chaussure dans une main et ma brosse à cheveux dans l'autre, je me suis dit que je n'avais pas beaucoup réfléchi aux deux personnes qui m'attendaient dans mon cabinet.

Vous imaginez sans doute qu'un médium se doit d'être calme, posé, plongé dans la méditation, en particulier avant une consultation. Je suis d'accord avec vous sur le principe. Mais dans les faits, les choses ne se passent pas ainsi pour moi. La plupart du temps, je suis pressée et j'accomplis des efforts désespérés pour faire entrer toutes mes activités dans ma journée, qui n'est jamais assez longue pour tout contenir.

Tandis que je fouillais sous mon lit pour trouver ma chaussure manquante, je n'ai pas pu réfléchir à ce qui m'amenait à travailler un jour de congé, le premier dont je disposais depuis des semaines. Je savais simplement qu'Aigle Gris avait estimé qu'il s'agissait d'un cas assez important pour me demander de les recevoir, et cela me suffisait. Le monsieur qui m'avait appelée pour prendre rendez-vous avait refusé de me donner son nom. « Notez simplement John et Sue », m'avait-il dit.

Ayant récupéré ma chaussure, je suis sortie en trombe de ma chambre et j'ai sursauté en tombant sur une adolescente d'environ 14 ans. Je me suis vite ressaisie. « Oh là là, tu m'as fait une peur de tous les diables ! » Elle m'a adressé un sourire penaud, m'a fait un semblant de révérence et s'est précipitée dans l'escalier devant moi. Lorsque je suis entrée dans mon cabinet, elle m'y attendait déjà. J'y ai trouvé un couple encore jeune. Des gens très simples, extrêmement nerveux tous les deux. Mais la femme semblait l'être encore davantage que son époux.

J'ai senti qu'il n'était pas nécessaire de leur expliquer quoi que ce soit. Pas utile de leur parler de la médiumnité, ni de leur dire ce que j'allais tenter de faire. Ils n'étaient venus me voir que pour une seule et unique raison. S'ils ne parvenaient pas à leur but, ils poursuivraient leur quête contre vents et marées, jusqu'à rencontrer quelqu'un qui répondrait à leur attente. Sans préambule, et au grand ravissement de l'adolescente que j'avais failli tamponner sur le palier, j'ai donc commencé. « J'ai une jeune fille, je dirais d'environ 14 ans, qui porte des lunettes. Elle me dit qu'elle est morte dans un accident et que vous êtes sa maman et son papa. »

Ils ont tous les deux hoché la tête. La femme s'est mordu les lèvres, mais ni l'un ni l'autre n'a bronché. J'ai compris qu'ils avaient décidé d'en dire le moins possible pour ne rien laisser transparaître et je me suis retournée vers l'adolescente, dont j'ai découvert plus tard qu'elle s'appelait Louise. Par transmission de pensée, je lui ai dit : « Tout dépend de toi, ma chérie. Essaie de me raconter autant de choses que tu pourras sur toi et sur ta famille. » Sans paraître le moins du monde perturbée, elle m'a répondu : « Dites à mon père que je sais qu'il s'est blessé au doigt. » Un détail infime, mais tellement important ! J'ai transmis le message sans hésiter, mais John n'a pas eu la réaction que j'escomptais : « Erreur. Je ne me suis pas blessé au doigt. »

Au cours des cinq minutes suivantes, nous nous sommes disputés. Sa fille insistait et lui la contredisait avec le même entêtement. J'étais persuadée qu'il ne faisait pas d'obstruction volontaire, tout comme j'étais sûre que Louise savait de quoi elle parlait. « Bon, ai-je fini par dire. Je ne veux pas faire preuve de grossièreté, et je peux juste répéter ce qu'on me dit. Votre fille me raconte qu'hier, vous étiez devant l'évier de la cuisine, le doigt en sang, et elle n'arrête pas de dire que c'est vous qui l'aviez fait saigner. » John a regardé ses mains, puis il a levé les yeux vers moi, l'air sidéré. Il n'avait aucune cicatrice, aucun pansement, aucun signe de plaie visible, mais je savais que j'avais raison, que cette jeune fille disait vrai.

Sue a alors pris la parole. « Elle a raison, John. Louise parle du pouce qui te fait mal, pas d'un doigt. » La lumière se faisant dans son esprit, John m'a alors raconté qu'après la mort de sa fille, il avait commencé à se mordiller le pouce jusqu'au sang.

— Une croûte se forme sans arrêt. J'ai essayé d'arrêter mais hier, j'ai oublié et j'ai recommencé. Il y avait du sang partout et j'ai été obligé de mettre mon pouce sous l'eau du robinet et de la laisser longuement couler avant que le saignement s'arrête. Mais comment faites-vous, s'est-il alors étonné, pour savoir ça ?

— Parce que votre fille me l'a dit, John. Si on essayait maintenant de se détendre un peu pour voir si elle a d'autres choses à nous raconter ?

« Je faisais ma tournée à vélo pour déposer les journaux, m'a raconté Louise. Une voiture est arrivée derrière moi et m'a heurtée. Elle n'a pas pu s'arrêter et m'a traînée sur la chaussée. Quand maman est venue me voir à l'hôpital, elle a été bouleversée, parce que j'étais complètement défigurée. » J'ai transmis cette dernière information avec des gants, car je ne voulais pas raviver le désespoir des parents de Louise, mais je savais aussi que, plus je leur donnerais de preuves, plus ils réaliseraient que leur fille était toujours en vie.

Il est toujours difficile de relater ce genre de drame et, en dépit de toutes les précautions que l'on prend, on plonge toujours les gens dans l'affliction. L'un des côtés les plus pénibles du travail de médium, c'est de voir, et parfois d'être partie prenante, de la douleur immense qu'éprouvent les parents à la mort d'un enfant. L'âge de cet enfant importe peu. Il peut tout aussi bien s'agir d'un bébé que d'un adulte. La peine, la souffrance sont les mêmes.

Louise avait estimé qu'il valait mieux qu'elle donne le plus de détails possibles sur les circonstances de son décès, sachant que ses parents en avaient besoin pour être satisfaits. Après s'être débarrassée de ces informations douloureuses, elle m'a ensuite parlé de sa mère et de son père, de sa chambre, de ses amis. Elle a évoqué son école et bien d'autres choses. Alors qu'elle me décrivait sa chambre, elle a mentionné des photos accrochées sur ses murs.

— Elle me parle des photos de Michael, ai-je transmis à John et Sue.

— Vous faites erreur, il n'y a pas de photos de Michael. Nous ne connaissons aucun Michael.

Mais Louise a insisté : « Dites-leur qu'il s'agit de George Michael. Mon héros. » J'ai donc servi à nouveau d'intermédiaire, ajoutant : « Votre fille a l'air très sûre de ce qu'elle dit. Personnellement, je ne doute pas une seconde de ce qu'elle affirme. » Cette remarque a provoqué un sourire frémissant chez Sue, tandis que John s'écriait : « C'est vrai, elle a des photos du groupe pop Wham sur ses murs. Et George Michael fait partie de ce groupe ! »

Louise a abordé bien d'autres sujets qui ont fourni d'autres preuves de sa survie. Puis, elle s'est mise à parler de sa sœur, Lisa, qui est toujours de ce côté. Lisa, handicapée, fréquente une école spécialisée. Son problème n'était pas un handicap physique, mais une hyperactivité qui causait bien des soucis à ses parents. C'était une enfant qu'ils ne pouvaient parfois ni mettre au lit ni faire dormir. John et Sue avaient consulté un nombre incalculable de médecins et de spécialistes qui avaient prescrit toutes sortes de remèdes censés aider Lisa à se calmer. Ils voulaient à tout prix que leur fille mène une vie normale, mais aucun de leurs efforts n'avait donné le moindre résultat. « Nous ne savons plus quoi faire », m'a confié John, ajoutant qu'il était prêt à tout tenter pour aider Lisa. « Bien sûr, elle ne pourra jamais vivre une existence totalement normale, mais il y a obligatoirement quelque chose à faire pour la soulager. Nous avons frappé à toutes les portes, nous avons tout essayé, mais c'est comme si nous nous cognions la tête contre un mur de briques. »

Je me suis dit qu'il y avait sûrement moyen de venir en aide à cette enfant. J'ai regardé Louise, qui avait lu dans mes pensées. Elle m'a gentiment souri : « Ne vous inquiétez pas, il va vous aider. » Et elle m'a désigné l'endroit où se tenait mon guide et ami. Aigle Gris a hoché la tête, puis il s'est penché à l'oreille de Louise et a chuchoté. Elle m'a adressé un sourire ravi. « C'est son régime, il dit que c'est son régime. Lisa mange des choses qui lui font du mal. Aigle Gris dit que je dois vous dire que c'est à cause de son régime ! » J'ai regardé cette jeune fille qui désirait tellement aider sa sœur et je me suis émerveillée de la voir accepter si facilement le fait qu'Aigle Gris savait de quoi il parlait.

J'avais néanmoins conscience qu'il ne me serait pas si facile de convaincre ses parents car, sans mettre en question la sagesse de mon guide, je trouvais néanmoins que les choses n'étaient pas aussi simples que cela. Lorsque j'ai fait part à John et à Sue de ce que venait d'affirmer Louise, ils m'ont tous les deux regardée comme si j'étais devenue folle. « Croyez-moi, ai-je dit, j'imagine ce que vous pensez, je suis bien consciente que mes propos peuvent sembler ridicules, mais mon guide sait de quoi il parle. S'il insiste comme cela sur le fait que le régime de Lisa est à l'origine de son hyperactivité, je vous conseillerais de lui faire passer quelques examens pour vérifier si elle n'est pas allergique à certains aliments. »

Sue et John n'ont écouté notre diagnostic sur la maladie de Lisa que parce que Louise leur avait auparavant fourni beaucoup de preuves de sa survie. Par la suite, ils ont réfléchi à la question. Cette réunion avec leur fille morte leur permettait à présent d'accomplir une démarche essentielle pour aider leur autre enfant. John a appelé un homéopathe que je lui avais recommandé et, après lui avoir expliqué le problème de Lisa, lui a demandé s'il pouvait procéder à des examens. Cet homéopathe, n'étant pas en mesure de l'aider, l'a renvoyé sur un médecin de Manchester, un certain docteur Mumby, spécialiste des allergies. Ils ont pris contact avec lui. Il leur a demandé de lui fournir une liste de tous les aliments que mangeait Lisa, afin de tester ses réactions. Résultat : la malheureuse Lisa était pratiquement allergique à tout ce qui composait son régime. Le porc et le maïs étaient spécialement contre-indiqués dans son cas, mais ils étaient loin d'être les seuls aliments responsables de son état.

Avec beaucoup de persévérance, un régime adéquat a été établi pour elle. John et Sue ont parfois du mal à l'obliger à le suivre, mais ils font de leur mieux. Trois mois environ après le début de ce régime, l'état général de Lisa a commencé à s'améliorer. Au bout de six mois, tout le monde, y compris le personnel de son école, a reconnu qu'il y avait une très nette évolution. L'hyperactivité de Lisa est désormais maîtrisable. Elle est beaucoup mieux dans sa peau, beaucoup plus heureuse. Sue m'a confié à quel point elle apprécie de pouvoir coucher sa fille à 20 heures et de savoir qu'elle fera un tour de cadran. Lisa n'est pas la seule à avoir bénéficié de ce traitement. Ses parents aussi.

John et Sue se sont battus contre d'immenses difficultés pour venir en aide à Lisa, et il ne fait aucun doute qu'ils sont en train de gagner leur combat. Il leur reste une autre bataille à remporter : accepter la perte tragique de Louise. Y parviendront-ils ou non, cela reste incertain. Mais je suis persuadée d'une chose : Louise fera tout ce qu'elle peut pour leur venir en aide, comme elle l'a fait pour sa sœur, Lisa.

Le savant

Ce recueil de cas se termine par une histoire qui confirme que ceux du monde des esprits sont en mesure de nous apporter une aide précise et constructive. Tout comme John et Sue Harrison et tant d'autres, Kathryn et Christian Langton se sont vus clairement indiquer un chemin… un chemin qu'ils ont choisi de suivre.

J'ai rencontré Kathryn, infirmière à l'hôpital royal de Doncaster, lorsqu'elle est venue me consulter avec sa mère, dans le but d'établir une communication avec leur père et mari. Il était mort subitement d'une crise cardiaque. Kathryn était folle de joie d'avoir des nouvelles de son père. Et quand, par l'intermédiaire d'Aigle Gris, j'ai découvert qu'elle avait un don de guérisseuse, elle en a été à la fois surprise et ravie. Elle a pris des cours avec moi pour développer ce don. C'est lors de l'un de ces cours qu'elle a reçu un autre message de mon guide. Message qui, cette fois, était destiné à son mari, Christian Langton. Un détail infime, mais néanmoins parlant, concernant un membre de sa famille décédé. Il a dû procéder à une petite enquête pour obtenir la preuve que cette personne avait vraiment existé.

Très têtu et ne voulant pas abandonner des années de raisonnement scientifique, Christian répugnait à venir me voir en consultation. Comme il avait néanmoins l'impression qu'il devait me parler, il m'a invitée à prendre le thé. Après m'avoir bombardée de questions auxquelles j'ai pu répondre ou non, mon hôte ne savait pas davantage où il en était. Il pensait en noir et blanc ; moi en couleurs. Ses questions étaient basées sur des lois scientifiques, mes réponses sur la connaissance, l'expérience d'une autre dimension de la vie. Il n'allait nulle part. C'est l'intervention du grand-père de Christian, passé dans le monde des esprits depuis plusieurs années et qui attendait cette occasion de communiquer, qui a fait basculer Christian.

J'ai été fascinée, et lui abasourdi, de voir les barrières de la science, les barrières séparant nos deux mondes, s'écrouler lentement. Les preuves d'un autre monde, d'une autre vie, se sont peu à peu dessinées, à tel point qu'il aurait été ridicule, même pour un esprit scientifique, de les rejeter.

Mais les choses ne se sont pas arrêtées là. Le grand-père de Christian ne s'est pas satisfait de nous prouver qu'il avait survécu. Il a voulu montrer à son petit-fils qu'il était capable de s'impliquer encore dans les choses de « ce » monde et de l'aider à surmonter ses problèmes, si l'occasion lui en était offerte. Christian Langton est chercheur. A l'époque de cette consultation improvisée, il travaillait sur l'analyse des os. Il avait conçu et fabriqué une machine, l'analyseur d'os ultrasonique, capable de détecter l'ostéoporose. Cette maladie, affectant une femme sur quatre, provient d'une perte d'œstrogènes à la ménopause et provoque des fractures de la hanche, de la colonne vertébrale et des poignets. La machine de Christian devait servir à détecter cette maladie et à traiter ces femmes avant que leur problème ne s'aggrave. L'idée d'analyser les os de la cheville aux ultrasons était bonne et Christian était convaincu qu'elle fonctionnerait. Mais sa machine qui, à en croire les descriptions de son grand-père, ressemblait à un aquarium pour poissons rouges à moitié rempli d'eau, restait au stade artisanal. Elle n'était pas encore complètement au point, puisque les examens n'avaient pas encore produit de résultats satisfaisants de manière constante. Après de nombreuses nuits d'insomnies passées à réfléchir, Christian avait acquis la conviction que le seul défaut possible était l'angle du repose-pieds dans le réservoir.

Lorsque j'ai décrit la machine à Christian, son intérêt s'est aiguisé et il a eu l'air abasourdi quand je lui ai dit que son grand-père était au courant des difficultés qu'il rencontrait. « Dans ce cas, a-t-il observé avec causticité, il pourrait peut-être avoir la bonté de m'aider à les résoudre. » Évidemment, il disait cela sur le ton de la plaisanterie. Mais son grand-père l'a pris au mot : « Dites-lui qu'il suit une fausse piste. L'angle du repose-pieds est correct, c'est l'eau qui pose problème. » Il m'a ensuite expliqué comment corriger la chose, à l'aide de termes techniques que je ne comprenais pas. Pour résumer, il lui a conseillé d'enlever l'eau et de placer les transducteurs électroniques directement sur la peau, ce qui permettrait de résoudre le problème. Christian s'est alors demandé comment il pourrait expliquer à ses collègues ce qui l'avait incité à apporter cette modification à son projet. Comment leur ferait-il part de la façon dont il était parvenu à cette solution ? Pouvait-il leur déclarer tout de go : « Mon grand-père m'a dit… » ?

Moins d'une semaine après, Christian Langton avait corrigé le défaut de son analyseur d'os ultrasonique en suivant les instructions de son grand-père à la lettre. Cette machine est à présent utilisée dans des hôpitaux d'Europe, d'Australie, du Canada, du Japon et de bien d'autres pays.

Ceux qui n'y connaissent rien font souvent remarquer que les médiums ne transmettent par les esprits que des informations triviales et sans utilité. Je sais que Christian Langton, savant de renommée internationale, homme très fin et libre penseur, ne serait pas d'accord avec ce point de vue. Avis que je partage entièrement. Avec le temps, Christian aurait sans doute réussi à résoudre seul son problème. Mais en tant que médium, j'éprouve une vive satisfaction de savoir que j'ai contribué à rapprocher notre monde scientifique du monde des esprits, pour le bien de l'humanité. Il s'agit d'un domaine pour l'instant totalement vierge, mais j'ai la conviction que plus on prendra conscience de la variété et de l'éventail des renseignements auxquels peuvent se connecter les médiums, plus on croira en la communication avec le monde des esprits, plus le lien entre la science de l'homme, la science naturelle et les savants se verra renforcé.

4

EXTENSION DU POUVOIR

Guérison

Tant d'eau avait coulé sous les ponts ! Ma vie avait complètement changé. Plus de peur. Plus de timidité et de réserve. Davantage de stabilité, de sécurité. Aigle Gris m'avait enseigné beaucoup de choses, ma confiance avait grandi et je devenais plus forte.

J'étais en vacances à Chypre avec ma fille et mon ami de l'époque. C'était la première fois que nous partions ensemble. C'était en 1983. Nos économies nous avaient permis de louer un petit appartement de trois pièces pour quatre semaines. Quatre semaines de soleil éclatant, de savoureuse cuisine grecque et, par-dessus tout, en ce qui me concernait, de repos.

Nous avions passé la journée à paresser sur la plage, à nous baigner et à regarder des plongeurs chypriotes pêcher des pieuvres. Sur le chemin du retour, nous avions décidé de nous arrêter pour dîner dans l'un des nombreux restaurants qui bordaient la route. Assise à l'ombre d'un olivier, une boisson fraîche à la main, j'embrassais du regard les petites tables à l'ombre de parasols aux couleurs pimpantes et j'admirais les magnifiques plantes grasses du jardin. Pas un nuage n'entachait le ciel azur, l'air était frais et pur. Pour la première fois en trois ans, j'étais vraiment détendue. Pas de soucis, pas de travail, pas même de réflexion. Je me contentais de siroter ma boisson et d'attendre patiemment mon dîner. A en croire les fumets qui nous arrivaient de la cuisine, les plats allaient être succulents. Des crevettes royales accommodées d'une légère sauce aillée, suivies de kebabs d'agneaux, d'une salade grecque et de pain croustillant fabriqué maison. Pour couronner le tout, une grosse coupe de fraises nappées de crème fraîche. Un délice ! Il ne manquait plus qu'un bon cognac pour terminer en beauté ce dîner.

Nous avions réglé l'addition et nous apprêtions à partir, lorsque la serveuse s'est approchée de notre table. Elle a tiré une chaise et s'est laissée tomber dessus sans cérémonie. « Ouf ! J'ai quelques instants pour souffler avant le prochain coup de fouet. » Et elle a commencé à bavarder avec nous. Elle nous a raconté que son mari et elle avaient quitté les États-Unis pour s'installer à Chypre. Puis, elle m'a demandé :

— Vous travaillez ?

— Oui, je suis médium.

— Ça alors, c'est passionnant ! Quelle coïncidence que nous nous soyons rencontrées ! Figurez-vous qu'un de mes bons amis, qui habite dans un petit village des environs, est guérisseur.

Ma curiosité éveillée, je lui ai posé toutes sortes de questions. Comment s'appelait-il ? Que faisait-il pour gagner sa vie ? Où habitait-il exactement ? Il s'appelait John Mikaledes et il résidait dans un petit village du nom de Spitali. Il vivait de son travail de radiesthésiste. Cette dernière information a encore accru ma curiosité. « Pensez-vous que je pourrais le rencontrer ? » ai-je demandé.

Notre nouvelle amie m'a rassurée d'un sourire. Il suffisait que nous allions au village. « Tous les habitants du coin le connaissent. Du moment que vous le trouvez chez lui, il sera ravi de vous recevoir. »

Elle a apporté une carte et nous a expliqué comment nous rendre à Spitali, un village minuscule situé dans les contreforts de la chaîne montagneuse du Troodhos. Les routes avaient l'air plutôt étroites, mais le trajet ne paraissait pas très compliqué. Comme le village était quand même assez éloigné, nous nous sommes demandé ce qu'il adviendrait si, après tous ces kilomètres parcourus à travers un paysage plus ou moins désolé, nous trouvions porte close. Aurions-nous fait le voyage pour rien ?

Mais j'étais bien décidée à le rencontrer et, le dimanche suivant, nous avons pris la route. Au fur et à mesure que nous nous enfoncions dans l'arrière-pays, nous avons eu l'impression de quitter la civilisation. Après quelques kilomètres sur une route très poussiéreuse, nous sommes enfin parvenus devant l'écriteau « Spitali ». Nous avons emprunté la rue principale du village, complètement déserte. L'artère s'est élargie et nous nous sommes retrouvés sur une petite place, déserte également, à l'exception d'une silhouette solitaire. Celle d'un homme grand et mince, debout au centre de la place, qui avait l'air d'attendre. Mais quoi ? Nous doutions fort qu'un bus ou un quelconque moyen de transport en commun passe par ce village perdu.

Il n'a pas bougé en voyant notre voiture approcher. Je pensais que Gordon allait s'arrêter, mais il est passé près de lui sans rien en faire. Je me suis alors entendue dire :

— C'est lui. C'est l'homme que nous cherchons. C'est John Mikaledes.

— Ne dis pas de bêtises ! Comment veux-tu qu'il soit là à nous attendre, alors qu'il ne sait même pas que nous devons venir ?

Mais il s'est rendu compte que je disais vrai et il a fait rebrousser chemin à notre voiture. L'homme devant lequel nous venions de passer n'avait pas bougé. Il attendait toujours. Gordon a arrêté le véhicule à sa hauteur, il s'est penché par la vitre et il lui a dit : « Nous cherchons un monsieur du nom de John Mikaledes. » L'inconnu s'est incliné vers la vitre ouverte. Sans prêter attention à Gordon, c'est à moi qu'il a répondu : « C'est moi. Je crois bien que je vous attendais. Suivez-moi. » Il a tourné les talons et nous a emmenés jusqu'à un petit bungalow blanc qui se dressait en haut d'une colline, à l'extérieur du village. De là, on jouissait d'un panorama splendide et d'un air vivifiant. Descendre de la voiture, nous dégourdir les jambes et embrasser du regard ce petit paradis nous a procuré un immense plaisir.

Une petite dame bien en chair, d'une cinquantaine d'années, est sortie de la maison pour nous accueillir. C'était Maria, la femme de John. Débordant de vivacité, elle eut vite fait de nous installer dans une petite pièce coquette, autour d'un délicieux jus d'orange pressée glacé et de savoureux morceaux de pastèque qu'elle avait placés à notre attention sur la table basse. John, qui s'était installé face à nous, à côté de sa femme, a attendu que nous ayons pris nos aises pour nous demander : « Comment êtes-vous venus jusqu'ici et qu'est-ce que je peux faire pour vous aider ? Et pendant que vous y êtes, a-t-il ajouté avec un petit rire, vous pourriez peut-être m'expliquer ce qui m'a poussé à parcourir sept kilomètres à pied ce matin pour aller travailler et pourquoi, une fois arrivé à mon but, une voix m'a soufflé de rebrousser chemin et d'aller attendre sur la place du village. »

Il nous a ensuite raconté qu'il était allé sonder une parcelle de terre qui deviendrait peut-être terrain à bâtir. « Je fais ça souvent, nous a-t-il expliqué. Je suis rétribué quand je trouve de l'eau, ce qui n'est pas rare. » Il est revenu sur la manière dont, alors qu'il sondait une zone précise avec ses baguettes de sourcier, il avait entendu cette voix intérieure qui lui disait : « Retourne à Spitali. Retourne chez toi. Repars tout de suite. » Au début, il l'avait ignorée, car il avait l'impression d'être sur le point de trouver l'eau qu'il était venu chercher au prix d'un long trajet à pied. Mais la petite voix avait insisté : « Retourne à Spitali. Rentre chez toi et attends. » Et c'est comme cela qu'il s'était retrouvé planté au milieu de la place du village, dans un état de grande perplexité. Alors qu'il se demandait vraiment pour quelle raison il avait rebroussé chemin sans rien avoir accompli et sans raison apparente, notre voiture s'était approchée de lui et quelqu'un lui avait dit : « Je cherche John Mikaledes. »

Nous avons passé un après-midi enrichissant en compagnie de John et Maria. Ils s'étaient rencontrés en Angleterre après la guerre et s'y étaient mariés. John s'était engagé dans l'Église spirite. Il avait alors découvert qu'il était guérisseur et avait entrepris de mettre ses dons en pratique. Je leur ai alors appris que j'étais moi-même médium et j'ai demandé à John s'il souhaitait que je lui donne une consultation. « Il espérait que vous le lui proposeriez », m'a répondu Maria en souriant. Je me suis donc isolée dans la cuisine avec lui, pendant que Maria emmenait Gordon et Samantha faire le tour de leur modeste propriété.

Je n'ai eu aucun mal à entamer la séance. Mon collègue, bouleversé, m'a écoutée lui transmettre message après message. Tous provenaient de la personne dont il attendait des nouvelles depuis vingt ans : sa mère. Par mon intermédiaire, elle lui a confié l'enthousiasme que lui avaient inspiré son engagement dans l'Église spirite en Angleterre et son métier de guérisseur. « Dites-lui que je travaille avec lui, que je lui transmets mon énergie, mon affection et mon inspiration », m'a-t-elle demandé. Aigle Gris est alors entré en scène pour transmettre un dernier message, le plus important, à John. Il nous a révélé la raison pour laquelle je devais le rencontrer.

Depuis qu'il avait regagné Chypre, dix ans plus tôt, John n'avait cessé d'essuyer des déceptions dans son travail spirituel. Au début, il avait tenté de poursuivre ses guérisons mais, le temps passant, sa tâche s'était avérée de plus en plus difficile. Le peu d'intérêt de la population locale et le manque d'occasions d'exercer son talent l'avaient finalement conduit à abandonner sa pratique. « Le temps est venu, m'a demandé de lui transmettre Aigle Gris, de reprendre votre travail de guérisseur, car vous vous en êtes trop longtemps éloigné. Il est important, non seulement pour vous, mais pour votre entourage, de continuer votre travail spirituel. »

John a haussé les épaules.

— Mais par où dois-je commencer? a-t-il demandé.

— Je n'en sais vraiment rien, ai-je répondu, avant d'ajouter, très sûre de moi : mais ce sera chose faite avant que je reparte de Chypre.

Nous avons quitté Spitali, non sans nous être organisés pour y revenir avant la fin de nos vacances, et nous avons regagné notre appartement, fatigués, assoiffés, mais très satisfaits de notre journée. J'ai préparé des sandwiches et des boissons et nous nous sommes installés sur la terrasse pour nous restaurer. La dernière miette avalée, nous allions rentrer quand quelqu'un a frappé à la porte. Vous conviendrez que la dernière chose à laquelle on s'attend, quand on est en vacances à l'étranger, est bien de recevoir une visite à 10 heures du soir. C'était la propriétaire de l'appartement, qui venait s'assurer que tout se passait bien. Nous lui avons bien entendu offert un verre. Elle a accepté et nous sommes restés à bavarder pendant deux heures.

Elle s'appelait Rebecca. Outre les appartements qu'elle louait, elle était propriétaire d'un vignoble et d'une agence de voyages et gérait le tout avec ses deux fils et sa fille. C'était une femme plutôt énergique et directe, qui m'a plu tout de suite. Dès qu'elle a su que j'étais médium, elle a manifesté un intérêt très vif, et nous lui avons bientôt raconté notre rencontre avec John et Maria Mikaledes. Au début, elle s'est étonnée de ne pas avoir entendu parler de la présence d'un tel homme dans son pays. Puis elle nous a posé toutes sortes de questions sur lui.

— Ne croyez pas que je sois du genre fureteur, nous a-t-elle précisé. J'ai une bonne raison de me renseigner ainsi. Ma fille cadette souffre de la colonne vertébrale. Une scoliose si grave que le médecin craint qu'elle ne finisse par être infirme. Je suis en train de me demander si je ne devrais pas essayer d'aller consulter ce guérisseur. Qu'en pensez-vous ?

— Vous ne courez aucun risque, lui ai-je répondu, mais c'est à votre fille de prendre la décision. Pourquoi ne lui posez-vous pas la question pour voir ce qu'elle en dit ?

Le lendemain matin très tôt, notre téléphone a sonné. C'était Rebecca qui nous invitait à venir prendre le petit déjeuner chez elle. « J'ai parlé à ma fille. Elle a hâte de vous rencontrer. Et elle a très envie de consulter votre ami guérisseur. » Nous sommes convenus de l'emmener le lendemain. John et Maria ont été enchantés de nous revoir si vite.

Je leur ai présenté Rebecca et sa fille et je leur ai expliqué la raison de notre visite. John a tout de suite pris la direction des opérations. Il a saisi la jeune fille par la main pour la faire entrer dans la maison et, cette fois, c'est moi qui suis allée faire le tour de la propriété en compagnie de Maria et de Rebecca. John allait exercer son talent de guérisseur, et j'ai prié pour qu'il obtienne un résultat positif.

Nous sommes retournés le voir à deux reprises avant notre départ pour l'Angleterre, lui amenant à chaque fois la fille de Rebecca. Elle a réagi de manière sidérante à sa méthode de guérison. Les bons guérisseurs ne sont pas faciles à trouver mais mon ami et mentor, Aigle Gris, avait contribué à me mener à un être d'une qualité rare. Doué d'une humilité inhabituelle, d'un dévouement au spirituel et d'une volonté de donner son amour aux autres, sans partialité.

Le Noël suivant, nous avons reçu une carte et une lettre de John et Maria Mikaledes. La fille de Rebecca le consultait toujours et son état s'améliorait peu à peu. Rebecca venait également se faire soigner régulièrement, ainsi que les autres membres de sa famille. Mais surtout, et grâce au départ à Rebecca, la nouvelle que John était guérisseur s'était propagée et de plus en plus de monde venait le consulter. Maria m'écrivait : « John et moi sommes absolument abasourdis par les réactions que nous avons eues. Que cela lui plaise ou non, il a les mains pleines. Des gens se présentent tous les jours pour se faire soigner et, bien évidemment, il ne leur ferme pas la porte au nez. » John Mikaledes est donc redevenu guérisseur à plein temps.

Cette expérience, comme bien d'autres, m'a enseigné que les coïncidences n'existent pas, que nos rencontres dues au « hasard » sont en fait planifiées. Planifiées par une force supérieure, universelle, dont nous connaissons si peu, ici-bas.

Les mécanismes de l'univers sont en effet merveilleux !

Rosemary, la guérisseuse

John Mikaledes était un excellent guérisseur. Il s'était lancé dans ce travail en sachant parfaitement ce qu'il souhaitait faire. Personnellement, je n'ai jamais eu l'intention de devenir guérisseuse. D'une part, après mes expériences avec les médecins, les hôpitaux et la maladie, cette ronde infernale de souffrances, de désespoir et de peur, c'était vraiment le dernier domaine dans lequel je souhaitais me lancer. Ensuite, j'étais convaincue de ne pas posséder les qualités nécessaires pour guérir les gens, comme j'avais vu Paul Denham ou Mike McGuire le faire. Ces deux hommes étaient dévoués, solides, capables de répondre aux besoins des personnes souffrantes. Les maladies des autres me rappelaient ma propre vulnérabilité, mes propres faiblesses et ma propre peur, et je n'étais aucunement prête à me voir ainsi rappeler mes fragilités. Elles n'avaient qu'à rester bien cachées dans un coin de mon inconscient. J'étais plus heureuse ainsi… bien plus heureuse.

Au début, je me sentais incapable de surmonter les responsabilités que cette tâche impliquait, mais la présence d'Aigle Gris à mes côtés m'a permis d'acquérir davantage de confiance, au fur et à mesure que j'apprenais peu à peu à accepter mon rôle de guérisseuse, parallèlement à mon rôle de médium. J'ai découvert que le talent de guérir, loin d'être séparé de ma médiumnité, n'en était qu'une simple extension. Mon guide m'a encouragée et intelligemment orientée pour me faire découvrir et utiliser cette énergie innée.

J'avais souvent observé la manière dont Mike McGuire se comportait avec ses patients, j'avais vu comment ils le regardaient et cherchaient en lui force et espoir. Il savait toujours intuitivement que dire et comment répondre à toutes les situations. Il commençait, en général, par poser les mains sur la tête ou sur les épaules du patient, se branchant sur cette grande source d'énergie bienfaisante, l'énergie divine, qui est celle de l'univers. L'attirant à lui, la mêlant à sa propre énergie, il s'efforçait alors, par pure volonté, de l'insuffler à son patient.

Je l'ai vu un jour traiter une jeune femme qui souffrait de sclérose en plaques. Outre son combat contre cette terrible maladie, elle devait affronter une tension supplémentaire, son mari venant de la quitter pour une autre femme. Mick s'est montré merveilleux avec elle. Il ne lui a fait miroiter ni cure miracle, ni baguette magique, ni chevalier en armure blanche qui volerait à son secours. Il l'a écoutée, puis lui a tendu les bras pour lui apporter le réconfort procuré par le fait que quelqu'un, lui, se souciait d'elle. Quand elle s'est calmée et que ses larmes ont séché, il lui a expliqué la nature de son don, le don de guérir par l'imposition des mains, comme le faisait le Christ. Puis, tranquillement, sans fanfare ni tour de passe-passe, il a mis ses explications en pratique.

Cette femme s'est détendue sous mes yeux. J'ai pris conscience qu'elle lâchait quelque chose, qu'elle se dépouillait d'une partie de sa souffrance, de sa solitude et de sa peur. Évidemment, les choses allaient se passer lentement, il lui faudrait consulter Mick plusieurs fois avant de ressentir un véritable mieux. J'étais témoin du sentiment de sécurité et de confiance qu'elle éprouvait à l'égard de l'homme qui lui tenait la main et lui donnait son amour comme personne ne l'avait fait jusque-là.

Vous êtes nombreux à penser qu'une séance de guérison consiste à soigner des maux physiques, et vous avez raison. Mais avant tout, la guérison est apportée à l'esprit du patient, à son moi spirituel, qui est la lumière de l'âme. Nous essayons de lui apporter l'énergie et le pouvoir qui nourriront cette lumière et la feront briller davantage. Mike donnait son énergie. Il offrait son amour. J'entends ici l'amour inspiré par Dieu, cette force divine enfouie au tréfonds de notre être, que certains reconnaissent et qui leur permet de se développer. Suivant les races et les croyances, on lui attribue un nom différent, mais que ce nom soit Dieu, Allah ou un autre, cela revient au même. Je parle ici de cette force universelle, de ce grand pouvoir qu'est la bonté qui, si on l'utilise avec sagacité, apportera paix, harmonie et, encore une fois, amour.

Tandis que j'avançais dans le développement de ma médiumnité, j'ai commencé à donner des cours d'éveil spirituel tous les vendredis soir. De plus en plus de personnes s'adressant à moi pour en apprendre davantage sur le monde des esprits, je me suis dit que je pouvais peut-être leur les aider à mieux se comprendre, à mieux comprendre leur moi spirituel et leur lumière intérieure. Aigle Gris ne me quittait bien entendu jamais. Son aide et ses conseils ne s'adressaient pas seulement à moi mais, par mon intermédiaire, à mes élèves. Il nous montrait comment être plus sensibles à cette énergie universelle que nous désirions tellement capter. Si je regarde en arrière, je réalise qu'il attendait l'inévitable. Curieusement, j'avais l'impression que plus le nombre de mes élèves augmentait, plus il s'agissait de personnes véritablement intéressées et douées pour la guérison. Il n'est pas nécessaire d'être médium pour devenir guérisseur, si bien que mes classes se sont centrées sur l'art de la guérison et sur la nécessité d'une formation sérieuse et complète pour les futurs praticiens. On ne s'étonnera donc pas que, soutenue par Aigle Gris, je sois parvenue à mettre au point une méthode d'enseignement et de formation beaucoup plus complète que toutes celles dont j'avais fait l'expérience. Je ne vais pas développer ce point dans le cadre du présent ouvrage, car cela reviendrait à ignorer l'importance de la relation enseignant/élève. Ne révéler que quelques connaissances pourrait s'avérer dangereux.

Trois années ont dû s'écouler avant que je ne m'entende déclarer pendant un cours : « Le moment est venu de nous lancer, de faire partager aux autres les connaissances que nous avons acquises. De partager avec eux le don de la guérison. » Mes élèves en ont été choqués. Nerveux, peu sûrs de leurs capacités, ils se sont même un peu affolés. Les implications contenues dans l'idée d'ouvrir un centre de guérison – même s'il ne s'agissait pour ce faire que de louer une pièce ou une grande salle un jour par semaine –, la responsabilité, le succès ou l'échec, le traitement de vraies personnes souffrant de vraies maladies... tout cela leur paraissait insurmontable, et ils n'ont pas tardé à me faire part de leurs objections. Ce qu'ils ignoraient, c'est que ma déclaration m'étonnait moi-même. J'avais entendu Aigle Gris me souffler ces paroles et je les avais répétées. J'ai donc écouté mes élèves m'exposer l'une après l'autre les raisons pour lesquelles nous ne devrions pas nous lancer dans cette entreprise. Mais je me rendais à présent compte de son sens, la tâche à venir se précisait, et j'avais acquis la conviction que nous devions absolument nous mettre à l'œuvre.

J'ai alors entrepris de les convaincre, en douceur mais avec fermeté, que nous n'agirions pas seuls mais que nous bénéficierions de toutes l'aide, l'inspiration et l'énergie nécessaires pour accomplir notre tâche selon les desseins divins. Ceux du monde des esprits et Aigle Gris y pourvoiraient. Nous n'étions qu'une poignée, sans vraie idée et sans vrai cadre, sans projet à proprement parler. Nous travaillions dans le noir, uniquement guidés par la lumière de ceux du monde des esprits et par notre foi. Deux semaines après, nous avons ouvert notre premier centre de guérison. C'était en août 1985. Huit ans plus tard, nous avions huit centres et nous étions affiliés à la *British Alliance of Healing Association*, à la *Confederation of Healing Organizations* et nous étions inscrits au *British National Register*. Nous avons fondé une organisation caritative et toute notre équipe travaille à titre bénévole. Aucun de nous n'est fortuné et la plupart de nos membres, infirmières, employés de bureau, dessinateurs industriels, vendeurs, doivent travailler par ailleurs pour assurer leur subsistance. Je ne fais pas exception à la règle. C'est mon travail de médium et les consultations privées que je donne qui constituent ma source de revenus. Sans cela, je ne serais pas en mesure, comme les membres de mon équipe, d'accorder autant de temps à notre organisation. Il y a des périodes où je me consacre davantage à ma tâche de guérisseuse qu'à celle de médium. Je me rends à domicile ou dans les hôpitaux, au chevet de malades incapables de se déplacer jusqu'à l'un de nos centres. L'administration d'une organisation comme la nôtre, même si elle n'a pas une grande envergure, exige beaucoup de temps et d'énergie. De nombreux malades viennent nous voir du monde entier lorsque tous les autres traitements ont échoué. Vieux ou jeunes, croyants ou athées, souffrant de maladies et problèmes variés d'ordre physique ou psychologique.

Caroline avait 7 ans et était infirme. Depuis l'âge de 2 ans, elle était incapable de tendre sa jambe droite. Ses parents étaient désespérés. A partir du genou, la jambe de cette petite fille ne cessait de maigrir et les médecins pensaient que ses muscles s'asphyxiaient. Ils parlaient même, si cette tendance se confirmait, de l'amputer en partie. D'innombrables examens et opérations n'avaient pas apporté d'explication à son cas. Face à ce problème qui échappait à leurs analyses, les médecins ne savaient plus quoi faire. C'est l'éventualité d'une amputation qui a poussé les parents de Caroline à s'adresser à l'un de nos centres, en dépit de leur scepticisme. Un voisin leur avait parlé de nous et ils avaient décidé de tenter le tout pour le tout.

Nous avons traité Caroline pendant environ dix-huit mois. Elle venait chaque semaine, avec un bouquet de rubans bleus dont je lui avais fait cadeau toujours épinglé à sa robe. Parfois elle arrivait en larmes, parfois à reculons, mais la plupart du temps, un sourire de ma part suffisait à la détendre. Elle a fini par nous accorder sa confiance. Notre équipe de guérisseurs et d'apprentis guérisseurs, sous ma direction, a œuvré sans relâche et avec dévouement, déployant son énergie et l'énergie universelle sur laquelle ils se branchaient, se concentrant afin de devenir un canal de transmission efficace. Caroline continuait néanmoins à voir ses médecins – nous conseillons toujours à nos patients de le faire – et eux aussi s'émerveillaient de ses progrès soudains et réguliers. Puis un soir, au bout de plusieurs mois, elle est entrée dans le centre de guérison sans boiter comme à l'ordinaire, mais bien plantée sur ses deux pieds. La tête haute, les yeux fixés sur mon visage, elle attendait ma réaction. Après tous ces mois d'incertitude et de travail acharné, nous savions qu'elle tenait le bon bout.

Aujourd'hui, Caroline est une petite fille normale et en bonne santé, qui pratique avec assiduité la natation et la bicyclette. Ses jambes sont solides, ses muscles se développent correctement, elle et sa famille ont trouvé la paix. La dernière fois que j'ai parlé avec son père, il m'a dit : « Rosemary, je ne suis pas persuadé que ce soit les soins que vous avez apportés à Caroline qui ont fait la différence, physiquement parlant. J'ignore s'ils ont changé la structure de sa jambe et s'ils lui ont permis de se redresser. Mais je suis convaincu du changement qui a joué un rôle dans sa guérison : vous lui avez donné la volonté de croire en elle, la force d'essayer. Son mode de pensée, son attitude, ont complètement changé, dans un sens positif. Elle a désormais confiance, non seulement en vous, mais surtout en elle-même et en sa capacité de mener une existence normale et pleine. Je ne saurai jamais comment vous en remercier. »

C'est lors d'instants comme celui-là que mon équipe et moi sommes en mesure d'éprouver les véritables récompenses de nos efforts, que nous savons pourquoi nous peinons si dur et avec un tel dévouement, que nous pouvons sourire et remercier Dieu de nous avoir accordé ce don de guérir.

Comment puis-je expliquer la façon dont la guérison s'opère ? Lorsque je parle d'énergie, d'universalité, de Dieu, de l'énergie bienfaisante sur laquelle un praticien peut « se brancher », je la compare à l'énergie électrique, invisible et intangible, mais néanmoins tout aussi réelle et beaucoup plus puissante. Un guérisseur, à l'aide de l'esprit, du cerveau, de l'énergie, projette une pensée vers l'univers. L'univers reçoit cette pensée, cette impulsion d'énergie et la mélange à la sienne avant de la renvoyer au guérisseur, qui la transmet au patient. Pour le malade et le guérisseur, ce moyen reste très doux malgré la grande énergie déployée. Le patient est assis ou allongé en position confortable, détendu. Le guérisseur commence par poser les mains sur lui, soit sur sa tête, soit sur ses épaules. Il s'immobilise complètement pour essayer de sentir intuitivement l'endroit où il doit transmettre le plus son énergie bienfaisante. Imaginons un patient qui a du mal à respirer. Le guérisseur se « sentira » automatiquement poussé à poser les mains sur sa poitrine. Si le malade souffre d'une blessure à la jambe, il en ira de même : le guérisseur posera les mains dans la région de la zone affectée, bien que cela ne soit pas toujours le cas. Rien de théâtral, aucune singerie. Le malade se détend inévitablement, il lui arrive même souvent de s'assoupir et, lorsqu'il se réveille, il est calme, reposé, en paix. Le guérisseur s'est concentré sur son corps physique mais, en utilisant de manière constructive l'énergie produite, il a pris conscience de son moi spirituel, de la lumière de son âme, et il lui a apporté la guérison.

De la même manière, nous sommes capables d'apporter des soins à distance en faisant usage de l'énergie mentale reliée à l'énergie universelle, l'énergie divine. Nous projetons nos pensées à l'extérieur et en concentrant notre énergie bienfaisante à distance sur notre patient. Cette énergie pure voyage à travers le temps et l'espace afin d'atteindre la personne vers laquelle nous la dirigeons. Cette énergie ne connaît aucune limite. Aucune distance ne l'entrave. Nous avons des patients dans le monde entier qui bénéficient de la guérison que nous leur envoyons.

Je pourrais vous raconter nombre d'anecdotes, tristes, drôles, inspiratrices. Un jour, j'écrirai peut-être un livre entièrement consacré à la guérison, aux malades, aux guérisseurs, aux élèves qui se donnent si magnifiquement et, bien entendu, à ceux du monde des esprits qui nous aident et nous guident dans notre travail. L'histoire que je vais vous raconter, et qui n'est pas terminée, a débuté pour la *Rosemary Altea Association of Healers* (RAAH) il y a environ sept ans.

Liz Hornby avait lu dans le journal local que notre deuxième centre de guérison venait de s'ouvrir à Scunthorpe, une ville du nord de l'Angleterre proche de l'endroit où elle vivait. Son fils Mark, âgé à l'époque de 22 ans, avait été renversé par une voiture un an plus tôt, alors qu'il traversait la route. Il avait été très grièvement blessé à la tête et le chirurgien qui l'avait opéré avait affirmé à ses parents qu'il resterait un légume jusqu'à la fin de ses jours. Au bout de huit mois, il avait donné des signes de sortie du coma et les médecins s'étaient aperçus que son cerveau n'était pas complètement endommagé. Selon leur diagnostic le plus optimiste, il serait capable d'entendre et de comprendre ce qu'on lui disait, mais en aucun cas de répondre. Vu les circonstances, on pouvait estimer qu'il s'agissait d'un miracle.

Ses parents ont fini par ramener Mark chez eux. Ils n'avaient aucun espoir d'un avenir plus lumineux mais, au moins, leur fils était encore en vie. La détermination de Liz Hornby à aider son fils l'a poussée à s'adresser à la RAAH. La première fois, je me suis personnellement rendue au chevet de Mark pour constater son état et décider lequel de nos guérisseurs lui attribuer. Jamais je n'oublierai cette première visite. Du fait des lésions qu'il avait subies à la colonne vertébrale, le jeune homme était affaissé dans un fauteuil roulant, incapable ou presque de soulever la tête, ayant perdu la motricité de ses bras et de ses mains à l'exception d'un doigt. De la bave coulait de sa bouche. Pendant que je lui parlais, il a légèrement tourné la tête vers moi et j'ai lu dans ses yeux qu'il comprenait parfaitement tout ce que je lui disais. Ses yeux souriaient… J'y ai même vu de l'humour lorsque j'ai plaisanté avec lui. J'ai alors compris que c'était moi qui allais soigner Mark, que je trouverais toujours du temps pour lui, en dépit de mon agenda surchargé.

Comme nous travaillons en équipe à la RAAH, c'est aidée de ses membres que j'ai pu faire en sorte que Mark reçoive au minimum la visite de l'un d'entre nous une fois par semaine. Une de mes collègues, Joan Mould, m'accompagne régulièrement et elle me relaie quand je suis en voyage à l'étranger.

Mark est toujours en fauteuil roulant, mais il est à présent capable de parler et il est traité par un orthophoniste. Il accomplit des progrès remarquables et se fait facilement comprendre. Il va à l'université une ou deux fois par semaine et il apprend à se servir d'un ordinateur. Il rédige lui-même toutes ses cartes d'anniversaire et de Noël.

Il y a environ quatre ans, Mark a subi des examens approfondis dans un hôpital, afin d'établir un bilan général de son état. Le médecin, quoique sidéré par ses progrès, a affirmé à Liz et Bob, ses parents, qu'il n'en ferait pas d'autres, qu'il ne remarcherait jamais, étant donné qu'il avait eu un écrasement partiel de la colonne vertébrale lors de son accident. Les radios le montraient très clairement. Par conséquent, Mark ne pourrait jamais se lever et supporter son propre poids. Mais les voies de Dieu restent impénétrables. Mark réapprend aujourd'hui à marcher et il s'en sort très bien. Et quand je dis marcher, je ne parle pas de faire simplement un pas ou deux. Des problèmes d'équilibre l'empêchent pour l'instant de se déplacer sans soutien. Mais sa solidité physique et sa confiance augmentant, nous ignorons jusqu'où il ira. Il a déjà vaincu des montagnes.

De nombreuses personnes, amis, soignants, médecins ont apporté de l'aide à Mark et à sa famille. Mark a été encouragé par beaucoup de monde, à commencer par sa mère, une femme courageuse qui s'est battue pour améliorer les conditions d'existence de son fils. Mark a lui aussi lutté et il est en train de gagner son combat.

Mon organisation n'est qu'un rouage minuscule. Mais il arrive qu'avec l'aide de Dieu il provoque des miracles. Avant d'inclure cette histoire dans mon livre, j'ai demandé à Mark et à ses parents s'ils souhaitaient y ajouter quelque chose. Sachant qu'elle allait être publiée et que des personnes vivant le même drame qu'eux la liraient sans doute, Bob et Elizabeth Hornby m'ont demandé d'inclure ce commentaire : « Rosemary, vous avez fait luire l'espoir quand tout le monde nous apportait le désespoir. » Il suffit parfois d'un homme, d'une voix, pour ébranler le monde.

Mark rit toujours et, à mes yeux, c'est le plus grand de tous les miracles.

Notre pouvoir intérieur

Au début, j'ai eu du mal à accepter mon rôle de guérisseuse, mais savoir que Dieu et l'univers sont à l'origine de ce pouvoir m'aide à m'y consacrer. Il m'a fallu de nombreuses années pour découvrir ce pouvoir et le mettre en pratique, et je sais qu'il me reste beaucoup à apprendre. J'ai eu de la chance. Aigle Gris m'a prise par la main et m'a menée jusqu'à l'endroit où je me trouve aujourd'hui.

Cela se passait en 1983. Je n'en revenais pas de me trouver dans l'un des pays les plus fascinants du monde – l'Égypte mythique et mystique –, que je rêvais depuis toujours de visiter. Le but de mon voyage était d'effectuer des recherches à propos des anciens Égyptiens. Je souhaitais découvrir, dans la mesure du possible, comment ils parvenaient à capter ces énergies invisibles que certains d'entre nous qualifient de pouvoir médiumnique. J'avais lu des ouvrages sur la déesse Isis et sur ses dons de guérisseuse. Son histoire m'intriguait davantage que celle de tous les autres dieux et déesses égyptiens. J'espérais me rapprocher d'elle et de ses convictions spirituelles, car cela m'aurait permis d'acquérir une meilleure compréhension de mon sujet et de mon travail de médium.

J'ai passé trois semaines à explorer des temples, des ruines, des mausolées et des musées. Mais c'est seulement après avoir visité les pyramides et exploré l'intérieur de la « grande pyramide » de Gizeh que j'ai fait pour la première fois l'expérience de ce phénomène psychique bien connu, le voyage astral. C'est la faculté du corps éthérique de quitter le corps physique, d'en sortir et de partir en voyage d'exploration à travers le temps et l'espace. D'aller là où les barrières physiques sont abolies et où tout est possible.

Ma visite de l'intérieur de la « grande pyramide » m'a déçue et j'en suis ressortie avec le sentiment qu'on me laissait tomber. Dieu seul sait ce que je m'attendais à y trouver ou à y ressentir. Je n'y ai vu ni ombres ni fantômes du passé, et je n'y ai entendu aucune voix inconnue me chuchoter son histoire. Je n'y ai vu aucune lumière ; je n'y ai senti aucune énergie. Alors que je me tenais en son centre, je n'ai pas du tout, contrairement à ce que j'avais imaginé, été balayée par une sensation de pouvoir extraordinaire. C'est en redescendant par les couloirs étroits que j'ai demandé à Aigle Gris s'il pensait que cette expérience m'avait apporté quelque chose.

Il m'a répondu par un seul mot : pouvoir. Je ne l'ai pas compris. En émergeant à la lumière éclatante du soleil, j'étais extrêmement contrariée. J'avais passé une journée épuisante et je suis rentrée à mon hôtel éreintée et affamée, bien décidée à ne plus réfléchir avant d'avoir passé une bonne nuit. Je me suis réveillée au milieu de la nuit et me suis retrouvée debout entre les deux lits. La pièce était plongée dans l'obscurité mais, grâce au rayon de lune qui filtrait entre les rideaux, j'y voyais très bien. Tout m'avait l'air normal et je n'ai éprouvé aucune sensation bizarre. Mais quelques instants plus tard, une pensée m'a traversé l'esprit : « Qu'est-ce que tu fais ici ? » Automatiquement, j'ai tourné la tête en direction de l'endroit où se trouvait mon lit.

Je n'ai éprouvé ni choc ni étonnement, juste une vague curiosité, face à la silhouette immobile et en apparence encore endormie dans le lit dont je venais de sortir – cette silhouette que j'ai reconnue sur-le-champ comme étant la mienne ! Une autre pensée m'a traversé l'esprit : c'est sûrement comme ça quand on est mort. Cette idée m'a fait rire, même si j'étais proche de la vérité, puis ma curiosité l'a emporté. « Je vais explorer », me suis-je dit, et j'ai immédiatement concrétisé cette pensée. Comme pour les pyramides, je ne peux pas dire à quoi je m'attendais mais, cette fois, j'étais persuadée que quelque chose allait se produire.

J'avais souvent entendu parler de la vitesse de la lumière mais, pour moi, cette expression restait peu claire. Jusqu'à cet instant. J'avais conscience de bouger (« voyager » serait un terme plus exact) à une rapidité extraordinaire. Tout me paraissait naturel et facile. Je ne flottais pas, je ne volais pas, aucun effort n'était exigé de moi, et pourtant je voyageais. J'effectuais un voyage astral. En un bref espace de temps, un temps d'un ordre différent que je suis incapable de décrire avec des mots, je me suis retrouvée dans une vaste pièce brillamment éclairée, entourée de gens. Tout le monde bavardait et, à l'ambiance gaie et animée, j'en ai conclu qu'il s'agissait d'une espèce de réception. J'étais très à l'aise. Je n'éprouvais ni nervosité, ni peur, juste une immense exaltation. Il ne s'agissait pas d'un rêve ni d'un débordement d'imagination. Il m'a suffi d'embrasser les lieux du regard pour comprendre que tout était réel.

Avec le seul récit des événements de cette nuit-là, je pourrais remplir un livre. Je le ferai peut-être en une autre occasion. Tout ce que je peux faire ici, c'est fournir un petit aperçu de l'éventualité d'un autre monde, d'une autre dimension et d'un autre temps.

Les personnes que j'ai rencontrées cette nuit-là me semblaient parfaitement réelles, faites de chair et de sang, pour ainsi dire. Il y en avait de tous les âges et elles portaient le genre de vêtements que l'on choisit en général pour une réception décontractée. J'ai ressenti exactement la même impression en leur serrant la main qu'en serrant celle d'un être de notre monde. J'avais la sensation d'habiter la même enveloppe physique que celle que je venais de quitter. Ce qui m'a le plus impressionnée lors de cette visite dans cet endroit, ce sont les couleurs. Tout était si frais, si pimpant, si pur, qu'elles ressortaient magnifiquement. Et je n'évoque pas ici que la couleur du ciel, de l'herbe ou des fleurs du jardin. Les couleurs des robes des femmes elles-mêmes avaient l'air beaucoup plus nettes.

J'avais lu beaucoup de comptes rendus de voyages astraux, et nombre de mes clients et patients m'avaient demandé si j'y croyais. Avant cette nuit-là, je pouvais juste leur répondre qu'ils me paraissaient appartenir au domaine du possible. Depuis cette expérience, j'en ai effectué beaucoup, et j'ai toujours eu la même vision et la même conscience de ce qui m'arrivait.

Un matin, peu de temps après ce premier voyage, je me suis réveillée très tôt. J'étais chez moi. D'un geste automatique, j'ai cherché mon réveille-matin sur la table de chevet, dans l'espoir de disposer d'encore un peu de temps pour paresser. Il était 6 heures. « Formidable, ai-je pensé, j'ai encore deux heures devant moi. » Je me suis pelotonnée dans mon lit et j'ai alors éprouvé cette sensation familière, annonciatrice d'un événement à venir. Cette fois, cependant, mon corps s'est mis à trembler. J'avais l'impression d'être secouée par un volcan intérieur sur le point d'exploser. J'ai décidé de ne pas laisser aller plus loin cette chose ou cet être mystérieux qui s'emparait de moi. J'ai serré les dents et hurlé mentalement à Aigle Gris de venir à mon aide. Au prix d'un énorme effort, je suis parvenue à rester maîtresse de mon corps. Je me suis obligée à m'asseoir et j'ai exhalé un soupir de soulagement. J'ai retapé mes oreillers et me suis de nouveau étendue, complètement éveillée et sur le qui-vive. Le réveille-matin indiquait à présent 6 h 15. Quelques secondes m'ont suffi pour regretter d'avoir mis un terme à cette occasion de voyager. Je savais qu'Aigle Gris ne m'avait pas quittée. Un peu hésitante, mais quand même déterminée à effectuer cette expérience, je lui ai dit : « Bien, on y va. Mais n'oubliez pas que je ne veux pas aller loin. »

J'ai détendu mon corps et, avant même d'avoir le temps de le réaliser, j'ai été secouée de nouveaux tremblements. Cette fois, rassurée par la présence d'Aigle Gris, j'ai laissé cette sensation s'amplifier. Puis, j'ai commencé à me déplacer, propulsée par une force d'une magnitude inouïe, à une telle vitesse que j'ai senti la peau de mon visage se tendre et mes dents se dénuder. J'ai eu l'impression de traverser un long tunnel obscur et de me retrouver à l'entrée d'un passage. Un bref instant, il m'a semblé être une fillette d'environ 7 ans, apparemment borgne. Mais cette sensation a vite été balayée et je me suis retrouvée telle qu'en moi-même, sans infirmité et en chair et en os. J'ai mis un certain temps à embrasser la scène que j'avais sous les yeux. Je n'arrivais pas à y croire et, en même temps, j'étais enthousiasmée et émerveillée par sa réalité. Je contemplais une place de marché avec des étals et un sol pavé de pierres rondes, débordante de gens qui allaient et venaient, bavardaient, riaient, criaient, faisaient leurs emplettes, comme sur toute place de marché animée. A la différence près que tout ce beau monde était en costume victorien et que les bâtiments environnants dataient manifestement de la même époque. Pour tout dire, j'avais l'impression d'être entrée de plain-pied dans un roman de Charles Dickens, hormis deux détails. Pour commencer, tout était propre et net. Les robes des femmes n'étaient ni sales ni recouvertes de boue comme elles auraient dû l'être. Aucune ordure, aucun détritus ne jonchait la place. Et les couleurs n'avaient rien à voir avec celles que je voyais en ce bas monde. Elles étaient beaucoup plus lumineuses, claires et définies.

Je suis sortie du tunnel et j'ai commencé à me déplacer lentement au milieu de cette foule, me tournant pour adresser un sourire à l'un ou pour dire bonjour à l'autre. Personne ne m'a répondu mais cela ne m'a pas gênée, car j'étais trop occupée à vivre cette expérience exaltante. Tandis que j'avançais, mon regard a été attiré par une rangée de boutiques sur ma gauche et mon étonnement s'est transformé en incrédulité. Sans doute suis-je restée bouche bée devant ce que mon cerveau enregistrait. Il s'agissait d'une enseigne suspendue au-dessus de la porte d'une échoppe qui portait l'inscription « Rosemary Susan Edwards, dentellière ». Je ne reconnaissais pas cet endroit, mais je savais que je m'y trouvais pour de bon, que j'y étais arrivée par un voyage astral et que je devais y apprendre quelque chose. Peut-être avais-je vécu ici dans une autre vie, à une autre époque. Il fallait que j'y réfléchisse. Une chose était sûre : d'une façon ou d'une autre, cette enseigne avait un rapport avec moi : mon nom de jeune fille est Rosemary Susan Gail Edwards.

Sans en avoir conscience, pendant que ces pensées se bousculaient dans ma tête, j'avais continué à avancer au milieu de la foule jusqu'à la lisière de la place. J'approchais d'un petit pont en arche. Deux femmes encadraient l'entrée de ce pont. Elles étaient vêtues de costumes tout à fait différents de ceux des personnes que je venais de croiser, et j'ai senti qu'elles n'appartenaient pas à leur monde. Elles étaient grandes, assez solidement bâties, avec des cheveux blonds tirés en arrière. Elles portaient de simples robes gris pâle lacées à la taille par un cordon. Non sans enthousiasme, car je savais intuitivement que ces deux femmes ne m'ignoreraient pas comme les autres, je me suis engagée sur le pont. Elles m'ont suivie et je leur ai demandé : « Auriez-vous la gentillesse de me dire où je suis ? »

Celle qui marchait à ma droite m'a répondu : « Je vais vous donner un indice : vous êtes sur l'A 21. » (En Angleterre, les routes sont ainsi nommées : Route A, Route B, Route M, etc.) Sans en avoir conscience, j'avais posé les mains sur le parapet du pont. La femme qui me parlait a placé une main, gentiment mais fermement, sur ma main droite. Le choc de sentir de *la chair contre la chair* – car c'était la première fois que je sentais un contact physique lors de cette expérience – m'a fait perdre la tête. J'ai regardé sa main sur la mienne et je me suis affolée. « Je veux repartir », ai-je lancé à Aigle Gris. Immédiatement, j'ai atterri bruyamment. J'avais réintégré mon corps, mon lit et je contemplais l'endroit d'où je venais : non loin du plafond, dans un angle de ma chambre, l'entrée du tunnel par lequel j'avais voyagé. Il s'agissait d'une masse d'énergie en mouvement formant un rond parfait. L'image la meilleure, la plus précise que je puisse en donner est celle d'un essaim d'abeilles bourdonnant, dont la couleur aurait été un camaïeu de gris. J'avais la certitude d'être venue de là. J'ai regardé une nouvelle fois mon réveille-matin : il était 6 h 30. Cette expérience n'avait duré qu'un quart d'heure – quinze minutes du temps calculé selon nos critères. Mais au fil des années, j'ai appris que le temps, dans le monde des esprits, ne se mesure pas comme ici-bas.

J'ai du mal à exprimer l'enthousiasme qu'a provoqué en moi cette expérience. J'avais hâte d'en faire part à mes amis. Malgré son caractère fantastique, elle a vraiment eu lieu. Est-ce que je la comprends ? Non, pas entièrement. Et vous, mes lecteurs ? J'en doute fort, mais sachez que le doute que nous inspirent ces événements qui nous arrivent ne signifie pas qu'ils ne sont pas survenus. Voir n'est pas toujours synonyme de croire, alors que faire soi-même l'expérience des choses l'est. Je crois !

*

Il aurait évidemment été impensable de quitter l'Égypte sans faire un détour par la Vallée des Rois et la Vallée des Reines, et j'ai donc pris un avion du Caire à Louxor pour passer quatre jours là-bas. Je n'ai jamais visité de lieux plus fascinants. C'est là que j'ai découvert, à travers mes recherches, l'importance que les anciens Égyptiens accordaient à la vie après la vie. Tant de leurs convictions correspondaient aux miennes que j'ai senti une compatibilité qui défiait le temps et l'espace entre nous. C'est à Louxor que j'ai vraiment commencé à comprendre ce qu'Aigle Gris entendait par « pouvoir », cette réponse lapidaire qu'il m'avait faite lorsque je lui avais demandé en quoi ma visite à l'intérieur de la « grande pyramide » m'avait enrichie.

Je séjournais dans le palais de l'ancien roi Farouk, transformé en hôtel depuis de nombreuses années. Je disposais d'une chambre vaste et confortable donnant sur un paysage splendide. De grandes portes-fenêtres s'ouvraient sur une petite terrasse surplombant le Nil. De l'autre côté du fleuve se dressaient les hautes collines derrière lesquelles se trouvaient les lieux de sépulture des anciens pharaons que j'étais venue voir de si loin.

Durant mon séjour à Louxor, j'ai passé beaucoup de temps sur cette terrasse à contempler le fleuve. Les bateaux, grands ou petits et pour la plupart en piteux état, me fascinaient. J'avais l'impression que les « hôtels flottants » qui transportaient les touristes pour des vacances inoubliables chavireraient au moindre éternuement d'un seul de leurs passagers. Mais c'était surtout les felouques, ces petites embarcations à voile, qui m'attiraient, et j'étais bien décidée à faire une excursion à bord de l'une d'elles avant de regagner Le Caire.

Cela n'avait pas l'air très difficile à organiser et, à entendre les jeunes garçons qui manœuvraient les felouques, j'aurais dû le faire dès le premier jour. La seule chose qui les intéressait, c'était l'argent des touristes. Ils se gardaient bien de leur dire que, par manque de vent, les bateaux ne pourraient pas naviguer. Quatre jours durant, les petites embarcations à voile sont donc restées immobiles près de la rive. Les jeunes garçons, de plus en plus désespérés, importunaient le moindre touriste qui s'aventurait par là, empêchant quiconque de se promener tranquillement le long du fleuve.

Mon dernier jour à Louxor est arrivé. Vent ou pas vent, je me sentais tenue de remplir la promesse que je m'étais faite. Les deux garçons auxquels je me suis adressée, qui avaient tout juste dépassé les 10 ans, ont eu du mal à croire en leur bonheur et se sont empressés de me faire monter à bord de leur petit bateau avant que je ne change d'avis. Durant vingt longues minutes fort ennuyeuses, l'un d'eux a propulsé l'embarcation à l'aide d'une longue perche, tandis que le plus jeune essayait de nous faire avancer en s'accrochant aux nombreux autres bateaux qui mouillaient sur cette rive du fleuve.

« Ça ne sert à rien », ai-je finalement grommelé en mon for intérieur. J'ai alors demandé aux garçons de hisser la voile pour voir ce que cela donnerait, car être poussée et tirée sur le Nil n'avait franchement rien d'enthousiasmant. L'aîné de mes deux « marins » m'a expliqué l'inutilité d'une voile en l'absence de vent. Il a ajouté poliment que, s'il était capable de le faire souffler, il le ferait mais que, malheureusement, ce n'était pas le cas. « Très bien, ai-je répliqué avec assurance, si vous voulez que je fasse souffler le vent, je vais le faire souffler. » Je me suis tout de suite concentrée pour parler à mon guide. Mentalement, j'ai demandé à Aigle Gris de faire souffler une brise dans la voile de notre petite embarcation, afin de lui permettre de danser sur l'eau. Le regard fixé vers l'endroit où il se trouvait, silencieuse et immobile, j'ai rassemblé toute mon énergie pour l'aider. Dix minutes plus tard, j'ai commencé à constater les résultats.

Au début, j'ai senti une brise légère caresser mes joues, puis des doigts jouer dans mes cheveux. Le fleuve s'est ensuite mis à chanter lorsque le vent a dessiné des ronds dans l'eau comme si on y jetait des galets. Une rafale a soudain fait gonfler la voile de notre felouque. Comme elle était lâchement ferlée, elle a essayé de se libérer. Quelques secondes plus tard, le fleuve entier s'est animé. Les jeunes mariniers ont mis leurs embarcations à l'eau à grand renfort de hurlements et de cris de joie. Ils riaient, se faisaient des signes et s'interpellaient. Leur attente était terminée, Allah faisait preuve de bonté à leur égard et ils pouvaient reprendre leur travail.

La voile à présent hissée et gonflée par le vent, nous nous sommes avancés jusqu'au milieu du fleuve. Mes deux moussaillons restaient silencieux, l'air dubitatif et embarrassé. L'aîné posait sur moi un regard scrutateur et interrogateur. J'ai donc répondu à sa question muette. Le regardant droit dans les yeux, je lui ai dit tranquillement : « Tu voulais le vent, je te l'ai donné. » Ils n'échangeaient des propos entre eux qu'en cas de nécessité, se contentant de couler de temps à autre vers moi des regards furtifs. Et, malgré la difficulté que cela représentait dans le cadre de ce petit espace, ils se sont arrangés pour ne pas s'approcher à moins d'un mètre de moi.

Plus tard, dans ma chambre, j'ai beaucoup réfléchi à ce qui s'était passé, ainsi qu'à la force et à l'énergie nécessaires pour créer ce genre de phénomène. Lors de ma visite de la « grande pyramide », Aigle Gris m'avait dit que j'avais acquis du pouvoir et je ne l'avais pas compris. Je pense qu'il entendait par là que j'avais pris conscience du pouvoir que je possédais déjà. Il me revenait, à présent, avec son aide, de maîtriser ce pouvoir et de l'utiliser au mieux, afin d'accomplir la volonté de Dieu : m'en servir pour aider les autres. Pardessus tout, ceux qui ont appris à contrôler un tel pouvoir, moi comprise, doivent se souvenir qu'il leur faut avant tout le respecter.

Personne ne met en doute le fait qu'au fil des siècles, des hommes et des femmes ont détenu un grand pouvoir, dont ils ont usé et abusé pour dominer les autres. Il est tout à fait possible de contrôler ou d'influencer les pensées d'une tierce personne, surtout lorsqu'il s'agit d'un esprit faible. Il est aussi possible d'utiliser son pouvoir, non à des fins constructives et créatrices, mais destructrices. L'histoire contient maintes histoires d'hommes et de femmes puissants et cruels, rois et reines, saints hommes, tyrans et gouvernants, qui s'en sont servis à des fins malfaisantes ou bienveillantes. De l'un ou l'autre bord, ces êtres ont une chose en commun : ils ont conscience de leur propre influence, ils savent comment l'utiliser, ils connaissent le pouvoir de l'esprit.

Le pouvoir que je possède, combiné à celui de l'univers, me permet d'être ce que je suis, d'avoir le courage d'exister, d'oser être moi-même. Il y a fort longtemps, j'ai prononcé un vœu, j'ai fait une promesse à Dieu, à l'univers, à tous ceux du monde des esprits. Quel que soit le nom attribué à ce pouvoir que je possède, ce don de voir, d'entendre, de communiquer, de voyager, de guérir, je l'utiliserai pour accomplir le bien, conformément aux demandes de l'univers : pour guérir et soulager le cœur, apporter de la joie et de la clarté et, je l'espère, la lumière.

Une vision de l'avenir

Maintenant que j'ai abordé les voyages astraux et le pouvoir intérieur que nous possédons, je vais évoquer la manière dont l'utilisation de ce pouvoir me permet de voir – et de voir l'avenir. Par où dois-je commencer ce chapitre, sachant que cet aspect de mes dons inspire une telle curiosité et qu'il me faut en apporter une explication ?

Partout dans le monde, de nombreuses cultures anciennes, conscientes de la valeur des « rêves », poussaient leurs membres à en faire le récit à leur « voyant », afin de lui permettre de les interpréter. Un rêve s'avérait parfois primordial pour un jeune homme qui se demandait s'il souhaitait devenir chasseur, guerrier ou artisan. Les rêves d'une jeune fille pouvaient lui apporter des indications sur son mari ou son bonheur futur. Ils revêtaient une telle importance que certaines tribus indiennes américaines envoyaient leurs jeunes gens méditer dans une « loge à transpirer » ou dans un lieu désert. Ce rituel spécifique s'appelait « quête de la vision ». Certains choisissaient de dormir ou d'entrer en transe, et il leur arrivait assez régulièrement de faire usage de substances hallucinogènes pour parvenir à leurs fins.

Cette vision qu'on les envoyait chercher, il revenait ensuite au sage de la tribu de l'interpréter, et c'était cette interprétation qui décidait de l'avenir du jeune homme. De son côté, le sage, le voyant ou le chaman effectuait de temps à autre les mêmes voyages oniriques, car une quête de vision réussie rendait sa voyance plus aiguisée, augmentait non seulement sa compréhension, mais l'aidait aussi à soutenir et à prodiguer ses conseils aux membres de la tribu dont il était responsable.

Mon guide avait souvent évoqué cet aspect des choses. Lui, Aigle Gris, le chaman, le chef spirituel de sa tribu, se servait donc de ce pouvoir de « voir » ce que contenait l'avenir, non seulement à son propre usage mais pour venir en aide aux autres. Parfois il savait, sans savoir comment. Souvent une vision lui arrivait sans qu'il eût fait le moindre effort pour la provoquer et parfois, lorsqu'il avait besoin d'être plus éclairé, il partait en quête de la vision et découvrait « l'avenir ».

On trouve de tout parmi les nombreux ouvrages qui ont été consacrés au chamanisme, du pire au meilleur. Certains donnent des instructions à l'homme de la rue sur la manière de devenir chaman. Lisez-les si cela vous fait plaisir, croyez-les si cela vous fait plaisir, mais laissez-moi vous faire part de mes convictions et de l'enseignement que j'ai reçu, même si je sais que vous ne serez pas tous d'accord avec moi. Seul un vrai chaman peut instruire un chaman. Seul un vrai chaman peut en guider un autre sur le chemin du chamanisme. Cet apprentissage prendra des années, voire une vie entière, avant que l'élève puisse se prétendre chaman aussi. Étant donné la grande part d'ésotérisme et de pouvoir occulte qui entre en jeu, la révélation de la science du chaman ne se fait que lentement. C'est ainsi qu'Aigle Gris, le chaman, a instruit son élève, sans résultat immédiat, au prix de leçons d'une grande rigueur, mais en manifestant toujours beaucoup de compréhension à l'égard de ses nombreux défauts, et en reconnaissant toujours sa fragilité.

C'est ainsi que moi, l'élève, médium et guérisseuse, du fait de mes faiblesses, j'ai souvent fait preuve d'impatience, manqué de compréhension, me suis fâchée et brutalisée moi-même, car mon impatience était telle que je me croyais capable d'apprendre plus vite que la musique ; c'est ainsi qu'avec du temps et de la patience, Aigle Gris, le chaman, m'a transmis son enseignement.

Il m'est aisé de « voir » l'avenir d'un tiers, car ceux du monde des esprits, par mon intermédiaire, sont souvent prêts à soutenir et éclairer leurs êtres chers, sous la forme de conseils ou d'indications quant à des opportunités ou des choix. Il leur arrive de me montrer le chemin qu'une personne empruntera inévitablement, sans échappatoire possible. Aigle Gris est toujours prêt à montrer clairement la voie lorsque ceux du monde des esprits l'estiment nécessaire et pensent que cette personne bénéficiera de cette orientation. Mais il arrive aussi que la porte reste fermée, que la connaissance de l'avenir ne soit pas divulguée, probablement parce que ceux du monde des esprits considèrent que la diffusion de cette information causerait du tort à la personne, la mettrait en difficulté, ne ferait que la troubler. Ou parce qu'ils pensent qu'en dire trop nuirait à son processus d'apprentissage. Chacun doit trouver soi-même certaines réponses, car c'est dans la quête de ces réponses que l'être humain grandit. Mais je dirais que je parle le plus souvent de leur avenir à mes clients, sans leur dicter une ligne de conduite, mais en leur permettant de voir leur potentiel, en les aidant à ouvrir une porte qu'ils n'avaient pas vue, en attirant leur attention sur une opportunité pour leur permettre d'en tirer le meilleur parti. Je leur apporte un espoir là où il faisait cruellement défaut, je leur donne de la confiance lorsqu'ils n'en ont pas, je les avertis de la nécessité de prendre leur temps, là où une décision hâtive risquerait de causer des dégâts.

Je suis née avec le pouvoir de voir, mais Aigle Gris m'a appris à utiliser ce don avec d'infinies précautions et un sens aigu de mes responsabilités, car certains me laisseraient volontiers leur dicter le moindre de leurs gestes, diriger leurs vies. Il en est d'autres qui, connaissant ce pouvoir que je détiens et ayant fait l'expérience de sa précision, seraient prêts (si je les laissais faire) à se reposer entièrement sur moi, au lieu de prendre leurs propres décisions. L'enseignement d'Aigle Gris s'est révélé efficace et, en ma qualité de médium, je me rends parfaitement compte de l'effet que j'exerce sur chaque individu qui a recours à moi. J'ai conscience d'être en mesure de changer la vie d'une personne, cela s'étant déjà produit à de nombreuses reprises. Je traite donc mes dons avec beaucoup de précautions, sachant qu'ils sont d'ordre divin.

Des questions les plus terre à terre aux questions essentielles, j'ai appris qu'aucune information sur l'avenir ne nous est donnée sans qu'il n'y ait une bonne raison à cela et que, si nous l'utilisons avec sagesse, nous en tirerons profit.

Je me souviens d'une vision que j'ai eue un jour, celle de la voiture d'une amie, garée sur le bord de la route avec un pneu dégonflé. Sachant que cette amie allait rendre visite à sa mère le lendemain et que le trajet en voiture serait assez long, j'ai décidé de lui faire part de ce que j'avais vu. Elle a donc fait vérifier l'état de ses pneus avant de prendre la route. Comme son mari et son fils sont mécaniciens, ils ont également procédé à une révision complète du véhicule, sans trouver le moindre problème. Mais je l'avais prévenue, si bien qu'elle a conduit beaucoup plus calmement qu'à l'accoutumée pour se rendre chez ses parents. Le voyage s'est bien passé et elle est arrivée sans encombre à destination. Après la traditionnelle tasse de thé britannique, ses parents et elle ont décidé d'aller faire une promenade pour se dégourdir les jambes. Ils sont sortis et sont passés devant la voiture, garée sur le bord de la route avec un pneu à plat.

Personne ne peut affirmer qu'un accident a été évité. Personne ne peut avoir l'assurance que, si mon amie avait conduit à sa vitesse habituelle, le pneu aurait éclaté et lui aurait fait quitter la route. Personne ne sait. Mais je peux vous affirmer une chose : mon amie Joan a une opinion bien arrêtée sur la question.

Bien sûr, j'aide, soutenue par ceux du monde des esprits, je guide les gens dans bien des domaines de l'existence que j'ai déjà abordés dans ce livre. Je considère comme un fait avéré la faculté de nombreuses personnes d'avoir des aperçus plus ou moins détaillés de l'avenir, mais la précision des détails, dans nombre des informations que je transmets, ne cesse de me sidérer, si bien qu'il m'est absolument impossible de faire preuve d'autosatisfaction, ce qui est loin d'être une mauvaise chose. Je ne prétends pas savoir comment les choses fonctionnent et je reconnais volontiers ne pas disposer de toutes les réponses, loin de là. En dépit de ce que mes dons pourraient laisser entendre, je ne suis ni omnisciente ni omnivoyante. Chaque fois que je sais *vraiment* quelque chose, j'ai conscience qu'il y a *davantage* à savoir, davantage à apprendre, bien davantage. Je n'essaie donc pas de présumer que A vaut B qui égale C. Si je le faisais, je poserais des limites au pouvoir de l'univers, qui n'en a absolument aucune.

Revenons à la transmission de messages concernant l'avenir. A la fin des années 80, j'ai été invitée à participer à une émission radio de la BBC. C'était à l'occasion de la course à la voile autour du monde. Le présentateur de l'émission, en même temps qu'il me parlait, bavardait par téléphone avec certains membres de l'équipe britannique qui participaient à cette course. Bien entendu, il m'a demandé si j'avais des conseils à leur donner. J'ai immédiatement répondu, car Aigle Gris me parlait pendant que le journaliste me posait sa question. « Je ne connais rien à la voile et à la navigation, ai-je dit, consciente que cette émission en direct était écoutée par des milliers d'auditeurs, mais on me dit de vous alerter à propos d'un problème de moteur ou d'ingénieur, et on me dit aussi qu'il faut prendre garde au flanc du bateau. »

Pendant que je transmettais mon message et que mes correspondants recevaient ma voix grésillante dans leur récepteur radio, je les ai entendus rire. Ils m'ont expliqué avec humour qu'un voilier n'a pas de moteur. Il était clair qu'ils ne me prenaient pas au sérieux, et bien mal leur en a pris. S'ils m'avaient écoutée, ou s'ils m'avaient un tout petit peu prêté attention, un accident tragique aurait peut-être été évité. Quelques jours plus tard, un des ingénieurs qui faisaient le voyage est tombé par-dessus bord et il s'est noyé. Un an plus tard, le présentateur, Charles Partridge, m'a invitée à revenir dans son émission. Cette fois, il a marqué un intérêt bien plus grand pour mon travail et m'a écoutée avec la plus vive attention.

Je pourrais raconter des centaines d'histoires à propos des clients que je reçois, dans lesquelles des informations du monde des esprits ont apporté espoir, réconfort et inspiration. Il y en a une qui me tient particulièrement à cœur.

C'était la première fois que je voyais cette dame, dont j'ai oublié le nom. Pour les besoins de mon récit, je l'appellerai donc Eva. Elle avait déjà frappé à plusieurs portes pour entendre parler de son avenir, mais elle n'avait encore jamais consulté de médium. Elle a donc éprouvé un choc quand la communication a été établie avec ses parents, morts quelques années plus tôt. Puis, elle en a été ravie.

Eva avait une soixantaine d'années. Elle était en bonne santé mais en plein désarroi affectif, comme me l'ont vite expliqué ses parents. Un jour, en rentrant chez elle, elle avait constaté que son mari avait plié bagages, après trente-cinq années de mariage, en ne lui laissant qu'un petit mot. Il avait emporté toutes ses affaires. Son départ avait laissé Eva effondrée et tourneboulée, car elle croyait mener une vie conjugale heureuse. Sans aucune nouvelle de lui depuis trois ans, elle était incapable d'imaginer autre chose qu'un avenir empli de chagrin et de solitude : elle était persuadée ne plus jamais être capable de faire assez confiance à un homme pour envisager d'avoir une liaison avec lui, et encore moins de se remarier.

Eva m'a tout de suite inspiré de la sympathie et j'ai demandé à Aigle Gris s'il pouvait l'aider, lui faire comprendre qu'un avenir moins lugubre l'attendait peut-être. A mon grand ravissement, j'ai eu une vision qui me montrait, si incroyable que cela puisse paraître, qu'Eva allait être heureuse. Un chemin m'est apparu, le chemin d'Eva, étroit et sombre au début. Je l'ai vue emprunter cette voie la tête basse, les épaules courbées, misérable et désespérée. Elle avançait, le cœur lourd et la démarche pesante. Puis, elle s'est approchée d'un tournant et, d'un seul coup, j'ai eu l'impression que le soleil venait de poindre. La lumière éclatante évoquait un avenir d'une grande beauté, qui la comblerait. En lui décrivant ma vision, j'ai fait preuve d'un tel enthousiasme qu'un rayon d'espoir s'est allumé dans ses yeux. En pleurs, elle m'a demandé si je croyais vraiment cela possible. Je n'en doutais pas, parce que ma vision était très claire, et je le lui ai affirmé. « Octobre, dans dix mois seulement, lui ai-je dit. Je sais qu'une attente de dix mois peut vous paraître bien longue, mais ils vont vite passer, vous verrez. Le soleil se lèvera, votre vie changera et vous trouverez un bonheur inouï. » Rassérénée, Eva s'est empressée de faire part de cet espoir à son fils. Au mois de novembre suivant, soit onze mois plus tard, c'est lui qui m'a appelée. Il m'a remerciée d'avoir transmis un si beau message à sa mère, qui lui avait permis de mener une vie plus heureuse. Elle en était venue à croire que sa vie allait s'améliorer, et c'était effectivement arrivé. « En définitive, elle est heureuse et en paix, m'a-t-il dit, puisque nous l'avons enterrée le mois dernier. »

Eva était morte d'une crise cardiaque au mois d'octobre. Sa voie avait en effet emprunté un virage et le soleil avait commencé à briller pour elle.

Souvent, je sais si mes patients gravement malades vont guérir ou passer dans l'autre monde. Comme je détiens beaucoup de réponses aux questions concernant la vie après la mort, il s'agit d'une partie difficile de mon travail de médium et de guérisseuse, surtout lorsque j'ai tissé des liens avec ceux qui sont en phase terminale.

J'évoquerai Margery, qui souffrait d'un cancer depuis quelque temps lorsqu'elle s'est présentée un soir à l'un de nos centres en compagnie de son mari. Il m'a suffi de lui parler pour savoir, « voir » qu'elle allait mourir. Indépendamment de ce qu'elle, moi ou n'importe qui d'autre ferions, elle franchirait bientôt la porte de la mort pour poursuivre son voyage dans l'autre monde. Au fil des mois suivants, nos conversations m'ont permis de comprendre qu'elle avait peur de mourir. Courageuse, elle laissait rarement entrevoir sa crainte. A moins de deux semaines de sa mort, tout en sachant qu'il ne lui restait que très peu de temps ici-bas, elle continuait à faire face. Je lui rendais visite chaque jour et, après lui avoir prodigué des soins, je restais à son chevet une heure ou deux. Nous bavardions ou je me contentais de lui tenir la main. Quelques jours avant sa mort, à mon arrivée chez elle, j'ai croisé le médecin qui partait. Tony, le mari de Margery, m'a dit : « Montez tout de suite la voir, Rosemary, j'en ai encore pour quelques minutes avec le docteur. »

Margery savait que son médecin s'en allait mais elle ignorait que j'étais arrivée. Se croyant seule, elle avait fondu en larmes. De l'escalier, je l'ai entendue supplier « Mon Dieu, mon Dieu, je ne veux pas mourir. Ne me laissez pas mourir ! » Du palier, j'apercevais l'intérieur de sa chambre. Elle s'était presque levée. Terrorisée, elle s'agrippait à la table de chevet. Comme elle n'aurait surtout pas voulu que je la voie dans cet état d'hystérie, j'ai voulu rebrousser chemin. Au même instant, elle a levé les yeux et m'a aperçue. Elle s'est tout de suite arrêtée de pleurer. Elle savait très bien que je n'étais pas dupe, mais elle voulait à tout prix garder sa dignité. Elle m'avait d'ailleurs toujours confié sa crainte de ne pas mourir dignement. Elle avait perdu tous ses cheveux, mais elle tenait absolument à porter une perruque jour et nuit. Son visage était cireux et gonflé, mais elle restait pleine de fierté.

Je me suis approchée d'elle, les mains tendues. Elle les a prises et s'est confondue en excuses. Elle espérait ne pas m'avoir bouleversée, elle ne se souciait que de moi et de mes sentiments. Nous avons longuement parlé. C'était la dernière fois, car elle a ensuite glissé dans le coma. Ce jour-là, elle m'a fait part d'une autre de ses peurs : elle craignait, une fois qu'elle aurait échappé à son enveloppe corporelle, de s'égarer, de ne pas trouver le chemin vers la lumière.

— Est-ce que vous vous sentiriez mieux si je venais avec vous ? me suis-je entendue lui dire. Je ne peux pas vous le promettre, mais je peux essayer. Ça vous aiderait ?

— Vous pouvez vraiment faire ça ? m'a-t-elle demandé.

J'ai consulté Aigle Gris, qui a acquiescé à ma question muette. « Oui, ai-je répondu. J'en suis presque certaine. Si cela peut vous aider, je vous accompagnerai. »

Je reconnais que ma proposition était pour le moins étrange. Mais j'avais déjà effectué de nombreux voyages astraux pour quantité de raisons. J'avais aidé des âmes en détresse à franchir la frontière entre les deux mondes. Tous ces voyages, toutes les rencontres que j'avais faits, m'avaient enthousiasmée. D'autre part, il m'était arrivé d'être présente, d'une façon ou d'une autre, à la « mort » de l'un de mes patients. Mais c'était bien la première fois que je proposais à une patiente de l'accompagner dans son voyage vers le monde des esprits.

Nombreux sont ceux qui effectuent des voyages astraux. Il s'agit d'une expérience exceptionnelle mais qui n'a rien de rare, et c'est la raison pour laquelle j'avais l'intention d'accompagner Margery. Aigle Gris me soutenait entièrement, sachant qu'elle en avait besoin.

Lorsque j'ai quitté Margery ce jour-là, elle était beaucoup plus positive, elle avait moins peur car elle ne se sentait plus complètement seule. Quelques jours plus tard, nous sommes parties toutes les deux en voyage. Un matin, à l'aube, alors que j'étais encore dans mon lit, « physiquement » parlant, je me suis retrouvée dans une vaste pièce de la taille d'une salle de bal, au centre de laquelle étaient disposées deux rangées de chaises dos à dos. J'étais assise sur le dernier siège de l'une de ces rangées, et tous les autres étaient occupés. Des bruits de bavardages emplissaient la pièce, comme si ces personnes attendaient quelque chose avec impatience.

Je me suis alors aperçue que ma présence suscitait la curiosité de quelques membres de cette assemblée, à l'autre bout de la pièce. Ils chuchotaient entre eux en me désignant du doigt. J'ai eu l'impression de reconnaître un ou deux visages, mais sans parvenir à me souvenir de l'endroit où je les avais déjà vus. Tandis que je réfléchissais à la question, un silence vibrant est tombé sur l'assistance, puis j'ai entendu des voix excitées : « Elle arrive ! Elle arrive ! » Mon regard s'est porté du côté de la pièce vers lequel toutes les têtes s'étaient tournées et j'ai remarqué une espèce de glissière sortant du mur. Je n'ai pas eu le temps de m'interroger sur le rôle qu'elle jouait. J'ai vu une femme apparaître et atterrir doucement dans la pièce.

Je la connaissais, mais je n'ai pas tout de suite réussi à mettre un nom sur son visage. Les personnes qui attendaient à l'autre bout de la pièce se sont dirigées vers elle, bras grands ouverts. Et j'ai compris. Il s'agissait de Margery. Mais pas la Margery que je connaissais. Celle-là ne portait pas de perruque. Ses cheveux, sains et brillants, tombaient sur ses épaules. Son visage n'était plus jaune et enflé, mais rayonnant. Ce changement m'a stupéfiée. J'ai aussi réalisé que les personnes présentes étaient celles auxquelles j'avais souvent parlé lorsque Margery vivait encore ici-bas : ses parents et sa famille du monde des esprits.

Quelque temps après, je me suis retrouvée dans mon corps. Moins d'une demi-heure plus tard, le téléphone a sonné. Il était environ 6 h 30. C'était Tony, le mari de Margery. Il m'a appris qu'elle était morte moins d'une heure auparavant. Je lui ai raconté ce que je venais de vivre et mon récit l'a beaucoup réconforté. De mon côté, cette expérience m'a fait comprendre que lorsque je prévois la mort, je vois en fait le début d'une nouvelle vie.

Voir l'avenir des autres est une chose ; voir le mien en est une autre. Il m'arrive de partir en quête de vision avec Aigle Gris, ou il m'envoie parfois des visions oniriques qui me permettent de clarifier ma position et m'apportent des précisions sur le chemin que je dois suivre. Il s'agit bien entendu de visions très personnelles, mais je vais néanmoins vous en raconter une, que j'ai eue en avril 1993. Je commencerai cependant par préciser que les visions oniriques nous sont parfois données sous forme de symboles qui nécessitent d'être interprétés.

Je me trouvais à bord d'un bateau à la forme mystérieuse, une longue embarcation étroite à la proue très effilée. J'étais installée dans une petite cabine en compagnie d'autres personnes, dont Lynn Picard, une amie américaine que j'avais rencontrée à Hong-Kong lors d'un déplacement professionnel. Pendant que nous bavardions, mon attention s'est portée sur un hublot situé à l'extrémité de la cabine, dans lequel s'encadrait une grosse colline rocheuse rouge émergeant de l'eau. Je me suis levée pour mieux voir et j'ai été éblouie par le panorama que je découvrais. Je suis sortie sur le pont, sans parvenir à saisir l'infinie beauté de cette multitude d'icebergs, de ces montagnes de glace de couleur rouge, grise ou blanche, qui flottaient à perte de vue. Je n'arrivais pas à comprendre comment nous parvenions à naviguer sans faire naufrage sur cette mer absolument magnifique mais truffée d'écueils.

Un coup d'œil vers la proue du bateau m'a fait suffoquer, car nous étions loin d'être hors de danger. D'autres icebergs nous entouraient. J'ai retenu mon souffle pendant que le bateau manœuvrait pour se faufiler dans un passage étroit, frôlant les icebergs qui avaient l'air de se rapetisser sur notre passage. L'océan s'est éclairci, mais les icebergs que nous venions de dépasser demeuraient néanmoins visibles. A l'approche du rivage sont alors apparus des corps, des centaines de corps, qui flottaient sur l'eau, tête vers le bas. J'ai d'abord cru qu'il s'agissait de cadavres. Mais j'ai constaté qu'ils se débattaient pour surnager... Malheureusement, notre bateau se dirigeait droit sur eux. Il a accéléré et j'ai cru que nous allions heurter le corps d'un jeune garçon (ne me demandez pas comment j'ai su qu'il s'agissait d'un garçon, je le savais, un point c'est tout). A la dernière seconde cependant, une grosse vague l'a soulevé et emporté hors d'atteinte du bateau.

Nous nous sommes retrouvés d'un seul coup sur la plage. J'ai mis pied à terre, un peu incertaine, et j'ai eu la surprise de fouler non pas du sable, mais un terrain solide. Je me suis attardée un moment pour contempler l'océan, m'émerveillant de ce miracle de la navigation qui nous avait permis d'éviter ce torrent d'icebergs et de corps, de nous en sortir sains et saufs et sans avoir blessé quiconque. Un homme s'est approché de moi : « Permettez-moi de vous offrir à boire. » Il m'a prise par le bras avec fermeté pour me conduire jusqu'à un bar où il m'a servi un verre de vin blanc « spécial », selon ses dires. « Ça mérite bien un toast... vous avez réussi, vous êtes en sécurité. »

A mon réveil, j'ai tout de suite compris la signification de ce rêve. Les icebergs représentaient les drames et les difficultés que j'avais traversés. Les corps qui s'agitaient de toutes parts sur l'eau étaient les personnes que je devais encore rencontrer dans mon voyage vers l'avenir, les gens qui crient à l'aide, qui ont l'impression d'être égarés et de se noyer. Le bateau était le symbole de mon voyage et la mer évoquait d'autres pays. Le rivage, constitué non pas de sable mais d'un sol ferme, indiquait non seulement une arrivée à bon port, mais une nouvelle terre, de nouveaux débuts et un territoire solide. L'homme n'était pas un individu spécifique, il représentait l'acceptation de la personne que j'étais et ce que je devais accomplir pour l'humanité.

J'ai su aussi, en me « réveillant » de cette quête onirique, que quelque chose d'important allait m'arriver, qui changerait à jamais ma vie. Bientôt, très bientôt, dans un autre pays, sur d'autres rivages, mon travail commencerait pour de bon.

C'est au mois de novembre, sept mois plus tard, que j'ai été présentée à un agent littéraire américain. Peu après, j'ai signé un contrat avec cet agent et le manuscrit de ce livre a été acheté dans le monde entier. Mon rêve m'avait tout dit !

5

LE MESSAGE

Notre apprentissage

« Aigle Gris m'instruit. » Comme je n'ai cessé de répéter cette phrase depuis le début de cet ouvrage, vous vous demandez certainement comment. Sachant que je suis incapable d'éclairer votre curiosité, je vais tenter de vous donner au moins une petite explication.

Le matin, je me réveille, j'ouvre les yeux et je le vois. Il attend, il attend que la journée commence. La première question que je dois me poser, c'est : quel rêve ai-je fait ? Comme je ne m'en souviens pas, je le regarde pour obtenir la réponse. Je sais parfaitement qu'il ne me la donnera pas, mais je le regarde quand même. Il me contemple patiemment. Je sais que la balle est revenue dans mon camp.

La journée se poursuit de la même manière. Des milliers de questions me trottent par la tête, mais je n'en pose que quelques-unes, avec un résultat identique : mon guide attend patiemment et me les renvoie. Lentement, j'apprends. Les réponses à mes questions sont en moi. Il n'y a rien que je puisse demander dont je ne connaisse, quelque part au tréfonds de mon âme, la réponse.

Tel est le début de mon apprentissage. Les mois passent. Je communique de plus en plus avec ceux du monde des esprits, ma clientèle se développe. Au début, j'utilise des signes, des symboles, dont je connais, la plupart du temps, immédiatement la signification. Je ne m'en aperçois pas, mais la vitesse à laquelle je communique avec les esprits s'accélère, ma vision, mon audition, mes sens s'aiguisent. Ces symboles me sont moins nécessaires, mais je ne me rends pas compte de cette évolution. Je n'en prends conscience qu'après réflexion.

Nous nous asseyons, Aigle Gris et moi, et il me parle. Il me montre l'exemple. J'apprends à être calme, à écouter cette petite voix intérieure. Au fur et à mesure que mes sens s'affinent, je suis plus sensible à l'énergie qui imprègne le temps et l'espace, que nous appelons simplement « énergie psychique ». Je suis bien réglée, je me transforme en émetteur-transmetteur. J'envoie, je reçois... j'envoie, je reçois... Telle est ma réalité quotidienne. Je la vis au jour le jour.

Les années passent. Je reste une élève, je continue à apprendre. Je découvre que chaque moment est précieux. Rien, pas une pensée, pas un geste, ne doit être gâché. Une conversation ordinaire n'est jamais ordinaire. Une rencontre inopinée n'est jamais inopinée. Cette découverte me révèle l'existence d'un plan extraordinaire. Un plan universel. Je m'aperçois, à mon grand ravissement, que je fais partie intégrante de ce plan. Que toute forme de vie, même celle qui ne semble pas vivante, en fait partie et ne peut pas lui échapper.

Nous sommes assis, Aigle Gris et moi, et il me parle. Il m'emmène faire de nombreux voyages.

Nous empruntons toutes sortes de routes et toutes sortes de véhicules. Il me montre l'exemple. Je suis une élève de bonne volonté, j'ai soif de connaissances et ma patience a grandi. Moi aussi je grandis. « Et je contemple l'univers, et tout ce qu'il est, et tout ce qu'il a été, et tout son pouvoir est le vôtre. » J'entends Aigle Gris me dire cela, et je lui réponds : « Et je contemple l'univers, et tout ce qu'il est, et tout ce qu'il a été, et tout son pouvoir est le vôtre. Et pourtant, il n'appartient à personne. »

Je compte sur mon guide, si solide, si puissant et si sage. Sa nature sereine me calme et m'apaise. Je m'efforce d'être à son image.

Il n'existe pas de potion magique susceptible de nous donner la sagesse, à vous et à moi. Nos expériences seules sont sources de connaissances. Encore faut-il que nous voulions sincèrement apprendre. Nous pouvons lire des milliers de livres et en tirer une inspiration. Ils nous aideront en nous indiquant une certaine direction à prendre. Mais seule l'expérience peut nous fournir la véritable signification du mot écrit.

« Quel est le sens de la vie ici-bas ? » me demande-t-on souvent. S'il me revient de vous enseigner quelque chose, je vous répondrai : « Apprendre, grandir. » Si vous me demandez, frustrés : « Comment ? Comment ? » Je vous répondrai : « Regardez en vous. »

Quel est l'objectif de mon travail de médium ? A quoi puis-je aboutir ? Tout d'abord, je dois aider ceux du monde des esprits, leur servir de voix. Si je le fais, je sais que nombre de mes clients, nombre de ceux qui m'ont entendue sur cette terre auront été transformés, se seront ouverts, éveillés, et auront découvert la lumière de l'esprit. Chaque personne qui a établi le contact avec le monde des esprits a fait une découverte et en a été transformée. Les voix du monde des esprits conviennent unanimement que la vie est apprentissage. Et par vie, je n'entends pas seulement la vie ici-bas, mais la vie qui continue après la mort.

Aigle Gris m'a instruite et j'ai essayé d'instruire les autres. Chacun de nous possède une lumière intérieure à la naissance, la lumière de l'âme. Si nous décidons de la reconnaître et de l'alimenter, nous irons vers cette lumière à notre mort et elle nous englobera. Vivre dans les ténèbres, maintenant et après la « mort », laisser cette lumière faiblir, c'est effectuer un choix personnel. J'affirme ici qu'il n'existe de brasier et d'enfer éternels que si nous le décidons.

Certains me diront alors : à quoi bon agir avec bonté si nous sommes tous en mesure de trouver la lumière ? Je répondrai qu'en choisissant la lumière, nous prenons la décision d'être responsable des mauvaises actions que nous avons commises sur terre. Nous sommes ici, tout d'abord et avant tout, pour le bien et le développement de l'âme. Notre monde, ce monde matériel dans lequel nous ne faisons qu'un bref passage, s'est transformé en un univers où règnent une colère et une frustration sans bornes et où la violence et l'agressivité sont la règle. Un monde où l'homme est un loup pour l'homme. Le monde des esprits observe cela avec tristesse.

Je regarde Aigle Gris et je lui demande : « Que pouvons-nous faire ? Les choses doivent-elles vraiment être ainsi ? » Il me répond : « Non. Mais le choix repose sur vous. Vous... vous... vous... » Il me répond : « Non. Mais chaque homme, chaque femme, chaque enfant doit remplir son rôle. Le choix repose sur vous. Vous... vous... vous... »

Le monde des esprits observe cela avec tristesse. Je les entends interroger à l'unisson : « Écouterez-vous ? Apprendrez-vous ? Qui désire apprendre ? »

Je regarde Aigle Gris et je demande : « Quelle est la clé ? » Avec infiniment de sentiment, il me répond : « Bonté. Votre monde a besoin de bonté. Un nouveau monde attend de naître – votre monde. Il attend de renaître. Chaque individu, homme, femme, enfant, peut enfanter le monde, en être le berceau et en dicter le destin. » Je demande alors à mon guide comment nous pouvons nourrir cet enfant. « Par la bonté, me répond-il. Uniquement par la bonté. »

Dans ce monde, nombre d'entre nous voient faiblesse là où il y a bonté. Nous entendons des expressions du genre : « Quand on veut s'en sortir dans la vie, il faut être dur. » Nous voyons force et pouvoir là où il y a dureté. Nous vivons donc dans ce monde où l'homme pardonne la violence. Cette violence, nous en faisons preuve en paroles et en actes, nous apprenons à nos enfants l'art d'être sans merci.

Et je demande à Aigle Gris : « Comment pouvons-nous apprendre ? » Il me répond : « Par la bonté, uniquement par la bonté. »

D'après l'*Oxford English Dictionary*, être bon signifie : « Pas dur, doux ou gentil, surtout de caractère, modéré, ni sévère ni draconien, honorable, tranquille, exigeant patience, générosité, courtoisie. » Mais nous ne sommes que de simples mortels, avec nos erreurs et nos fragilités humaines. Comment pouvons-nous donc espérer réussir à pratiquer l'art de la bonté dans toute l'acception du terme ?

Aigle Gris s'exprime et je note : « Essayez, vous pouvez juste essayer, et l'univers tremble et s'éclaircit... et l'espoir naît. » Je regarde mon guide, si solide, si puissant et si sage. Sa nature bienveillante me calme et me réconforte. Je m'efforce d'être à son image. Je vois pouvoir là où il y a bonté. Je suis son exemple et j'ose également faire preuve de bonté. Envers moi-même pour commencer, puis envers les autres. J'éprouve beaucoup de difficultés, car j'ai moi aussi été élevée dans ce monde et j'ai peur. Que se passe-t-il lorsque j'échoue, ce qui m'arrive bien souvent ? Je me souviens : l'homme est un loup pour l'homme... L'âme est une louve pour l'âme.

Un nouveau monde attend de naître, chaque individu est capable de l'enfanter. Et pendant que je fais des efforts, l'univers tremble et s'éclaircit et j'éprouve de l'espoir.

La journée s'écoule, des milliers de questions me trottent par la tête, mais je n'obtiens que quelques réponses. Je ne partagerai avec vous que cinq de ces questions. Des questions que beaucoup m'ont posées. Et je vous donnerai les réponses d'Aigle Gris. Ne soyez cependant pas surpris si ces réponses ne débouchent que sur des questions supplémentaires.

— Aigle Gris, comment se fait-il que les mortels puissent parfois se montrer d'une telle cruauté les uns envers les autres ?

— La naïveté de cette question me fait sourire, car vous en connaissez bien entendu la réponse. Chaque enfant qui vient au monde doit se développer, s'ouvrir, expérimenter, s'essayer à toutes sortes de choses, se mesurer à lui-même et se mesurer aux autres. Et quel meilleur terrain pour se tester que le terrain de jeux où les enfants courent, crient, pleurent et rient ?

Chaque parent doit éduquer son enfant, lui parler de la sensibilité et de la tolérance. Lui parler de la compréhension et de la communication. Mais nombreux sont les parents qui n'en font rien. Si bien que l'enfant qui va naturellement se tester et se développer observera ses parents, ses maîtres, les adultes... Ce ne sont pas vos belles paroles qui lui feront apprendre, mais uniquement votre exemple. Les parents qui parlent de charité, sans jamais la mettre en pratique, feront grandir un enfant qui ne sera pas charitable. Les parents qui parlent de communication mais qui discourent tellement qu'ils en oublient d'écouter, auront un enfant qui criera et hurlera et sera incapable de communiquer.

Les petits enfants ne sont pas cruels, mais ils grandissent et se développent et les paroles cruelles, les actes de cruauté ne leur viendront que si on leur en donne l'exemple. Car chaque enfant naît beau et pur. Chaque enfant naît avec une bonté et une sensibilité innées. Et chaque parent aura l'opportunité de développer en lui cette sensibilité et cette bonté. Les enfants sont des créatures douées d'intelligence. Et ils n'apprennent que par l'exemple.

— Aigle Gris, si nous prions pour obtenir le pardon de Dieu, est-ce qu'Il nous l'accordera ?

— Dieu prêtera attention à votre demande. Il regardera dans votre cœur et, s'il s'agit d'une demande sincère, inspirée par l'amour et venant du cœur, Il vous amènera à Lui.

Mais à dire vrai, ce sujet ne le concerne pas. Car nous savons que la question importante est : « Vous pardonnerez-vous vous-même ? » Car, à moins de vous pardonner humblement vous-même, avec gentillesse et bonté et en ayant conscience de vos propres limites, à moins de regarder dans votre cœur afin de vous accorder véritablement ce pardon, cela ne servira à rien que quelqu'un vous dise : « Je t'absous de tes péchés » et vous ne serez pas en paix. Car la paix véritable émane de l'intérieur.

— Aigle Gris, dans un monde matérialiste, est-ce mal de désirer des biens matériels ?

— Je ne parlerai pas de ce qui est bien ou mal. Ces termes ne sont pas de mise ici. Je vous dirai simplement que si vous placez votre confort matériel par-dessus tout le reste, vous entraverez votre développement. Et il vous revient de choisir si vous voulez ou non qu'il en soit ainsi.

Cependant, il n'est écrit nulle part qu'un homme n'a pas le droit de s'étendre et de poser la tête sur un oreiller confortable. Et il n'est écrit nulle part qu'un homme n'a pas le droit de s'envelopper dans une fourrure pour se réchauffer. Souvenez-vous simplement que la richesse matérielle n'ouvre pas davantage la porte du ciel que la pauvreté. Sachez simplement que votre heure viendra de quitter ce plan terrestre et d'entamer une nouvelle vie. La richesse que vous emporterez avec vous sera alors constituée par les connaissances que vous aurez acquises dans votre cœur.

Si un homme a le choix entre un oreiller de soie et une pierre pour reposer sa tête, pour quelle raison ne choisirait-il pas l'oreiller ? Dieu ne l'en jugera pas durement pour autant. Si un homme a le choix entre nager dans un lagon bleu et cheminer dans un désert brûlant et poussiéreux, ne fera-t-il pas preuve de sottise en décidant de ne pas nager dans le lagon bleu ?

Il n'est pas nécessaire qu'un homme pratique l'autopunition, se prive de tous les conforts, sauf s'il en prive par là même un autre ou s'il le blesse. Par conséquent, si vous accordez de l'importance à votre bien-être matériel, pourquoi n'en serait-il pas ainsi ?

N'oubliez pas cependant ceci, et je vous le dis du fond du cœur : la plus belle chose, c'est l'amour du cœur. La plus belle chose, c'est un cœur tranquille et serein. Et si vous vous privez de cette petite chose, ne vous étonnez pas que votre oreiller de soie soit baigné de larmes. Et ne soyez pas surpris que les eaux de votre lagon bleu soient troublées par le sang invisible que vous avez versé. Commencez par donner au cœur et le reste viendra en son temps.

— Aigle Gris, comment réagir à nos blessures affectives lorsque nous essayons de comprendre celui qui nous a apparemment blessés ?

— Dans votre monde, nombreux sont les êtres qui refusent la responsabilité de leurs actes…

Pour commencer, vous devez être prêts à accepter cette responsabilité.

Blâme… erreur… Ce sont des termes que vous utilisez. Un doigt pointé sur un tiers pour accuser. Un doigt souvent durement pointé sur vous-même pour vous auto-accuser. Où est votre bonté ? Où est la douceur exigée par l'âme ? Où est l'amour… la véritable affection venue du fond de votre être ? Un amour de la vie… l'amour de votre propre âme ?

*

Où est votre quiétude intérieure ? Croyez-vous qu'elle se soit véritablement envolée ? Doutez-vous l'avoir jamais possédée ?

Oh, soyez sereins, mes enfants, soyez sereins, soyez tranquilles… et écoutez. Votre propre âme, les battements de son cœur, vous chuchotent quelque chose. Soyez sereins, ne craignez pas cette bonté… car sans elle, vous blâmerez toujours, vous jugerez toujours. Découvrez cette bonté, qui est votre cœur véritable. Commencez par vous regarder, en toutes circonstances, avant de regarder les autres. Acceptez la responsabilité de votre âme et de votre croissance spirituelle, car c'est vous, et personne d'autre, qui détenez le pouvoir d'être sereins.

— Aigle Gris, face aux crises que nous traversons au cours de notre existence, comment réagir au mieux ?

— Vous êtes si nombreux en ce monde à traverser la vie dans l'obscurité. Vous allumez brièvement la lumière en période de crise, puis vous vous empressez de vous en détourner.

Lorsque vous vous détournez de la lumière, vous vous détournez de Dieu. Inévitablement, vous vous repliez sur vous-même, vous vous fermez, vous gardez votre douleur, si bien que la graine de votre âme ne peut grandir, car elle a besoin de lumière pour se développer. Tournez le visage vers la lumière, car elle vous réchauffera. Vous y trouverez la guérison, vous y trouverez l'amour.

Acceptez toutes les choses qui vous arrivent comme un présent, comme partie intégrante de votre apprentissage. Prenez votre courage à deux mains et pénétrez dans la lumière. Tournez le visage vers le soleil et laissez la lumière de Dieu briller sur vous. Car vous êtes les enfants de Dieu et il suffit que vous tendiez la main pour qu'Il la prenne et la tienne fermement. Il vous guidera, afin de vous permettre de mieux comprendre votre moi intérieur et Il vous transmettra Sa force. Il ne tarira pas davantage le flot de vos larmes qu'Il n'effacera votre souffrance, mais Il vous étreindra et vous réconfortera.

Venez, asseyez-vous près de mon feu. Tendez les mains vers les flammes et laissez-les vous réchauffer. Mais comprenez que nombreux sont ceux qui entretiennent ce feu. Mon feu a besoin d'être ravivé. Mon feu a besoin de ceux d'entre vous qui se donneront de la peine, qui sortiront chercher du petit bois pour l'empêcher de s'éteindre.

Ce feu est à la disposition de tous et nombreux sont ceux qui viendront s'asseoir autour. Ils se réchaufferont, ils se sentiront réconfortés et ils s'en détourneront pour poursuivre leur vie. Il y a ceux d'entre vous qui viendront s'asseoir près de mon feu et qui s'émerveilleront de la hauteur de ses flammes et seront reconnaissants de la chaleur qu'elles leur communiquent. Et qui, lorsqu'ils seront vraiment réconfortés, s'en détourneront et poursuivront leur vie. Et puis il y a ceux qui viendront s'asseoir près de mon feu, qui verront à quelle hauteur jaillissent ses flammes et qui seront réconfortés par leur chaleur. Et lorsqu'ils seront assez réconfortés, ils reconnaîtront que, pour que ce feu puisse continuer à brûler et à en réconforter d'autres, ils doivent se mettre à la tâche pour ramasser du petit bois.

Venez, vous tous, vous asseoir près de mon feu. Nous ne vous demandons rien. Nous ne vous demandons rien... sauf si vous le désirez. Venez vous asseoir près de mon feu et écouter ces paroles de sagesse. Écoutez le craquement des brindilles consumées par les flammes. Regardez les étincelles voler. Chaque étincelle est une lumière, chaque étincelle est la vérité, chaque étincelle est une connaissance. Venez vous asseoir près de mon feu et je vous réchaufferai...

*

Je regarde mon guide, Aigle Gris, reconnaissante de cette sagesse qu'il partage avec moi, et je lui dis : « Je ne suis qu'une élève... une élève de bonne volonté. »

David

A la question : « Comment se fait-il que les mortels puissent parfois se montrer d'une telle cruauté les uns envers les autres ? », Aigle Gris répond : « Chacun de nous doit parler de la *sensibilité* et de la *tolérance*, de la *compréhension* et de la *communication.* »

Ces derniers chapitres ne se contentent pas de montrer combien nous autres mortels pouvons être cruels, mais combien la vie elle-même peut faire preuve de cruauté. Cependant, la cruauté apparente peut nous donner une leçon de sensibilité. La dureté apparente peut nous montrer à quel point nous manquons parfois de tolérance. L'injustice peut nous amener à faire preuve de davantage de compréhension, et les choses qui nous troublent et nous embrouillent peuvent nous indiquer la nécessité de communiquer.

Lorsque David vivait dans notre monde, il était incapable de communiquer, mais sa vie lui a enseigné beaucoup de choses. Ce jeune homme était né avec des lésions au cerveau et il a été contraint de passer toute sa vie dans un fauteuil roulant. Incapable de marcher, de parler, de faire quoi que ce soit par lui-même, David dépendait entièrement de ses parents et de sa sœur. Au fur et à mesure qu'il grandissait, la tâche de ses parents, M. et Mme Harrison, est devenue de plus en plus ardue, mais ils ont refusé de le placer dans une institution. Ils tenaient absolument à s'occuper eux-mêmes de David, en dépit de toutes les difficultés que cela représentait.

Dans une position identique à celle des Harrison, nombreux sont ceux qui se retrouvent face à un terrible dilemme : doivent-ils se battre pour garder leur enfant chez eux ou le confier aux soins de tiers ? Les circonstances font que certains ne parviennent pas à affronter les problèmes que leur pose un enfant handicapé et qu'ils sont contraints de s'en séparer. D'autres, comme June Harrison et son mari, le gardent auprès d'eux. Le choix est difficile et la décision déchirante. Mais les Harrison n'ont jamais regretté la leur.

Quand j'ai parlé à David, à l'occasion de ma première rencontre avec sa mère, je me suis rendu compte qu'un enfant né mentalement et physiquement handicapé n'est pas complètement incapable de voir à notre manière le monde et ceux qui l'habitent. Si son corps et son cerveau sont endommagés, son esprit, David me l'a montré, reste intact.

J'ai rencontré des handicapés pour la première fois à l'âge de 15 ans. Cela se passait aux Towers, l'hôpital psychiatrique où ma grand-mère avait effectué plusieurs séjours. Le groupe d'art dramatique de mon école, dont je faisais partie, avait été convié à y donner une représentation pour les malades les moins atteints. Nous devions interpréter *Hiawatha*[1] et je tenais le rôle principal. Je l'ignorais à l'époque, mais la *Chanson de Hiawatha* parle d'Aigle Gris.

Ils psalmodiaient ces chants mystiques,
« Moi, moi, regardez-moi »,
C'est le grand Aigle Gris qui parle
Tous les esprits invisibles m'aident.

---

1. Hiawatha est un maître et chef indien nord-américain légendaire du XVIe siècle. Longfellow en a fait le héros de son poème narratif *The Song of Hiawatha* (1855). (N.d.T.)

Vous vous doutez bien que tous les membres du groupe théâtral, moi comprise, ne se sont pas privés de faire des commentaires stupides et de rire bêtement à propos de cette visite chez les « zinzins ». Nous avions sûrement l'air d'une bande d'écolières stupides et dénuées de toute sensibilité. Lorsque le bus s'est approché du portail de l'hôpital, mes nerfs ont cependant commencé à me lâcher. L'avertissement que ma mère ne cessait de me répéter quand j'étais petite venait de me remonter à la mémoire : « Tu finiras tes jours aux Towers, comme ta grand-mère. » J'ai regardé par la vitre la longue allée menant au vaste bâtiment glacial et imposant, et j'ai frissonné.

Mais dès que le bus s'est garé devant la porte d'entrée, que nous avons sauté à terre avec nos deux professeurs d'art dramatique, j'ai été emportée par le tourbillon des préparatifs et je n'ai pas eu le temps de réfléchir. La représentation s'est très bien passée, nous avons été vivement applaudies et on nous a conviées à rester pour le thé. Ayant été longuement sermonnées, comme avant chacune de nos sorties scolaires, sur le fait que nous étions les représentantes du lycée, nous nous sommes conduites comme des petites filles modèles. On nous a fait entrer dans une vaste salle. Un goûter composé de sandwiches, gâteaux et biscuits avait été disposé sur des tables à tréteaux dressées le long d'un mur. Notre public, c'est-à-dire les malades, avait pris place sur des chaises de bois dans tout le reste de la pièce.

Indécises, nous sommes restées groupées sur le pas de la porte. Une infirmière s'est avancée vers nous et nous a expliqué gaiement que nous étions censées bavarder et sympathiser avec eux. Tâche plus difficile qu'elle n'en avait l'air, car certains de ces malades mentaux étaient très repliés sur eux-mêmes. Quelques-uns ont même éclaté en larmes (je sais aujourd'hui qu'ils souffraient sans doute de dépression). Néanmoins, nous avons peu à peu réussi à établir un véritable contact avec eux.

J'ai remarqué une silhouette solitaire, assise au milieu de la pièce. Celle d'une dame, dont il était difficile de dire l'âge exact, mais qui devait avoir entre 45 et 50 ans. Il était évident qu'elle s'était placée volontairement à l'écart des autres. Elle restait immobile, silencieuse, et elle avait vraiment l'air bizarre. Mes amies l'avaient également remarquée, mais elle dégageait quelque chose de tellement curieux qu'aucune de nous n'osait l'approcher. C'est alors que je me suis entendue dire : « Il faut bien que l'une d'entre nous se dévoue. » Lorsque je me suis avancée vers elle, j'ai été empoignée par une sensation de solitude absolue, qui m'englobait aussi. J'ai eu l'impression que sa douleur et son désespoir s'insinuaient en moi et m'enveloppaient comme un brouillard.

Elle avait des cheveux noir d'encre striés de mèches grises, coupés au bol, des yeux sombres emplis de désespoir dans un visage totalement inexpressif, qui m'ont transpercée. Elle portait une robe bleu marine imprimée de petites fleurs blanches et tenait une cigarette allumée. Elle était tellement immobile que la cendre de sa cigarette, pourtant presque entièrement consumée, n'était pas tombée. Cette cendre était aussi longue que la cigarette l'était au départ. J'en suis restée littéralement stupéfaite. Je n'avais jamais vu ça.

Cette femme m'a profondément émue, mais également terrifiée. J'ai toussoté nerveusement et j'ai essayé de lui dire bonjour. Au début, rien n'est sorti de ma bouche, mais j'ai poursuivi mes efforts. Pendant une éternité, j'ai eu l'impression de me battre contre des moulins à vent. Aucun résultat. Une statue de pierre. Pas le moindre frémissement de paupière ni de muscle. Ni même de sa cendre de cigarette. Puis quelqu'un m'a effleuré doucement l'épaule et une infirmière m'a chuchoté : « C'est inutile. Elle n'est pas ici aujourd'hui. » Lorsque j'ai rejoint mes camarades, les yeux me picotaient, j'avais une boule dans la gorge et, pire encore, je sentais le fardeau du désespoir et de l'impuissance peser sur mes épaules.

J'ai oublié le reste de cet après-midi mais je me souviens que j'avais hâte de quitter l'hôpital. Cette dame pathétique reste à jamais gravée dans ma mémoire. J'ai éprouvé le même genre de peur lors de ma première rencontre avec la fille de l'une de mes clientes. Cette enfant, qui avait subi d'importantes lésions au cerveau à la naissance, était soignée à l'hôpital Sainte-Catherine de Doncaster. Sa mère m'avait prévenue à l'avance que le spectacle de certains des pensionnaires de cette unité hospitalière, qui souffraient des pires handicaps, pouvait être éprouvant.

Samantha avait tenu à m'accompagner, malgré mes efforts pour l'en dissuader. J'ignorais ce qui nous attendait exactement et, par souci de la protéger, je voulais lui éviter de voir le « mauvais » côté de la vie. J'avais infiniment tort ! Celle qui a eu du mal à le supporter, ce n'est pas Samantha, c'est moi…

J'ai donné l'impression d'effectuer correctement ma tournée, j'ai dit ce que l'on attendait de moi, j'ai acquiescé et souri aux moments adéquats. Mais, à l'intérieur, j'étais complètement bouleversée et affolée. Je n'avais qu'une idée en tête : prendre mes jambes à mon cou, fuir ces pauvres créatures difformes. Il était impossible qu'elles fussent des enfants. D'ailleurs, certaines n'avaient même pas forme humaine.

Pendant que j'attendais dans la salle commune que mon amie termine sa visite, formulant le vœu de me trouver à des kilomètres de là, l'un de ces enfants s'est propulsé vers moi sur les fesses. Ses jambes, complètement estropiées, ne lui servaient à rien. Il avait les mains et les bras difformes ainsi que le visage et, pour couronner ce tableau de la laideur, des cheveux poil de carotte, épais et hirsutes, se dressaient sur sa tête. J'ai fait semblant de ne pas le voir mais, à ma grande horreur, il a saisi ma jupe à l'aide de ses doigts tordus et a tiré dessus. Et il a poussé un gémissement. Mon cœur s'est mis à cogner bruyamment dans ma poitrine. Que faire ? Je voulais l'ignorer, mais il tirait avec de plus en plus d'insistance. Une infirmière qui passait par là m'a alors dit tranquillement : « Ne vous inquiétez pas, il veut simplement que vous boutonniez sa veste de pyjama. »

Je me suis pétrifiée. Oh non, pas moi ! Je ne pouvais pas, je ne voulais pas le toucher. Mais pourquoi ? Quelques instants plus tard, l'infirmière est repassée : « Si vous boutonnez sa veste, il arrêtera de vous embêter. » Il ne me restait plus qu'à coopérer. J'ai regardé à contrecœur cette vilaine petite créature, me suis penchée en avant et j'ai boutonné son pyjama. Ça y était. « Finalement, ça n'a pas été si difficile que ça », me suis-je dit en me rasseyant. Mon cœur ne cognait plus et j'étais moins paniquée. C'est alors qu'il a recommencé à tirer !

Je me suis penchée en avant et, cette fois, je l'ai regardé bien en face, me disant que si je changeais de place, il me laisserait peut-être tranquille. J'allais me lever quand l'enfant a tiré de nouveau sur ma jupe. Puis il a émis un bruit qui ressemblait à un gloussement, il a passé le pouce entre les boutons de sa veste de pyjama et il a tiré de toutes ses forces. La veste s'est ouverte. Un sourire malicieux s'est inscrit sur son visage difforme et il a recommencé à tirer sur ma jupe. Mon cœur est allé vers lui. Pour la première fois depuis que j'avais mis les pieds dans ce terrible hôpital, j'ai ri. Je venais de comprendre que ce drôle de petit bonhomme jouait avec moi. Il cherchait mon attention, ma reconnaissance. Et à force d'insister, il avait gagné.

Dès que j'ai ri, il a saisi sa veste de ses doigts crochus et l'a soulevée et abaissée, puis il a tressauté d'enchantement sur ses fesses. Cette fois, je me suis penchée vers lui avec bonté et tendresse. Je lui ai parlé doucement en reboutonnant sa veste et en le regardant enfin pour de bon. Il avait des yeux brillants, vifs et pleins d'espièglerie. J'étais conquise.

La manière dont le rire est capable de dissiper la peur est véritablement déroutante. Le spectacle de ces petits enfants aux corps martyrisés m'avait tout simplement fait réaliser ma propre vulnérabilité. Il me rappelait la facilité avec laquelle nous pouvons devenir difformes, estropiés et handicapés, à la fois physiquement et mentalement. Et j'avais eu peur.

Peur d'affronter la fragilité de l'être humain. Ma propre fragilité.

Chaque fois que quelque chose me rappelle mon attitude de départ à l'égard de ces enfants, un sentiment de honte m'envahit. Je m'en voudrai toujours d'avoir fait preuve d'un tel manque de compréhension et de compassion, et d'avoir été incapable de regarder au-delà de moi-même. Dans cette intolérance que j'ai manifestée à l'égard de l'imperfection, quelle était ma laideur, comparée à celle de ce petit garçon, vilain de corps mais au cœur pur ? Dix fois supérieure, à mon avis.

Mentalement, David avait presque tout compris pendant qu'il était de ce monde, même s'il n'avait aucun moyen de le manifester physiquement. L'occasion lui était à présent offerte de montrer à sa mère tout ce dont il avait eu conscience et tout ce qu'il avait compris de son vivant.

Au début, Mme Harrison a eu du mal à répondre aux tentatives de son fils de communiquer avec elle au-delà de la tombe. Mais les commentaires de David lui ont cependant bien vite fait surmonter sa nervosité, elle a souri et s'est détendue. Elle a même été sidérée par les messages directs et pleins d'assurance qu'il lui transmettait. Elle comprenait tout ce qu'il lui disait, et les preuves qu'il a fournies de sa survie étaient d'une précision inouïe. Quelques larmes ont été versées des deux côtés, mais il s'agissait de larmes de joie pure et non de tristesse.

Vers la fin de leur réunion, David a dit la chose suivante : « Ma maman, mon papa, ma sœur me disaient tous les jours à quel point ils m'aimaient.

De mon fauteuil roulant ou de ma place spéciale sur le canapé, j'écoutais leurs incessantes paroles de réconfort et d'amour. Sans être persuadés que je les entendais ou que je les comprenais, ils me les répétaient quand même. Je ne pouvais leur répondre en aucune façon, puisque j'étais incapable de remuer le moindre muscle. Mais je tendais l'esprit vers eux, dans l'espoir de me faire entendre de la prison où j'étais enfermé. Je ne pouvais ni marcher ni parler ni courir ni crier ni jouer au football. Mais tout cela n'a plus aucune importance. Je vous en prie, Rosemary, dites à maman que je suis à présent capable de marcher, courir, faire toutes les choses qu'elle espérait tellement que je puisse faire un jour. Toute ma vie sur terre, maman a été présente pour moi, elle m'a prodigué soins, amour et bonté. Dites-lui que maintenant, je peux parler, et dites-lui aussi que je l'aime. Ma vie, a-t-il continué, se poursuit dans le monde des esprits. J'apprends, je grandis, je serai toujours là pour ma mère quand elle aura besoin de moi, comme elle l'a fait pour moi. »

J'ai souvent rencontré June Harrison et son mari depuis cette première séance, et j'ai appris à bien connaître David. Il m'accompagne souvent lors de mes démonstrations publiques et il lui arrive de m'aider dans mon travail. Après toutes ces années où il était réduit à l'impuissance, ce jeune homme déborde d'énergie et se porte au secours des gens dès que la possibilité lui en est offerte. Je me souviens néanmoins d'une occasion où son intervention m'a plongée dans un certain embarras.

J'avais été invitée à prendre la parole à un dîner donné dans un hôtel de Newcastle, auquel assistaient environ cent cinquante convives. Après leur avoir expliqué mon travail, j'ai décidé de leur faire une démonstration de communication avec les esprits. J'étais consciente de la présence de David depuis le début de la soirée, mais en embrassant mon public du regard, je l'ai aperçu debout près d'une table. Le visage rieur, il désignait de la main un des hommes qui y avaient pris place : « Venez par ici, m'a lancé David. Il s'appelle David aussi et sa grand-mère veut lui parler. » Je me suis consciencieusement approchée de la table et j'ai demandé à cet homme s'il s'appelait bien David. Il m'a répondu par l'affirmative. Ayant repéré sa grand-mère qui se tenait à côté de « mon » David, je lui ai alors transmis son message qu'il a parfaitement compris.

Jusque-là, tout allait bien. La soirée se déroulait normalement. J'avais promis à David qu'il pourrait m'aider et il m'avait prise au mot. Il allait de table en table, m'indiquant à qui transmettre des messages de ceux du monde des esprits. Seulement il y avait un hic : il avait décidé que n'auraient le droit d'en recevoir que les hommes qui s'appelaient David, ainsi qu'à la rigueur les épouses ou les mères d'individus portant ce prénom. Vous imaginez sans mal qu'à force de le citer, j'ai donné à mon public l'impression de radoter. Mais j'avais fait une promesse, je devais m'y tenir. Je leur ai donc expliqué à quel point David aimait son prénom et sa joie d'assumer cette responsabilité. Ils ont trouvé cela fort drôle, tout comme David. Pour ma part, j'ai fini par m'en amuser aussi et je remercie Dieu d'avoir fait entrer ce jeune homme dans ma vie.

David est l'une de mes personnes préférées. Son histoire dit tout. Sa vie s'est terminée ici-bas à la suite d'une infection pulmonaire. Son corps était trop frêle, trop faible pour résister, et il est mort. Mais ce garçon a survécu et il est devenu un homme fort, empli de compassion et d'amour. Il s'est battu et il a gagné.

Et avec l'aide de Dieu, nous gagnerons tous.

La fillette

Elle doit avoir 3 ans, peut-être 4. Le lit, poussé dans un angle de la chambre, représente un havre sûr, même s'il n'est que temporaire. Elle est pelotonnée dessous, dans un coin. C'est une créature minuscule, frêle, complètement apeurée. Si elle ne bouge pas, ils oublieront peut-être qu'elle se cache là. Elle les entend encore se disputer. Sa mère hurle à son père :

— Si tu ne fais pas attention, tu vas finir par la tuer. Pour l'amour du ciel, laisse-la tranquille.

— Fiche-moi la paix. Laisse-moi m'occuper de cette sale gosse, réplique son père.

Il l'a cognée pendant qu'il la transportait dans l'escalier, jusque dans sa chambre. De désespoir, elle s'est réfugiée sous le lit. Tremblante de peur, elle contemple les ressorts du matelas dont la taille lui semble démesurée. Ils vont rester imprimés dans sa mémoire.

La dispute s'est poursuivie. Une éternité, en apparence. Puis le silence est tombé. Ce calme subit est encore plus effrayant que tout ce qui a précédé. La petite fille reste toujours immobile. A peine ose-t-elle respirer, de peur « qu'ils » ne l'entendent. Et elle attend. Elle ignore ce qu'elle a pu faire pour provoquer une telle réaction chez son père. Elle sait simplement qu'il est capable de la tuer au moindre bruit qu'elle fera. Elle ne pleure donc pas davantage qu'elle ne bouge. Elle s'efforce de rester totalement immobile.

D'un seul coup, un bras se glisse sous le lit et l'attrape, la tire sans autre forme de procès jusqu'au milieu de la chambre, en bas de l'escalier et dans la rue. Trop effrayée pour émettre le moindre son, l'enfant contemple le visage furibond de sa mère. Cette dernière a resserré ses doigts sur ses épaules. Elle la traîne en haut de la rue et la fait pénétrer dans une maison inconnue. « Vous voulez bien la garder ? S'il pose à nouveau les yeux sur elle aujourd'hui, il va la tuer », explique-t-elle d'un ton glacial.

La petite fille observe le groupe de femmes réunies dans la cuisine où elle se trouve à présent. Elle ne les a encore jamais vues mais, manifestement, sa mère les connaît. Sans dire un mot, elles acquiescent de la tête, les lèvres pincées. Sur ce, la mère de la petite fille tourne les talons et s'en va. Sans une parole, sans un sourire, sans même un regard de réconfort pour son enfant. Sans affection, sans chaleur.

Le schéma de son existence vient d'être tracé. On ne la traîne pas toujours jusqu'à une maison voisine, il lui faut parfois rester chez elle et affronter les conséquences de l'acte abominable qu'elle est censée avoir commis. Sans savoir ce qui a pu provoquer une telle rage, non seulement chez son père, mais aussi chez sa mère. Ses sœurs s'attirent parfois des ennuis et des claques, mais elles ne sont jamais battues comme elle.

Midge est sa sœur préférée, mais c'est aussi la préférée de leur mère. Dix-huit mois seulement les séparent, mais on considère Midge comme le bébé de la famille. Leur mère encourage ses deux aînées, Audrey et Judy, à chouchouter le bébé et à se moquer de sa sœur, comme tout le reste de la famille. La petite fille, extrêmement sensible et de plus en plus consciente que sa mère ne l'aime pas, commence à ériger des barrières. Avec pour résultat d'empirer les choses, car on la trouve à présent renfrognée, lunatique et pleurnicharde. Combien de fois n'a-t-elle pas entendu son père ou sa mère lui lancer brutalement : « Ça te gênerait de faire une autre tête ? »

Chaque fois qu'elles se disputent, ses sœurs et elle sont convoquées dans la chambre de leurs parents. Leur père les gronde et leur demande des explications pour trouver la responsable. Bien évidemment, s'ensuit un silence général, car aucune des sœurs n'ose se dénoncer, par crainte des représailles. « Très bien, déclare alors leur père. Allez vous asseoir dans l'escalier et décidez laquelle d'entre vous est coupable. Je vous donne dix minutes. » Les choses se déroulent toujours de la même façon. Mais il arrive souvent, au moment où les filles sortent, que la mère pousse la fillette durement d'un doigt en lançant : « Nous savons déjà tous les deux qui est la coupable. »

Coupable ou non, la fillette n'a aucune chance de s'en sortir. Au bout des dix minutes qui leur ont été accordées, les sœurs reviennent dans la chambre de leurs parents et nient toutes être la coupable. Le plus souvent, son père la regarde alors droit dans les yeux et, d'une voix qu'elle en est venue à redouter, lui ordonne : « Monte dans ta chambre, enlève ta culotte, allonge-toi sur le lit, et attends que je monte. » Elle s'exécute en silence, se mordant la lèvre inférieure pour ne pas fondre en larmes, terrorisée à la perspective de la douleur qui l'attend.

Parfois son père monte cinq minutes après, mais il la fait bien plus souvent attendre, sachant que l'attente constitue la partie la plus éprouvante de la punition. Que cette attente dure une heure ou deux n'y change rien pour elle. Elle est à moitié allongée sur le lit, tremblotante, le visage enfoui dans les couvertures, son derrière nu offert à la fessée qu'elle va recevoir. Son corps est raide, elle n'ose pas bouger de crainte de se faire gronder davantage. Même lorsqu'elle a une envie pressante de faire pipi, elle se retient, tant elle craint son père.

La sévérité des coups dépend de l'humeur de son père, mais il prend souvent son temps. Ses mains brutales s'abattent à de nombreuses reprises sur ses fesses nues. Elles lui font mal, la brûlent, lui arrachent des cris de souffrance. Après, il la laisse sangloter sur le lit, les fesses écarlates et le dos en proie à des douleurs intolérables. Les mains de sa mère sont dures, elles aussi, mais elle se retient davantage. Combien de gifles violentes lui donne-t-elle ? Elles sont trop nombreuses pour que la fillette puisse les compter. De toute façon, la langue acérée de sa mère la fait souffrir davantage encore.

La fillette a 5 ans lorsque sa mère les emmène, ses sœurs et elle, en vacances au bord de la mer pendant une quinzaine de jours. Le petit ami de sa mère les accompagne (à l'époque, son mari est à l'armée). Les filles ont pour instruction de l'appeler « tonton ». Au fil des ans, elles vont rencontrer une ribambelle de « tontons », mais sans jamais bien les connaître, car ils ne font que passer. Ces vacances auraient dû être heureuses. Quel enfant n'aime pas barboter et jouer dans le sable ? Mais la fillette a peur des vagues et de leur grondement. Elle a l'impression qu'elles vont venir l'engloutir. Tout se passerait cependant bien si sa mère se contentait de la laisser jouer tranquillement. Mais non, elle a décidé que cela ne suffisait pas, et « tonton » l'a transportée jusqu'au bord de l'eau et obligée à s'asseoir sur le sable mouillé. Les vagues qui viennent lécher ses jambes déclenchent ses pleurs et ses hurlements.

Ses trois sœurs ont le droit de jouer sur le sable sec, mais sa mère et « tonton » préfèrent l'éloigner le plus possible pour ne pas être gênés par ses pleurs. Au bout d'une éternité à ses yeux, la petite fille, toujours hurlante de terreur, le visage congestionné, voit « tonton » s'avancer vers elle à pas lents. Il lui tend les bras. Croyant qu'il vient à son secours, enfin soulagée, elle tend à son tour ses bras minuscules vers lui. Il la soulève alors en un éclair et la serre tellement contre sa poitrine qu'elle croit étouffer. Puis, il entre dans l'eau. Il la plonge dedans. Elle ouvre la bouche pour pousser un autre cri de terreur, mais l'énorme vague qui s'écrase sur son petit corps la réduit au silence. Elle est incapable de dire combien de temps dure ce petit jeu. « Tonton » attend que les vagues approchent pour l'y plonger et manque même la noyer. Lorsqu'il se décide enfin à ressortir de l'eau et à la laisser retomber, suffocante, sur le sable humide, elle s'entend dire : « Ça t'apprendra à pleurnicher. » Où sont donc la douceur et le réconfort des bras de sa mère ? Où est donc son amour maternel ?

La fillette grandit. Rien n'a changé dans son existence. Ses anniversaires passent sans grand enthousiasme, elle est de plus en plus têtue et renfermée. Il lui arrive souvent de réfléchir à sa vie, à la recherche de moments agréables. Il doit bien y en avoir eu, mais elle a le plus grand mal à les trouver. Peut-être bien à l'époque de ses 6 ans, lorsque la famille est allée vivre en Allemagne pendant un an ? Le jour de Noël, sa mère était à l'hôpital. C'est le premier Noël qu'elles passaient seules avec leur père. Le père Noël lui a apporté un nounours. Peut-être qu'elle est déjà trop âgée pour ce genre de cadeau, mais ce nounours, elle va pouvoir l'aimer, le dorloter, l'étreindre très fort la nuit quand elle a peur. Et puis son père ne se conduit pas comme d'habitude. Il se montre drôle et gentil. Un Noël mémorable.

Elle se souvient aussi de la nuit où elle a été réveillée par un coup de tonnerre, toujours à la même époque, toujours en Allemagne. Elle s'assoit en sursaut, terrifiée par les éclairs qui zèbrent le ciel et les roulements continus et menaçants du tonnerre. En regardant la chambre qu'elle partage avec ses sœurs, elle s'aperçoit qu'elle est seule. Elle fond en larmes. Elle est en train de se dire que tout le monde l'a abandonnée, quand son père apparaît sur le seuil de la porte. Qu'est-ce qui lui inspire la plus grande frayeur ? Lui, ou l'orage qui continue à se déchaîner ? A 6 ans, elle a déjà une peur panique de la vie. A son étonnement, son père ne se fâche pas. Il vient même s'asseoir sur le bord de son lit et il prend sa main minuscule dans la sienne. « C'est juste un simple orage. Tes sœurs étaient tellement effrayées qu'elles sont descendues en pleurs, mais toi, tu n'as pas peur, hein ? »

La fillette regarde le visage de son père, entend sa voix calme et apaisante, et elle hoche timidement la tête. « Maintenant rallonge-toi, lui dit-il. On va compter pour voir si l'orage est vraiment près. » Ils restent ensemble, dans l'attente de l'éclair suivant, puis ils comptent jusqu'au grondement de la foudre. Plus ils comptent entre l'éclair et le tonnerre, plus l'orage s'éloigne. Son père en a fait un jeu. Un jeu qu'ils ne peuvent jouer que tous les deux, excitant, unique. La fillette se sent en sécurité. Elle a oublié combien de temps il est resté. Sans doute a-t-il attendu qu'elle se soit endormie, car elle se rappelle qu'après, c'était le matin, et que l'orage était passé.

Elle se souvient également du jour où on a célébré son anniversaire dans la pension où on l'a mise. Tous les enfants sont descendus prendre le petit déjeuner dans la vaste salle à manger. On lui a demandé de se lever et ils ont chanté en chœur : « Joyeux anniversaire ! » C'est très agréable, mais elle préfère encore le moment où ils lui ont offert la poupée. Une poupée de chiffon verte, pas vraiment jolie, mais c'est le premier cadeau d'anniversaire qu'elle se souvient avoir reçu, et il l'a émerveillée.

Avait-elle 7 ou 8 ans à l'époque ? Elle ne sait plus très bien, car on l'a mise deux fois dans ce pensionnat. Elle ne se rappelle plus très bien non plus pour quelle raison on l'a placée là. Personne n'en parlait dans la famille, et mieux valait ne pas poser la question, car cela risquait de causer des problèmes. Or, tout le monde savait qu'elle causait toujours des problèmes… Plus tard, beaucoup plus tard, elle a appris le fin mot de l'histoire : on l'avait mise là parce que sa mère était allée rendre visite à son père en Allemagne et qu'il n'y avait personne pour s'occuper d'elle.

Mais ses souvenirs les plus heureux sont ceux de longues vacances d'été, sous la garde de la dame la plus merveilleuse du monde. On lui a dit de l'appeler tante Loseby, bien qu'elle ne fasse pas du tout partie de sa famille. Tante Loseby s'est prise d'affection pour elle, a reconnu en elle la tendre sensibilité des enfants perdus. Durant ces vacances, malheureusement trop courtes, la fillette s'est épanouie comme une rose au soleil. Elle a été gâtée, non seulement par cette dame, mais par son fils, oncle Tony, et sa femme, tante Sheena.

Tous les dimanches, ils prennent le thé autour d'une table si joliment dressée que la fillette reste parfois debout pour s'en émerveiller. Les trois adultes la poussent à s'asseoir. Puis ils attendent que le jeu commence, avec un air entendu et une esquisse de sourire aux lèvres. Ce jeu, toujours le même, la fillette l'adore. Elle lève timidement les yeux afin de contempler les friandises posées sur la table et de voir si tante Loseby a pensé à son gâteau préféré. Mais non, elle ne le voit pas et elle est bien trop timide pour le faire remarquer. Elle se tortille un peu sur sa chaise, se demandant si tante Loseby ne l'a pas, cette fois-ci, oublié pour de bon.

C'est alors qu'oncle Tony s'exclame avec une surprise feinte : « Pas de tartelettes à la crème au citron, maman ? Oh non, ne me dis pas que tu les as oubliées ! » La fillette pouffe de rire et rosit de gêne en contemplant ses pieds, trop timide pour dire quoi que ce soit ni même regarder quiconque. « Mais je les ai mises sur la table, j'en suis persuadée. Ne me dis pas que tu les as toutes mangées, Tony ? » s'écrie alors tante Loseby, qui joue le jeu à fond.

Il arrive que le jeu s'éternise, mais il se termine toujours de la même façon : oncle Tony sort une assiette pleine de délicieuses tartelettes à la crème de citron de sous la table. Et il s'arrange toujours pour le faire avec un grand moulinet du bras, un sourire espiègle et une étincelle moqueuse dans l'œil.

Lors de l'une des visites de la fillette dans cette chaleureuse maisonnée, tante Loseby lui apprend que tante Sheena va avoir un bébé. Une merveilleuse nouvelle, mais qui marque la fin de ces séjours. Mais elle conserve ces souvenirs et les chérit dans son cœur.

Les années passant, elle grandit mais reste toujours aussi maigre. Ses sœurs, Midge comprise, la cadette, se développent autant en largeur qu'en hauteur. Elles ont des courbes là où il faut, portent des soutiens-gorge, ont leurs règles en temps voulu. Bref, ce sont des jeunes filles heureuses, saines, « normales ». La mère de l'adolescente s'arrange pour lui faire comprendre qu'elle est un vilain petit canard à côté de ses sœurs. Elle ne manque jamais de lui faire remarquer sa poitrine plate, son manque de formes, ses bras maigres et ses jambes grêles. Elle incite ses autres filles à se moquer d'elle, et elles ne s'en privent pas. L'adolescente se sent de plus en plus inadaptée.

Elle garde néanmoins en elle une étincelle d'indépendance, quelque chose qui l'incite à ne pas s'allonger pour se laisser mourir. Elle rit encore, elle continue à jouer avec ses poupées, Jennifer et Susan, ainsi qu'avec son nounours. Elle vit dans un univers de fiction qu'elle s'est créé. Un monde d'amis fictifs – un monde d'amour. Bien évidemment, il y a de bons moments. Ceux où les sœurs s'amusent ensemble. Elle a 11 ou 12 ans quand son frère aîné, Terry, commence à sortir avec une jeune professeur de musique, et on lui fait prendre des leçons de piano. Elle adore ça, car elle a des dons. La musique lui offre une nouvelle vision de la réalité. Des heures durant, elle joue dans la pièce du devant, où règne un froid perpétuel, y compris en été. Rien ne peut l'en empêcher. En hiver, on y gèle. Alors elle s'emmitoufle dans son manteau et son écharpe, et elle oublie tout, en dehors de sa musique. Bien sûr, personne n'affirmerait qu'elle est une brillante pianiste. Ses doigts, parfois agiles, parfois maladroits, s'emparent du clavier, mais ses pensées se libèrent et elle s'exprime comme elle n'a jamais pu le faire jusque-là. Quant à ses parents, ils ne l'encouragent pas davantage qu'ils ne la découragent.

Elle a 15 ans lorsque survient un événement qui parvient presque à détruire sa faculté de se souvenir des bons moments qu'elle a vécus dans son enfance. La famille au complet est, une fois de plus, en vacances. En Irlande.

Les quatre sœurs se rendent à un bal de village mais, à mi-chemin, Judy et Midge déclarent que cette sortie les ennuie et elles rebroussent chemin. L'adolescente ferait volontiers comme elles mais Audrey, l'aînée, la convainc de l'accompagner. Audrey a 19 ans et elle s'amuse comme une petite folle. Le jeune Irlandais qui la fait danser est très beau. Le bal terminé, il propose à Audrey de la raccompagner. Elle accepte sans hésiter, mais elle persuade sa petite sœur de jouer les chaperons. Ils arrivent vite à la maison louée pour les vacances. L'adolescente voudrait rentrer tout de suite, mais Audrey a envie de s'attarder auprès de son chevalier servant. Elle la persuade de nouveau de l'attendre à quelques pas – assez pour lui servir de protection, mais pas assez pour qu'elle puisse entendre les propos qu'elle échange avec le garçon.

Dix minutes se passent. L'adolescente commence à s'énerver, elle est sur le point de dire à sa sœur qu'elle va rentrer, quand la porte de la maison s'ouvre brusquement et que leur père en sort. Elle se pétrifie, intuitivement consciente du danger. D'une voix tonitruante, il leur hurle de rentrer et elles s'empressent d'obéir. Il a simplement dit : « Rentrez tout de suite ! » mais ces quatre mots ont suffi à dévoiler sa fureur. L'adolescente craint terriblement ce qui va se passer. Audrey passe la porte la première et reçoit un coup sur la tête de la main de son père. A son tour, l'adolescente reçoit une gifle magistrale, mais les choses ne s'arrêtent pas là. Son père continue à la battre dans l'escalier. Une fois en haut, dans le salon, il ne s'arrête pas. Sans savoir comment, elle parvient à atteindre sa chambre sous les coups et à se pelotonner sur son lit.

Audrey n'a cessé de hurler à son père de laisser sa cadette tranquille (c'est la première fois que quelqu'un se porte à son secours), puis elle saute sur son dos pour essayer de le tirer en arrière. D'un brusque mouvement du bras, il l'envoie valdinguer et elle atterrit bruyamment dans un angle de la chambre, le visage ruisselant de larmes de rage et de frustration. Il revient à l'adolescente lovée sur le lit, qui essaie de se protéger le visage des bras et des mains, et il recommence à la rouer de coups jusqu'à épuisement de sa fureur.

Cela fait longtemps qu'elle a arrêté de crier. Elle est allongée, choquée et engourdie, sous les coups de poing de son père qui font tressaillir son squelette fragile. Plus tard, elle ne se souviendra que d'une chose : à un moment donné, elle a cherché désespérément sa mère et l'a aperçue sur le seuil de la porte, encadrée de ses autres sœurs. Elle observait la scène. Elle se contentait d'observer. Elle n'a pas fait un geste, n'a pas prononcé une parole pour mettre un terme à cet acte barbare. Pas davantage qu'elle n'a levé le petit doigt pour venir en aide à sa fille, une fois que le père s'est arrêté de la cogner. Elle a simplement tourné les talons et s'est éloignée avec ses trois filles. Une fois de plus, l'adolescente s'est retrouvée entièrement seule.

Vous vous demandez peut-être pour quelle raison elle a été battue de la sorte. Pourquoi ? Son père le sait ou ne le sait pas ; sa mère en a peut-être une vague idée. L'adolescente, quant à elle, ne l'a jamais su ! Les années ont passé. Elle est désormais femme, mais toujours enfant, timide, sensible, empruntée. Et mariée. Sa vie va-t-elle devenir plus facile, maintenant qu'elle a trouvé quelqu'un à aimer et qui l'aime ? Il l'aime, non ? Cela ne l'a pourtant pas empêché de coucher avec une autre femme l'avant-veille de leur mariage.

Sans doute est-elle maudite car, quelques mois après son mariage, elle tombe gravement malade. On la transporte en hâte à l'hôpital. Au début, les médecins pensent que son rein est atteint par une infection d'ordre viral. Son cas s'avère bien pire. Deux opérations importantes, suivies de soins fort longs, sont nécessaires avant qu'elle ne recouvre peu à peu la santé. Durant ces longs mois de maladie, elle ne reçoit qu'une seule visite de sa sœur, Audrey, et une de sa mère. Ni cartes, ni fleurs, ni messages téléphoniques. Aucun signe qui attesterait que sa famille se soucie de son sort.

Si elle était morte, qu'est-ce que cela leur aurait fait ? Rien, absolument rien. C'est ce qu'elle se dit. Elle s'accroche de plus en plus à son mari, elle a besoin de lui pour combler la solitude désespérée de son âme. Elle perd son premier bébé, et le deuxième. Elle se rappelle avoir émergé de l'anesthésie, après le curetage, en réclamant son bébé. Une piqûre a eu vite fait de régler le problème. En se réveillant d'un long sommeil, elle s'est aperçue qu'elle était capable de résister physiquement. Seul son esprit hurlait : « Pourquoi ? »

Les années passent. Son troisième enfant naît. C'est une fille. Une fille en bonne santé, qui devient son salut. A deux reprises, son mari l'a quittée. Une fois pour sa meilleure amie. Il y a toujours eu d'autres femmes, des dettes, des problèmes d'un genre ou d'un autre. Mais elle en est venue à dépendre de lui, tant elle croyait être inadaptée et incapable de se débrouiller seule. Deux fois, elle l'a repris, s'obligeant à le croire lorsqu'il lui a affirmé qu'il n'aimait qu'elle. En toute honnêteté, il le pensait probablement. En tout cas, il y a cru le temps de le lui dire.

Au cours de cette période, elle invite de temps en temps ses parents, dans l'espoir de parvenir à construire une sorte de relation affective avec eux. Bizarrement, depuis qu'elle a quitté leur foyer, elle s'entend bien avec son père, et ils se sont même rapprochés. Ils ont découvert qu'ils étaient capables de communiquer. Ni l'un ni l'autre ne font jamais allusion au passé. Mais elle a le sentiment que son père a fini par l'accepter et qu'il éprouve de l'affection pour elle. De son côté, elle a compris qu'il n'était pas méchant, juste frustré et malheureux, coincé dans un mariage dont il ne voulait pas avec une femme trop compliquée pour qu'il parvienne à la comprendre. Il a essayé, elle aussi, mais leur union est un désastre pur et simple. Depuis que leurs enfants les ont quittés, ils mènent des vies de plus en plus séparées. Son père se consacre à son jardin, pendant que sa mère part en vacances ou en croisière à l'étranger ou rend visite à ses filles. Cela ne signifie cependant pas qu'elle arrive à oublier le passé, les coups et la cruauté, et il lui faudra des années pour accepter cet aspect de sa relation avec son père. Mais, au moment où les choses commencent à s'arranger entre eux, le destin lui assène un autre coup cruel. Son père, sergent dans l'armée, meurt d'une crise cardiaque.

Elle pleure. Elle pleure la perte de ce père, mais aussi le fait de ne pas lui avoir dit adieu. Elle pleure les blessures et les douleurs passées, et toutes les occasions manquées. L'amour qu'elle aurait pu avoir et l'amour qu'elle a eu. Et elle pleure surtout ce qui aurait pu être. Son chagrin s'amoindrit pourtant, comme il advient de tous les chagrins, avec le temps. Il lui a permis de comprendre à quel point ses parents comptaient pour elle. Elle prend la résolution de faire davantage d'efforts avec sa mère et l'espoir commence à poindre. Sa mère lui rend visite plus souvent, elles vont peut-être parvenir à développer une espèce d'affection mutuelle.

Mais il s'avère clairement, lors de l'une de ces visites, que cet espoir ne se concrétisera jamais. Elles sont dans la cuisine. Elle prépare le dîner pendant que sa mère lui raconte par le menu la croisière qu'elle vient de faire. Tout en épluchant les pommes de terre, elle l'écoute, mi-amusée, lui parler d'un homme qu'elle a rencontré sur le bateau. Mot pour mot, sa mère lui répète avec enthousiasme tout ce qu'elle a dit à cet homme et tout ce que cet homme lui a dit. Elle hoche la tête et fait les commentaires adéquats au moment voulu. Sa mère continue à jacasser. Puis elle dit quelque chose qui fige son sourire. « Je lui ai parlé de ma maison, l'entend-elle babiller, de mon joli jardin, de mes beaux dahlias et, bien sûr, poursuit-elle sans reprendre souffle, de mes trois adorables filles. »

Ses mains humides restent en suspension au-dessus des pommes de terre. Son corps aussi semble attendre quelque chose, mais quoi, quoi ? Est-ce bien ce qu'a dit sa mère ? A-t-elle mal entendu ? Mais non, elle sait parfaitement qu'elle ne se trompe pas. Les paroles de sa mère rebondissent sans répit dans sa tête. Elle a quatre filles, non ? A peine la réflexion est-elle sortie de la bouche de sa mère que cette dernière réalise ce qu'elle vient de dire. Elle aussi reste pétrifiée quelques secondes. Puis elle hausse les épaules et, la désignant d'un mouvement d'épaules d'impatience, elle déclare : « De toute façon, nous n'avons jamais été proches, toi et moi. »

Elle ne répond pas. Elle en est bien incapable. Dans sa gorge, la boule menace de l'étouffer. Subitement, elle reprend vie et recommence à agir. Elle épluche les légumes avec fébrilité, elle fait un gâteau, elle prépare une sauce. Sa mère continue à se répandre sur sa magnifique croisière.

La douleur, tellement familière, se resserre autour de sa poitrine. Les larmes qu'elle essaie de toutes ses forces de refouler lui brûlent les paupières. « Mon Dieu, non ! hurle-t-elle tout bas. Ne me laissez pas pleurer. Ne permettez pas qu'elle voie mes larmes. Mon Dieu, je vous en supplie, qu'elle ne voie pas ma souffrance. » Sa mère ne veut pas d'elle. Sa famille non plus. Ni son mari, apparemment. Pourquoi ? Pourquoi est-elle si repoussante ? Pour quelle raison sa compagnie leur inspire-t-elle de telles réactions ? Pour quelle raison, se demande-t-elle, tous les êtres chers à son cœur la rejettent-ils de manière si douloureuse ?

Et pourtant, au tréfonds de son être, elle va puiser une force qui lui permet de lutter contre sa solitude et son désespoir. Une tâche fort difficile, mais elle a un caractère bien trempé, et c'est sa faculté de rire et d'aimer qui va la sauver. Elle finit par réaliser que tous ceux pour lesquels elle éprouve de l'affection ne la rejettent pas. En fait, la personne qu'elle aime le plus au monde, sa fille, représente sa force, son soutien et, par moments, sa seule raison de vivre. Elle s'aperçoit alors qu'elle ne doit pas trop s'appuyer sur son enfant, mais apprendre à avancer dans la vie pour son propre bien. Elle comprend que, si elle veut grandir, cela ne dépend que d'elle. Personne ne le fera à sa place.

« Aide-toi, Dieu t'aidera », dit un vieil adage. C'est à elle d'effectuer cet effort. Dieu lui apportera alors les conseils et le soutien dont elle a désespérément besoin. Bizarrement, sa foi en Lui n'a jamais failli.

Dans les moments où elle doutait le plus d'elle-même, elle n'a jamais douté de l'amour que Dieu lui portait. Elle a toujours su qu'Il lui gardait cet amour, en dépit de ses erreurs et de ses faiblesses. C'est par Lui qu'elle a finalement vu clairement l'objectif de sa vie.

Ici-bas, nous sommes confrontés à toutes sortes de souffrances. Les siennes n'étaient rien comparées à celles d'un parent obligé d'affronter la perte d'un enfant. Douleur qui est sans doute la plus difficile à supporter. Toute forme de souffrance est néanmoins une leçon, et nous pouvons choisir ou non d'apprendre. Cela ne tient qu'à nous. Les souffrances qu'elle a traversées lui ont permis d'apprendre un peu, et de développer une compassion et une sensibilité au chagrin des autres.

En rédigeant ce chapitre, elle a dû affronter maints souvenirs. Des larmes de chagrin et de douleur ont été répandues sur ces pages. Ce récit s'est révélé, à tout le moins, pénible. Mais ce retour sur sa vie peut lui permettre d'affirmer, en toute sincérité, qu'elle n'en changerait rien. Elle sait que tous ces souvenirs pénibles et douloureux, mêlés à de nombreux moments de bonheur, ont forgé ce qu'elle est aujourd'hui.

*

La médium, solide, gaie, heureuse, est assise au soleil. Sa fille, Samantha, est installée près d'elle et son chien, Karma, est couché à ses pieds. Elle est capable de regarder avec amour et compassion dans les yeux de tous ceux qui cherchent de l'aide. Elle est capable de ressentir leurs blessures et leur douleur et de dire : « Je comprends. » La fillette est devenue une femme. La rose s'est épanouie.

Voilà mon histoire. Voilà ma vie. Par bien des côtés, elle ne diffère en rien des autres. Mes douleurs et mes blessures, mes joies et mes moments de bonheur, quelles qu'en soient leurs sources, ressemblent à ceux de tout un chacun. Par d'autres côtés, mon histoire, ma vie sont entièrement différentes. J'ai vécu beaucoup d'expériences incroyables.

Je pourrais dire que je suis aussi ordinaire que mon prochain, sachant que lorsque Dieu nous donne Son miracle, c'est-à-dire la vie, Il sait que nous sommes tout sauf ordinaires. Chacun de nous a une histoire à raconter, car nos vies ne sont pas le résultat d'une répétition. Chaque vie, indépendamment de sa longueur, est un cadeau divin, qui nous a été donné dans un but : améliorer l'âme, car l'âme n'est là que pour apprendre et se développer.

Lorsque nous donnons la vie, nous accomplissons un miracle. Lorsque nous donnons un sens à cette vie, que nous apprenons à ne pas juger, que nous nous efforçons de trouver le pardon dans nos cœurs pour ceux qui nous ont fait du mal, nous accomplissons un miracle plus grand encore. Mais lorsque nous nous donnons nous-mêmes la vie, que nous oublions le mal que nous nous faisons, que nous donnons un sens et un objectif à notre existence, Dieu sourit sûrement, car Il sait que nous avons apprécié Son cadeau. Et cela constitue sans doute le plus grand de tous les miracles.

Mon miracle est ma vie.

Mon miracle est toute la vie.

Mon miracle est la vie après la vie.

Mon miracle est la vie de mon enfant.

Mon miracle est que chacun d'entre nous sans exception a un miracle… est un miracle.

Je regarde alors mon ami, mon mentor, Aigle Gris, et je lui demande : « Que pouvons-nous faire les uns pour les autres ? Comment pouvons-nous alimenter notre monde ? Comment pouvons-nous apporter la lumière dans nos vies ? » Les yeux emplis de bonté, de compréhension et d'amour, il me répond : « Par la bonté… et uniquement par la bonté. »

Remerciements

J'aimerais remercier toutes les personnes merveilleuses qui m'ont aidée, qui ont fait le voyage avec moi. Amis et collègues, bien trop nombreux pour que je les cite tous mais dont les noms sont inscrits dans mon cœur.

Les amis chers sans le soutien desquels je n'aurais pu écrire ce livre.

Vous vous reconnaîtrez et saurez que je vous remercie. Qu'Aigle Gris vous remercie.

Remercier Kay. Pat. Lynne et Peter. Claire. Dire toute ma gratitude et mon affection à Joan, mon amie et ma confidente.

Je remercie aussi mon assistante personnelle, Perrin Read, qui éclaire et organise un monde par ailleurs bien encombré.

J'exprime ma reconnaissance à mon éditrice, Joanna Davis, qui m'a apporté une aide inestimable dans la rédaction de ce livre.

De même qu'à Joni Evans, mon agent et mon ami… une plume !

CHEZ LE MÊME ÉDITEUR

Elisabeth Kübler-Ross

AVANT DE SE DIRE AU REVOIR

Beth, 42 ans était mannequin. Souffrant d'un cancer, elle a décidé de vivre pleinement sa vie jusqu'au bout. Et s'est épanouie à travers la poésie.
Jamie, 5 ans est atteinte d'une tumeur au cerveau. Par un simple dessin, elle a montré à sa mère, Linda, qu'elle était prête à lui dire « au revoir ».
Louise, 57 ans, a surpris tous ses proches en préférant, pour ne renoncer à aucune des joies de la vie, ne pas subir de chimiothérapie.

Comme beaucoup d'autres, Beth, Jamie et Louise ont souhaité finir leur vie dans la paix et la dignité.
Elles ont quitté l'hôpital et sont revenues chez elles. Un choix qu'Elisabeth Kübler-Ross a encouragé, elle qui a toujours opté pour la vie et enseigné que la mort n'est pas une fin, mais un passage.
Mal Warshaw, photographe a fait ce voyage en leur compagnie. Ses photos, pudiques, respectueuses, sont le reflet du courage, de l'acceptation, de l'amour.
« De tous mes livres, c'est celui que je préfère, a confié Elisabeth Kübler-Ross. Prenez le temps d'en regarder les photographies, non seulement avec les yeux, mais aussi avec le cœur. »

Traduction et postface de Marie Delort-Vilnet
Préface de Mal Warshaw

« Cet ouvrage nous fait « voir » de plus près le courage et la sérénité que des malades ont pu adopter avant de mourir. Un livre émouvant, ouvert sur la vie et porteur d'espoir. » *Santé magazine*

ISBN 2-911217-48-9/H 50-2320-5/168 p./14,95 €

Marie Ireland

JUSQU'AU BOUT DU CHEMIN

« J'avais 15 ans lorsque ma mère est morte d'un sarcome osseux, la forme la plus douloureuse du cancer. Au cours des huit mois qui ont précédé sa disparition, je ne l'ai revue que quelques heures. On avait voulu, paraît-il, me préserver. Elle s'est éteinte sans personne auprès d'elle.
Elle avait 35 ans... Aujourd'hui, je lui dis au revoir chaque fois que je forme un stagiaire à l'accompagnement de fin de vie. »

Comment soutenir les malades en phase terminale ? Comment apaiser leurs souffrances ? Comment aider les familles à surmonter la perte d'un être cher ?
Depuis des années, Marie Ireland donne la main à des hommes et des femmes jusqu'au bout du chemin. Ce sont souvent des personnes âgées qui, dans les maisons de retraite, malgré les progrès accomplis, ont besoin d'aide et de chaleur.
De son expérience elle a tiré une conviction : chaque être humain, quels que soient son âge, son état d'esprit, la nature de son mal, ses ressources, a droit à une fin digne. Car l'acte de mourir est acte de vie. Et accompagner l'autre vers cette ultime étape, c'est en sortir soi-même grandi.

A 40 ans, chef d'entreprise, Marie Ireland décide de tout quitter pour se consacrer à l'aide aux malades en phase terminale. Depuis, elle anime en région nantaise un centre de formation à l'accompagnement des personnes en fin de vie.

Préface du Pr Jean Bernard

« La médecine a fait reculer la mort, mais notre société n'aime pas le deuil. Pourtant le chagrin refoulé est encore plus destructeur. Le livre de Marie Ireland brise le tabou et nous apprend comment entourer les mourants et aider leurs proches. » *Fémina hebdo*

ISBN 2-911217-39-X/H 50-2309-8/288 p./18,50 €

Marie Ireland

APPRIVOISER LE DEUIL

« Les rites qui, jadis, aidaient à supporter la disparition d'un être cher ont presque disparu. A la souffrance de la séparation, s'ajoute de nos jours celle de se sentir isolé, sans personne à qui se confier. Quant aux pleurs et aux cris, expression brutale du chagrin, ils sont souvent "mal vus".

« Pourtant sans le travail de deuil, la vie ne peut reprendre ses droits. Alors, pourquoi l'empêcher ? Pourquoi nier la douleur ?

« Comment soutenir ces hommes, ces femmes et ces enfants, ces frères et ces sœurs affectés par la mort d'un proche ? Comment réapprendre à espérer sans pour autant oublier ?

« Le travail de deuil, comme l'acte de mourir, font partie de la vie. Dans ces circonstances, notre devoir est d'oser l'amour. D'oser le respect, l'écoute et la compréhension de la personne endeuillée pour supporter le traumatisme et de nouveau sourire à la vie. D'oser dire : "Tu es dans l'affliction et je suis près de toi, aimant, silencieux, fidèle. Maladroit peut-être, mais présent." »

« Il faut lire Marie Ireland. Face à la mort, dont notre monde a si peur qu'il fait tout pour l'occulter, elle apporte une vraie leçon de vie. » *Ouest France*

ISBN 2-84592-013-X/H 50-2502-8/264 p./18,50 €

Cet ouvrage a été composé
par Atlant'Communication
aux Sables d'Olonne (Vendée)
Impression réalisée sur CAMERON par

BRODARD & TAUPIN

GROUPE CPI

La Flèche (Sarthe)

en novembre 2002
pour le compte des Presses du Châtelet

Imprimé en France
N° d'édition : 143 – N° d'impression : 15802
Dépôt légal : novembre 2002